操盘术

股票趋势 操盘术

杨宗勇 ◎ 主编

中国铁道出版社有限公司
CHINA RAILWAY PUBLISHING HOUSE CO., LTD.

**图书在版编目（CIP）数据**

股票趋势操盘术/杨宗勇主编.—北京：中国铁道
出版社有限公司，2022.3
ISBN 978-7-113-28561-6

Ⅰ.①股… Ⅱ.①杨… Ⅲ.①股票交易-基本知识
Ⅳ.①F830.91

中国版本图书馆CIP数据核字（2021）第237833号

书　　名：股票趋势操盘术
　　　　　GUPIAO QUSHI CAOPANSHU
作　　者：杨宗勇

责任编辑：吕　芰　　　编辑部电话：（010）51873035　　　邮箱：181729035@qq.com
封面设计：宿　萌
责任校对：焦桂荣
责任印制：赵星辰

出版发行：中国铁道出版社有限公司（100054，北京市西城区右安门西街8号）
网　　址：http://www.tdpress.com
印　　刷：三河市宏盛印务有限公司
版　　次：2022年3月第1版　2022年3月第1次印刷
开　　本：700 mm×1 000 mm　1/16　印张：17　字数：250千
书　　号：ISBN 978-7-113-28561-6
定　　价：68.00元

# 前言

　　股票市场瞬息万变，涨跌无常。股市投资是一门学问，也是一种技能。投资大师江恩曾经说过："顺应趋势，花全部的时间研究市场的正确趋势，如果保持一致，利润就会滚滚而来！"大量事实也表明，不看大势炒个股，不但是非常不现实的想法，而且也是实际操作中许多投资者赔钱的重要原因。因此，投资炒股，首先就是要学会判断大势走向，并能够做到顺势而为。

　　虽然股价的涨跌很难判断，总是给人一种扑朔迷离的感觉，但是，从长期的发展趋势来看，还是有非常明显踪迹的。股票通常有三种趋势：上升趋势、下降趋势和横盘震荡。当市场处于上升趋势时，投资者的主要交易策略是持有股票，不要频繁换股；当市场处于下降趋势时，投资者的主要交易策略是学会空仓，谨慎操作；当市场处于横盘震荡的时期，投资者的主要交易策略是高抛低吸，低点买进，高点卖出。顺着当前的趋势执行操作，并且对各种可能的风险加以控制和设防，使自己的操作行为与市场形成共振，才能在市场中抓住机会，赢得丰厚的利润。

　　逆势而为的结果必然是伤痕累累。大部分的中小投资者由于缺乏正确的炒股知识和经验，总是试图和趋势对抗，追涨杀跌，在盲目自信和恐惧不安中摇摆不定，从而做出错误的决策。实际上，股票并没有绝对的好坏之分，只有强弱之别，唯有认清趋势，顺势而为，才能在股市中获利。

　　本书主要介绍了趋势理论的基本内容和原则，以及趋势技术分析的工具、指标等专业知识，并结合大量实例进行分析，具有很强的实用性。

全书共分八章。

第一章主要介绍了趋势理论的基础知识，以及道氏理论和波浪理论等股市经典理论，并对牛市、熊市进行了具体分析，使投资者认识到投资要站在大趋势正确的一边。

第二章详细讲解了用趋势线、通道线、拐点线、支撑线和压力线等工具分析股价趋势的方法，并介绍了如何利用 K 线、成交量和均线对股价趋势和行情进行辅助研判，从而做出正确的买卖股票决策。

第三章主要介绍了平滑异同移动平均线 MACD、随机摆动指标 KDJ、相对强弱指标 RSI 等技术指标的使用，并通过大量的实例介绍了如何借助这些技术指标把握趋势的运行。

第四章主要介绍了在大盘的上升趋势、下降趋势和盘整阶段中如何操作股票，并对趋势分析中常见的头部、底部和转向形态进行了具体分析。

第五章主要介绍了牛市、熊市和震荡市中的选股策略和实战应用，使读者可以根据自己的情况选择合适的投资策略，尽最大可能获取利润。

第五至第八章主要是从资金管理和风险控制以及炒股的心态等方面进行分析和介绍，使投资者明白如何才能成为真正的趋势跟踪交易者。

本书内容丰富、知识全面、案例翔实、语言通俗易懂，几乎涵盖了趋势交易的所有关键知识，不仅适合股票投资的新手使用，也适合有一定经验的投资者参考。

由于股票市场本身的变化非常大，并且牵涉的相关知识也非常多，尽管笔者竭尽全力，尽量减少书中的错误，但书中难免有疏漏之处，敬请专家和广大读者朋友批评指正，并多提出宝贵意见。

在此温馨提示广大投资者，股市有风险，入市需谨慎。

最后，笔者要在此对曹烈英、于福莲老师表示感谢，正是在他们的努力下，才使本书得以尽快完成。

诚对各位表示感谢与敬意。

杨宗勇

# 目录

# 第三章
## 借助技术指标把握趋势运行

# 第四章
## 看准趋势提前布局

# 第五章
## 判断趋势，合理选股

# 第六章
## 截断亏损，让利润奔跑

# 第七章
## "顺势"做好资金管理与仓位控制

# 第八章
## 做真正的趋势跟踪交易者

第一章

# 投资要站在大趋势正确的一边

"炒股就是炒趋势"，对于投资者来讲，趋势是最好的朋友。一旦发现股市的整体趋势，投资者就可以在涨势中买跌，在跌势中卖涨。投资者如果能够真正理解趋势，掌握趋势，就相当于打开了股市的一扇获利之门。

# 一、赚钱宜先辨清趋势

在股票市场上，股价的涨跌，都与整个股市趋势密切相关。市场行情看涨，大部分股票的价格也会随之上涨；反之，市场行情看跌，大部分股票的价格也会随之下跌。如果投资者能够把握股市行情，顺应趋势方向交易，在适当的时机购买股票，其投资成功的概率一定能够大大提高。

## 1. 股票趋势的形成

趋势是指事物或局势发展的动向，表示一种尚不明确的或只是模糊地制定的遥远的目标持续发展的总运动。在金融交易市场中，表示股票、期货、外汇运动的方向，是股价或者是指数按照一定周期和一定波幅呈规律性运动的基本方式。一轮趋势一旦形成后，会继续做出该趋势的延续动作。

股票价格趋势是各种因素和信息与交易者心性、心理、思维和情绪变化等共同作用的结果。从某种意义上说，交易趋势是所有股票趋势相互作用之后，形成的一种周期性重复的运动变化轨迹。而这种轨迹，始终是呈波动形势运行的，可以通过技术分析进行预测。在一轮大周期性的波段行情中，从总体上来看，总会有个大方向，如总体上是上涨的或总体上是下跌的。例如，中远海控在 2021 年 3 月至 2021 年 6 月走出一波上涨的行情，即使中间有小的波动，但整体上是上升的，如图 1-1 所示。

与之相反的是，如果股价整体上处于下降态势，虽然股价有波动，但总体方向是向下发展的，即使中间出现多个反弹也不会改变它整体的向下跌势。例如，新希望在 2021 年 2 月至 2021 年 6 月走出一波下跌的行情，即使中间有小的反弹，但整体上是下跌的，如图 1-2 所示。

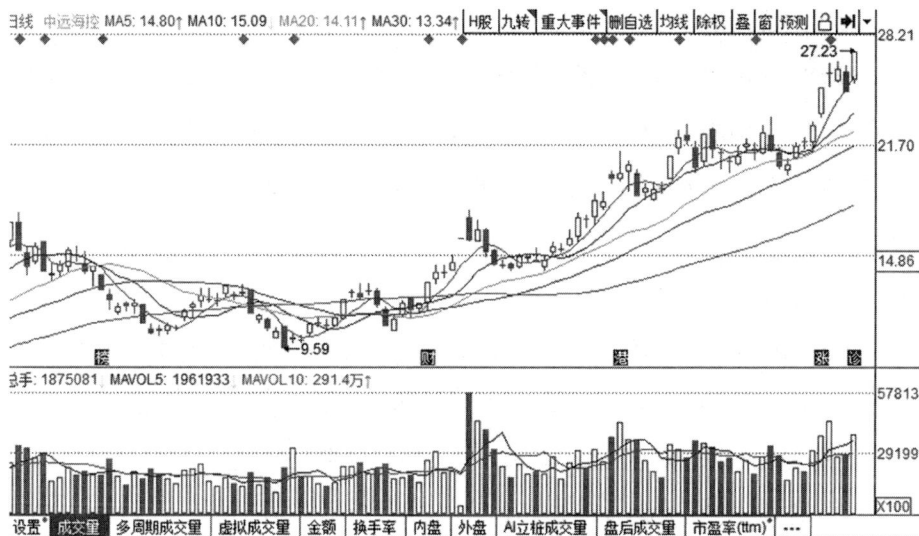

图1-1 上升趋势

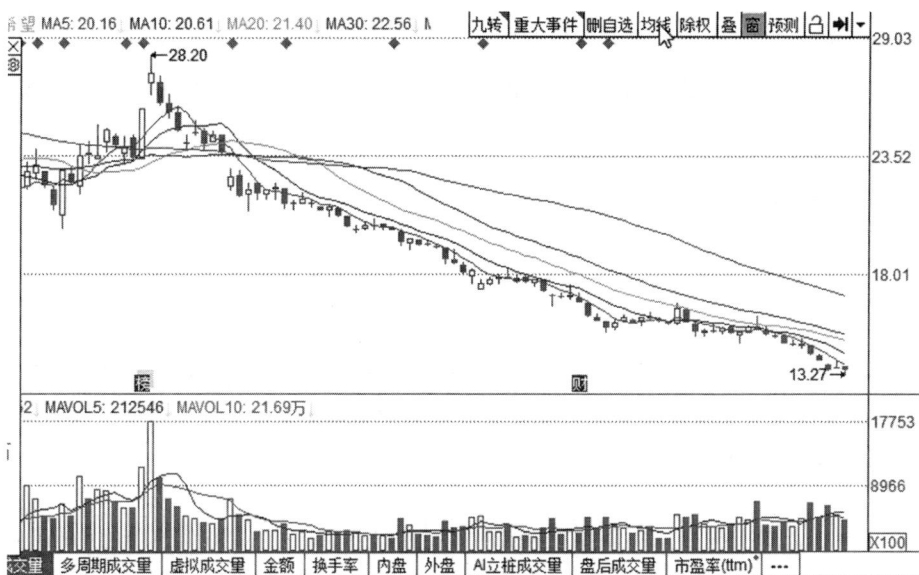

图1-2 下降趋势

## 2. 影响股票趋势的因素

股市大势的起伏与涨跌，经常会受到各种外来因素的影响。投资者了解了这些因素，并采取不同的对策，可以有效地回避投资风险。

（1）政治因素

政治因素是指对股票市场发生直接或间接影响的政治方面的原因。投资者如果不了解国家的大政方针，不知道国际风云变幻的大形势，肯定会吃大亏的。因为国际形势、重大事件、国家之间的关系等，这些都会对股价产生巨大的、突发性的影响。

（2）国家重大的经济政策

国家的重大经济政策，如产业政策、税收政策对股票价格有重大影响。国家重点扶持、发展的产业，其股票价格会被推高。例如，国家发布的一些农业扶持政策，就会使市场上的农业类股票出现良好的表现机会。

（3）宏观经济的发展水平

从长期来看，股票市场的走势和变化是由国家的经济发展水平和经济状况决定的。通常情况下，在经济繁荣时，企业的经营状况较好，股票的价格也会随之上涨。当经济不景气时，企业利润下降，也将导致股票价格随之下跌。但是，股票市场的走势往往具有一定的超前性，在经济繁荣前，股价已经开始攀升；在经济不景气前，股价已经开始下滑，因此股市价格也被称为"宏观经济的晴雨表"。

（4）利率水平

利率是影响股票市场走势的一个非常敏感的因素。利率上升，会吸引一部分资金到银行储蓄和债券，股票市场的资金量会变少，股价下跌。同时，由于利率上升，会造成企业经营成本的增加，未来的利润减少，也会使股票的价格有所下跌。

反之，利率降低，会有更多的资金进入股市，股市价格会随着资金的回流而上涨。同时，由于利率降低，企业经营成本降低，利润增加，也能够促使股票的价格上涨。

（5）通货膨胀

通货膨胀是指在货币流通条件下，因货币供给大于货币实际需求，即现实购买力大于产出供给，导致货币贬值，而引起的一段时间内物价持续而普遍上涨的现象。

在通货膨胀时，政府的调控手段将会发挥重要作用，这种调控手段的实施对股市具有正反两方面的影响。所以，投资者可以根据通胀的走势判断政府可能推出的政策，并从力度大小的角度把握这些措施对股市的影响，然后据此确定买进卖出的时机。

（6）特殊月份对股市的影响

在一些特殊的月份，例如"两会"期间，年中报出台期间和年底都会引发股市走出特别的行情。每年"两会"前后，"两会"热点讨论的议题自然成为市场追捧的题材，所涉及的行业、上市公司会有所表现。

例如，2020年12月之后的上证指数K线图，如图1-3所示，可以看出，大盘有一个不小的涨幅。

图1-3 上证指数K线图

（7）多空双方竞争

影响股价的一个很重要的因素是多空双方的竞争，以及隐藏在股市背后的人性的较量。很多投资者只能从表面上来理解技术分析，却不能从资金多空博弈的角度来理解这个市场，所以很难对股票走势做出正确的判断。实际上，面对 K 线、指标、量能等众多要素会得到太多纷杂的交易信号，很难形成具有实战意义的交易策略。只有深谙走势背后人性的心理预期，洞悉多方和空方的转化，以及套牢盘、获利盘、追涨盘、抄底盘、止损盘和解套盘等的变更才能够从根本上把握股价的走势。

## 二、道氏理论：趋势为王

道氏理论是最早对股市中的趋势进行系统化论述的，是所有技术分析方法中的基础，可以称为技术分析领域中的鼻祖理论。该理论认为，价格能够全面反映出所有现存信息，可供参与者（交易商、分析家、组合资产管理者、市场策略家及投资者）掌握的知识已在标价行为中被折算。甚至一些由不可预知事件引起的货币波动，都将被包含在整体趋势中。但是，道氏理论也有它的缺陷和不足，它是以股市整体作为研究对象的，没有阐述个股的走势。

根据道氏理论，股票价格运动有三种不同的趋势，股票的基本趋势，又称为长期趋势、主要趋势，是股价广泛或全面性上升或下降的变动情形。长期趋势通常以年作为时间单位，当然，在不同市场和不同投资者的观念中，这个时间范围也是有所不同的，但至少应当是半年以上的股价波动趋势才能称作长期趋势。这种趋势持续的时间一般是一年或一年以上，甚至好几年，股价升（降）的总幅度通常要超过 20%。

股价运动的第二种趋势是指股价的次级趋势，也被称为股价的修正趋势、调整趋势、中期趋势，是与长期趋势运动方向相反的一波行情。在多头市场中，中期趋势就是中级下跌或调整行情；在空头市场中，中期趋势就是中级上升或反弹行情。这种趋势通常是基本趋势的反弹或调整，这种趋势持续的时间从 3 周至数月不等，股价升（降）的总幅度通常是股价基本趋势的 1/3 至 2/3。

股价运动的第三种趋势是指股价的短期趋势，又称为小趋势、短期波动。这种趋势持续的时间很短，一般是一至数天通常少于6天，很少有超过3个星期的。股价运动的次级趋势通常是由3个或3个以上的短期趋势组成的。

道氏理论虽然阐述了股市运行中的三种基本趋势，但是没有具体阐述基本趋势的运行方式，以及如何识别这些基本趋势、如何判断当前的市场处于趋势运行中的哪个阶段。因此，当投资者身处不断变化的股市中时，仅仅借助于道氏理论，很难把握当前市场的基本趋势及趋势的发展情况。

通常情况下，长期投资者最关心的是股价的基本趋势，也就是第一种趋势，可以对多头市场和空头市场做出较准确的判断。其做法是在确定后的多头市场中买进股票，一直持有到确定空头市场形成时才卖出股票，对在整个大趋势中的所有中级波动与短期变动都不理会。

例如，中远海控在2020年5月至2021年6月之间的走势，属于上升趋势，虽然在2021年1-3月出现过下跌和横盘震荡阶段，但其长期趋势一直保持向上，如图1-4所示。投资者在低位买入后，只要不出现趋势的扭转，便可一直持有，不理会期间出现的中级波动与短期变动。

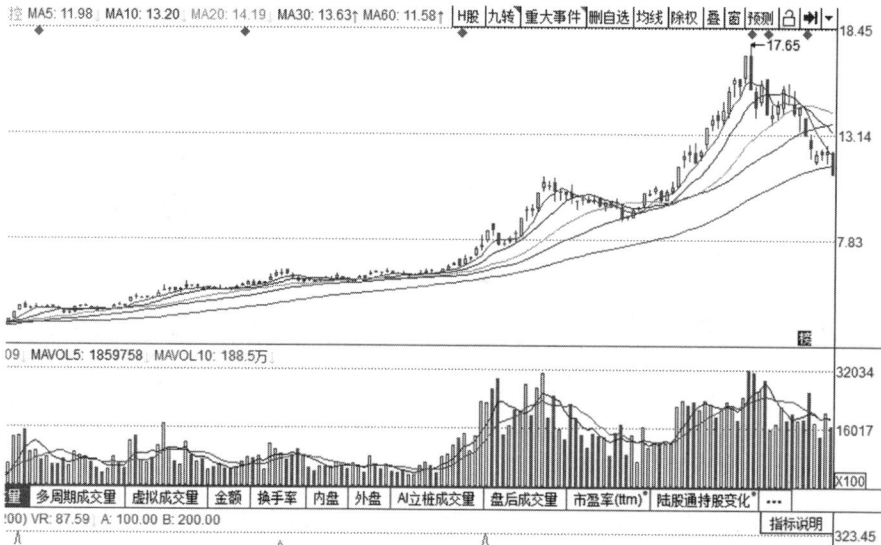

图1-4　中远海控K线图

中期趋势在道氏理论中被称为次级趋势，就是平常所说的次要趋势、修正趋势都是这一概念。投机者则对股价的修正趋势，也就是第二种趋势非常感兴趣。对于他们来说，次级变动是非常重要的机会，更容易从中获取短期的利润。

例如，金陵药业在 2018 年 10 月至 2019 年 4 月之间的走势，属于上升趋势，从 2018 年 10 月 19 日的底部开始上涨，到 2019 年 4 月 18 日上涨了 3.34 元（9.10-5.76=3.34），从 2018 年 11 月 22 日到 2019 年 1 月 4 日为中级下降趋势，下降了 1.03 元（7.10-6.07=1.03），因此，中级下降趋势为这个长期上升趋势的 31%（1.03÷3.34=31%），即约 1/3 的位置，如图 1-5 所示。

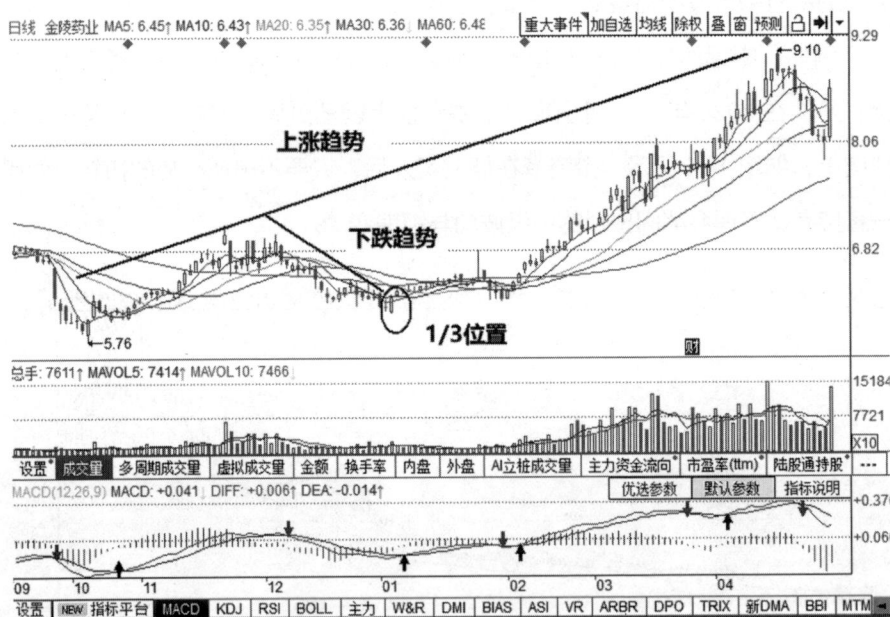

图 1-5　金陵药业 K 线图

在这三种趋势中，短期趋势的重要性最小，而且容易受人为操纵，因而通常并不作为趋势分析的对象。对于中线投资者或波段操作者来说，它们本身没有什么意义，但它们的存在给主要趋势发展的全过程赋予了变幻莫测的色彩。长期趋势和中期趋势都是由一系列短期趋势组成的。

## 三、波浪理论：把握趋势运行的脉搏

股市像大海一样跌宕起伏，但是，股价的波动却如同大海的波浪一般，一浪接着一浪，看似无规律可言，实际上具有相当程度上的规律性，并且会呈现周期性循环的特点。

波浪理论是美国证券分析家拉尔夫·纳尔逊·艾略特提出的一种股票技术分析理论，可用于分析股市指数和价格走势。他利用道琼斯工业指数平均作为研究工具，发现不断变化的股价结构性形态呈现自然和谐。他认为市场走势不断重复一种模式，每一周期由 5 个上升浪和 3 个下跌浪组成。不同规模的趋势可以分为九个大类，最长的超大循环波是横跨 200 年的超大型周期，而次微波则只覆盖数小时之内的走势。但无论趋势的规模如何，每一周期由 8 个波浪构成这一点是不变的。不管是股票还是商品价格的波动，都遵循波浪连动的规律，呈现周期循环的特点，因此，投资者可以灵活应用这些规律性的波动，成功地预测出股票价格未来的走势，从而得出买卖股票的策略。波浪理论主要反映广大投资者的投资心理，参与市场的人越多，其准确性就越高。

这个理论的前提是：股价随主趋势而行时，依五波的顺序波动；逆主趋势而行时，则依三波的顺序波动。长波可以持续 100 年以上，次波的期间相当短暂。

通过不断研究，艾略特发现，一轮完整的牛熊交替的走势可以通过 8 个大浪完美地呈现出来，由两个不同阶段组成：驱动阶段（也称为一个"五浪"），该阶段的子浪用数字标示；调整阶段（也称为一个"三浪"），该阶段的子浪用字母标示，如图 1-6 所示。下面将详细地进行介绍。

（1）股价指数的上升和下跌将是交替进行的，即一个上升趋势之后，随之而来的就是下跌趋势。推动浪和调整浪是价格波动的两种最基本的方式，推动浪与基本趋势的方向一样，调整浪与基本趋势的方向相反。

（2）上升趋势由 5 个浪组成，即五浪上升模式。其中第 1 浪、第 3 浪、第 5 浪是与市场走向一致的浪，第 2 浪、第 4 浪是回调浪。

（3）下跌趋势由 3 个小浪组成，通常用 A 浪、B 浪、C 浪表示。

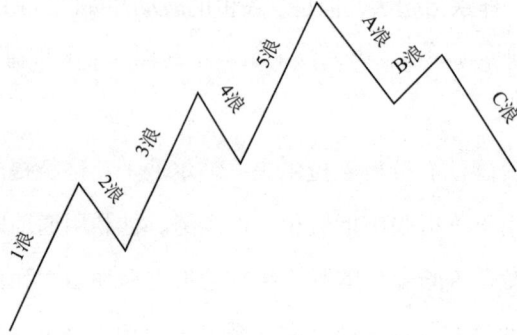

图1-6　八浪

（4）一个完整的循环，可以用八个波浪完整地表现出来，即所谓的八浪循环，在上述八浪完毕之后，一个循环完成，走势进入下一个八浪循环。

（5）波浪可以拉长，也可以缩短，但其基本形态不变，时间的长短也不会改变波浪的形态，市场仍然会依照其基本形态发展。

（6）黄金分割神奇数字组合是波浪理论的基础，经常遇见的回吐比率为 0.382、0.5 及 0.618。

波浪理论在道氏理论的基础上更进了一步，但是波浪理论是一套主观性很强的分析工具，还是有一些缺陷存在的。

首先，波浪理论家对现象的看法并不统一。波浪等级的划分因为投资者视角的不同而明显不同，没有客观准则。波浪理论如果被机械套用在变化万千的股市会比较危险。

其次，在波浪理论中，核心要素是如何准确地划分出每一个浪。怎样才算是一个完整的浪，也无明确定义，包括艾略特本人，很多时候也会受这一问题的困扰，即：一个浪是否已经完成而开始了另外一个浪呢？

再者，股票市场的升跌次数绝大多数并不是按"五升三降"这个机械模式出现的。特别是牛市和熊市的形势不是很明确时，更不会这么标准地出现

"五升三降"八浪模式。

再次，波浪理论的浪中有浪，可以无限伸延，即升市时可以无限上升，都是在上升浪之中，下跌浪也可以跌到无影无踪都仍然是在下跌。只要是升势未完就仍然是上升浪，跌势未完就仍然在下跌浪。这使数浪的随意性增大，这样的理论无法推测出浪顶浪底的运行时间，难以在实际操作中发挥作用。

**1. 波浪理论数浪的规则**

股价运行的模式、时间、比率及其相互关系是波浪理论体系的关键架构，主要包括以下三个部分：第一，波浪的形态，即股价走势形成的形态；第二，浪与浪之间的比例关系，股价走势图中各个高点和低点所处的相对位置，即波幅比率；第三，作为浪间的时间间距，完成某个形态所经历的时间长短，即持续时间。在这些方面，股价的形态是最为主要的，它是波浪的形状和构造，是波浪理论赖以生存的基础。

数浪的正确与否，对成功运用波浪理论进行投资时机掌握起着至关重要的作用。数浪一般要遵循以下几条规则。

（1）第1浪通常有两种表现形式：一种属于构筑底部，另一种则为上升形态。第1浪是循环的开始，或者是长期盘整完成之后的上升。通常情况下，第1浪的上升幅度是5浪中最小的。

（2）第2浪远不会运动到低于第1浪的起点。

（3）第3浪是上升趋势的主升浪，不能是上升浪中最短的一个波浪。在股价的实际走势中，通常第3浪是最具有爆发性的一浪，涨幅最大最快，也最安全。尤其是当第3浪突破第1浪的高点时，是强烈的买入信号。

（4）第4浪经常以较为复杂的形态出现，三角形调整形态的情况居多。除非在倾斜三角形内，不可以低于第1浪的浪顶。第4浪的回调幅度小于第3浪的上涨幅度。

（5）第5浪是上升中的最后一浪，力度大小不一。

（6）第A浪：在A浪中，大多数的投资者会认为上升行情尚未逆转，此时仅为一个短暂的回调，实际上，A浪的下跌，在第5浪中通常已有明显的信号，如成交量与价格走势背离或技术指标上的背离等，但由于对市场仍较为乐观，A 浪有时出现平势调整成者"之"字形态运行。

（7）第 B 浪：通常情况下，B 浪表现为成交量不大，是一段上升行情，很容易让投资者误以为是另一波段的涨势。

（8）第 C 浪：是一段破坏力较强的下跌浪，跌势较为强劲，跌幅大，持续时间较长久，而且出现全面性下跌。

（9）在一个完整的 8 浪循环过程中，上升浪和调整浪的浪形以简单形态与复杂形态交替规律呈现，例如，对于上升浪第 1 浪、第 3 浪和第 5 浪来说，如果第 1 浪的形态比较复杂，则第 3 浪的形态往往较为简单，第 5 浪的形态则较复杂；反之，如果第 1 浪的形态比较简单，则第 3 浪的形态往往较为复杂，第 5 浪的形态则较简单。如果第 1 浪上升的时间很短，基本可以判断 3 浪上升的时间会比较长，同样，对属于调整浪的第 2 浪与第 4 浪来说，如果第 2 浪出现了形态比较简单的调整，则第 4 浪的形态往往相对较为复杂；反之，如果第 2 浪的调整形态较为复杂，则第 4 浪的形态会相对简单。如果第 2 浪调整的时间很短，基本可以判断第 4 浪调整的时间不会很短——这条补充规则，能较好地帮助投资者，利用已知的趋势来分析和推测市场价格的未来发展和变化，从而把握住操作时机。

（10）在第 1 浪、第 3 浪、第 5 浪的三个推动浪中，其中最多只有一个浪会出现延长浪，而其他两个推动浪的长度和运行时间大致相等，或以 0.618 的黄金比率出现对应的关系。

**2. 波浪理论的实际应用**

波浪理论的基本规则，初看简单浅显，但是深入了解后才会发现其内容的博大精深，只有在实践中认真观察、用心体会、多学多看、勤于思考，才能熟练掌握、得心应手地运用。下面就来深入解析一下，波浪理论到底该如何运用在实战中。

例如，嘉寓股份经过较长时间的下跌趋势之后，至 2020 年的 5 月 25 日，价格最低是 2.60 元，如图 1-7 所示。我们现在从这个低点开始算起，也就是把这个低点定义为第 1 浪的起点，把这只股票的波浪进行一下具体划分：

第1浪：2020年5月25日至7月6日；上升浪，从2.60元上升到3.94元，共计上涨1.34元；

第2浪：2020年7月6日至7月24日；这一波的调整浪之后，股价下降至3.13元；

第3浪：2020年7月24日至2020年9月8日；从3.13元上升到5.37元，共计上涨2.24元；

第4浪：2020年9月8日至9月10日；完成了第4浪的调整，最低探至3.52元；

第5浪：2020年9月10日到10月21日；从3.52上升到6.46元，共计上涨2.94元。

从波浪理论分析来看，这波行情的上升趋势中，拉升浪应是第1浪、第3浪和第5浪，调整浪应该是第4浪和第5浪；接下来，该进入下跌趋势中的A浪、B浪、C浪了。

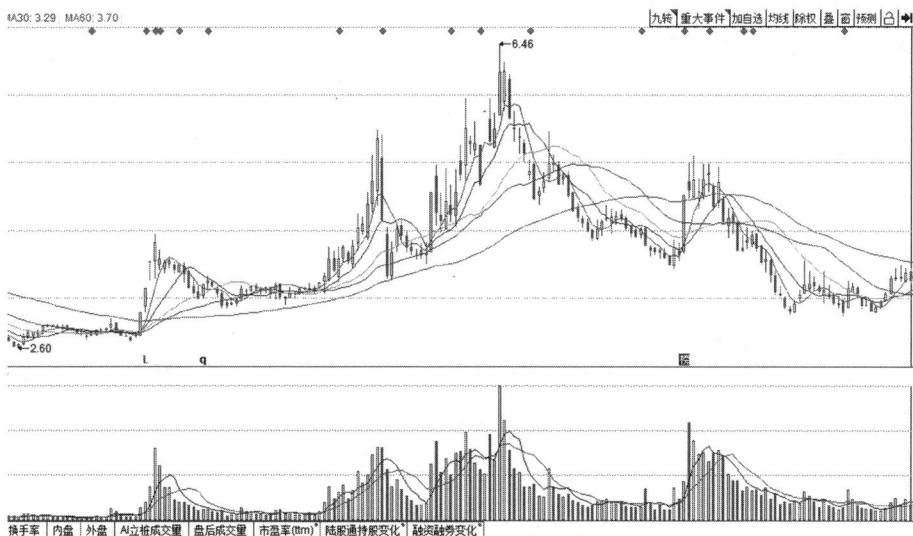

图1-7　嘉寓股份K线

## 四、趋势形成，进场；趋势消失，离场

虽然股价的涨跌很难判断，总是给人一种扑朔迷离的感觉，但是，在整个长期的趋势上，仍有非常明显的踪迹。它们通常向某一特定的方向运动，有时是上升趋势，有时是下降趋势。或者是某只股票呈上涨或下跌趋势后，下一步常常是顺着这个趋势方向继续演变，一般不会在短期内产生较大的转折，但是，有时市场会发生偏离并呈现出无明显趋势的形态，这种情形代表了暂时的犹豫不决，偏离的运动通常仅是现有趋势的短暂停顿，在这之后，原有趋势将继续。但是，有时这种偏离，却是现行趋势出现重要反转的信号。正确区分这两种情况是非常重要的，因为在上升趋势中，如果可以判断此时的偏离运动是短暂的调整，那么，就可以继续持有股票；如果出现了重要的反转，那么，投资者就需要尽快离场。反之，如果是下降趋势中，短暂的调整，还不适宜进场；而出现重要的反转时，则应尽快买进，跟上这一波的行情。

实际上，股价每一次的上升都是由前期的走势来决定的。前面的下跌和盘整往往预示着后期的攀升，无论是个股还是指数，通过长期的下跌，横盘做底，充分换手后一定会启动大级别的上涨行情，而快速上涨和缓慢爬升又会导致不同的出货顶部。顶部的形成也就暗示了接下来的下跌趋势。

因此，投资者买卖股票一定要抓住趋势，要有大局观，要在向上的趋势形成之后，以股价上升时的趋势作为主要参考依据；或者是在一定幅度的下跌后反弹的时候可以跟进，做一些波段。而在大势不好的时候，当股价下跌成为一种常态，不管是好股票还是坏股票都统统下跌的时候，最好的办法是进行清仓离场，耐心地持币观望，这样才能赚取利润。

## 五、顺势交易更容易获利

顺势而为，就是跟随趋势直到它们反转，这样可以利用上行趋势获利，利

用下行趋势空仓，守住财富。为了更好地做到顺势而为，投资者必须尽可能早地在趋势之初的发展阶段识别它。趋势线就是一种可以强化和补充其他趋势分析结论的方法，有时可以提供更早的预测或对变化的警示。

炒股票，首先就要看清大势，而后顺势而为。在股票市场中，大约有80%的个股都是与大盘保持一致的，所以看清了大盘的走向，也就看清了大部分个股的走向，这是一种稳健的操作方法。

散户要想在股票市场上投资盈利，首先必须尊重市场趋势的运行规律。在大盘涨势如潮的时候，大部分股票都是上涨的，此时，我们的各种策略、各种选股成功率会提高不少，这时一定要积极入市。当大盘整体趋势向下的时候，虽然可能仍然会有极少数个股可以逆势飘红，但大多数个股是下跌的，这时，一定要判断大盘的整体趋势，要记得空仓，远离市场，冷静地进行分析观察，多看少动，否则很容易在下降趋势中，将自己的资金连本带利地又亏进去。

下面结合实例看一下如何顺势而为，轻松获利。

例如，紫金矿业在2020年6月至2020年12月的走势，如图1-8所示。该股在此期间处于上升趋势中，如果能及时地捕捉到上升趋势的出现，从而选择在上升趋势初期介入此股，并采取持股待涨的操作手法，则投资者将获利丰厚；如果未能在第一时间介入此股，则借助上升途中的回调走势在相对低位介入，也是一个不错的选择。这两种操作都能达到顺势而为的操盘目的，从而利用上升趋势轻松获利。

例如，青岛啤酒2021年3月至2021年6月的走势，如图1-9所示。该股在此期间的上升趋势比较明确，如果投资者能结合趋势运行的情况来进行实盘操作，则可以不必关注股市的细微波动，从而获取一波不错的收益。

例如，温氏股份2021年1月至2021年6月的走势，如图1-10所示。该股在此期间处于下跌趋势中，如果能及时地捕捉到下跌趋势的出现，从而选择在下跌趋势初期卖出此股，则是一个不错的选择；如果未能在第一时间卖出此股，则可以结合个股的走势进行高抛低吸的波段操作，但是这需要投资者有一定的技术水平。

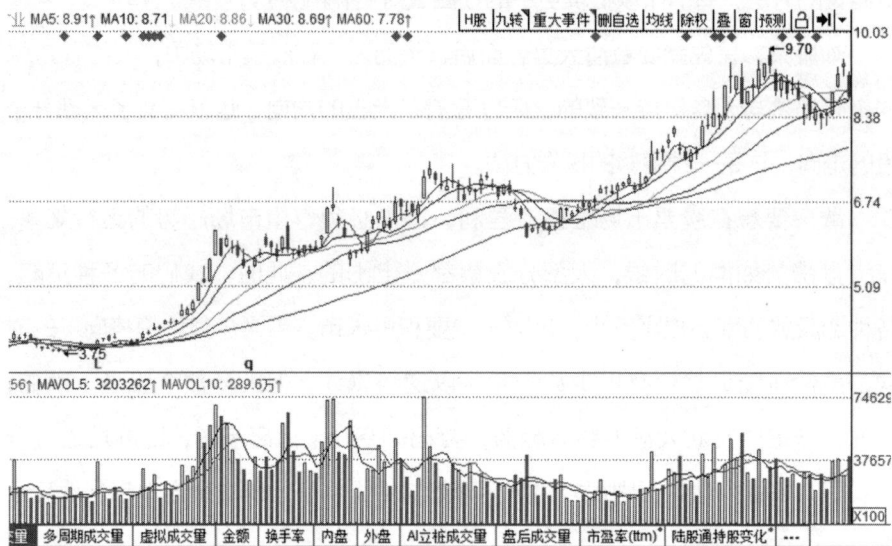

图1-8　紫金矿业K线图

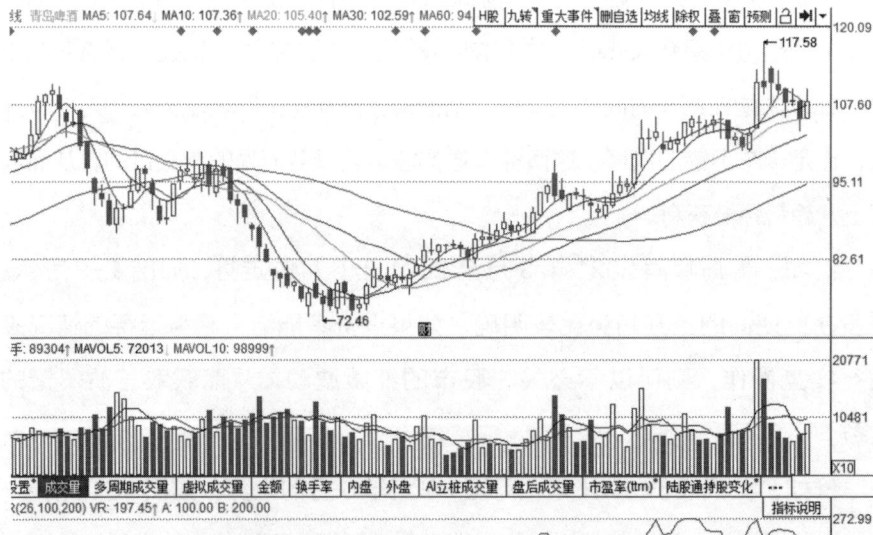

图1-9　青岛啤酒K线图

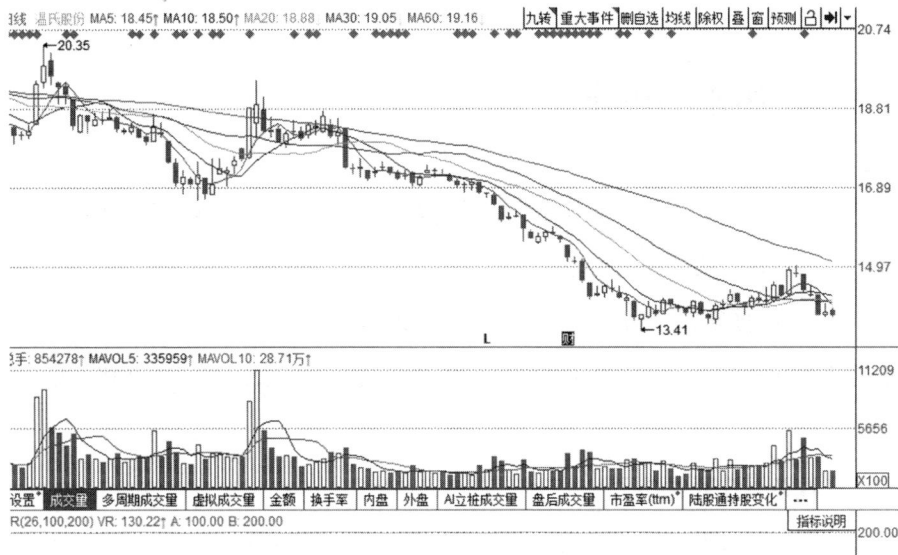

图1-10　温氏股份K线图

　　例如，新希望股票 2021 年 2 月至 2021 年 6 月的走势，如图 1-11 所示。该股在此期间处于下跌趋势中，此时如果再使用上升趋势的操作策略，必将伤痕累累。因此，最好的方法就是及时地捕捉到下跌趋势的出现，第一时间卖出该股，持币观望，等待时机再入场。

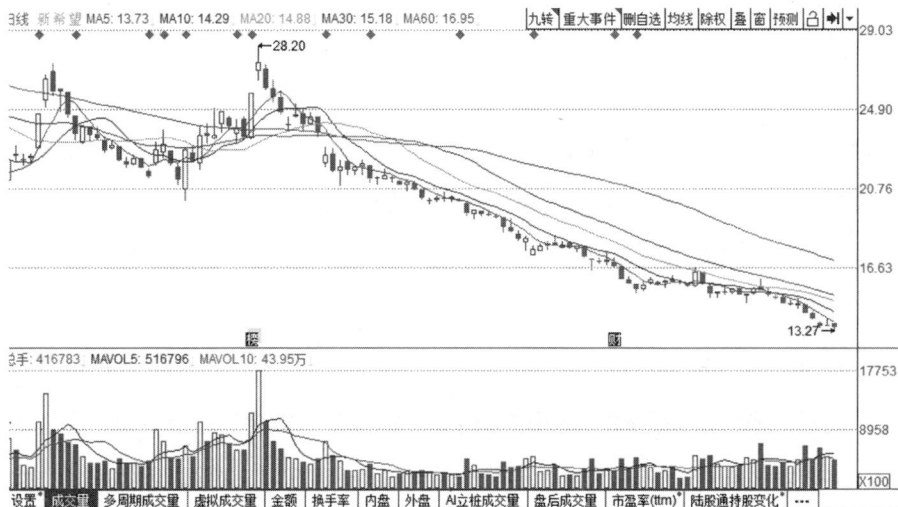

图1-11　新希望K线图

# 六、牛市与熊市

在股市中，如果能够看懂趋势，顺应趋势，利润就会滚滚而来。作为投资者，非常重要的功力就是能够准确地判断出股市到底是牛市还是熊市。如果是牛市，股价将持续而全面地涨升，此时积极买进股票，必能得到丰厚的回报；如果是熊市，股价会一波更比一波低，如果投资者不能及时脱身，必将被套牢，亏损累累。

## 1. 什么是牛市与熊市

我们经常会听到投资者说，最喜欢牛市，最好不要遇到熊市。那么，牛市和熊市究竟是什么意思？它们都有哪些特征，下面进行详细介绍。

牛市是预料股市行情看涨、前景乐观的专门术语，也称多头市场，指证券市场整体行情普遍看涨，买盘较多并能持续较长时间的大升市。一旦牛市来临，完全有可能将股价推动到投资者无法想象的高度。

道氏根据美国股市的经验数据，总结牛市的不同市场特征，认为牛市可以分为以下三个不同时期。

● 牛市第一期

牛市第一期往往是在市场最悲观的情况下出现，与熊市第三期的一部分重合。此时，大多数的投资者对市场感到失望透顶。但是，有远见的投资者则会通过对各类经济指标和形势的分析，预测到市场情况即将发生变化，并开始逐步选择优质股票买入。市场成交量也开始逐步回升，整个市场开始活跃起来。

● 牛市第二期

此时的市场行情已经明显好转，但熊市的惨跌仍然会给投资者留下心理阴影，不敢毅然进场，同时市场上出现一种非升非跌的僵持局面。总体来讲，大盘行情良好，股价力图上升。这段时间可维持数月甚至超过一年，主要是由上次熊市造成的心理打击的严重程度来决定。

● 牛市第三期

经过一段时间的徘徊后，股市的成交量不断增加，会吸引越来越多的投资人进场。大盘的每次回落不但不会使投资人退场，反而吸引更多的投资者加入，市场情绪高涨。此外，公司利好的新闻也不断传出，例如盈利倍增、收购合并等。在这一阶段的末期，市场投机气氛极浓，垃圾股、冷门股股价均大幅度上涨。同时，炒股热浪席卷社会各个角落，各行各业、男女老幼均加入了炒股大军。当这种情况达到某个极点时，市场就会出现转折。

例如，2005 年 6 月，一轮大牛市在人们普遍的绝望中启航，到 2007 年 10 月 16 日创下 6 124 点的历史最高纪录，如图 1-12 所示。这轮牛市中，出现了 5 次比较大的回调，但是每一次回调的低点都比上一次的低点高，并且回调后的高点都高于上一次的高点。

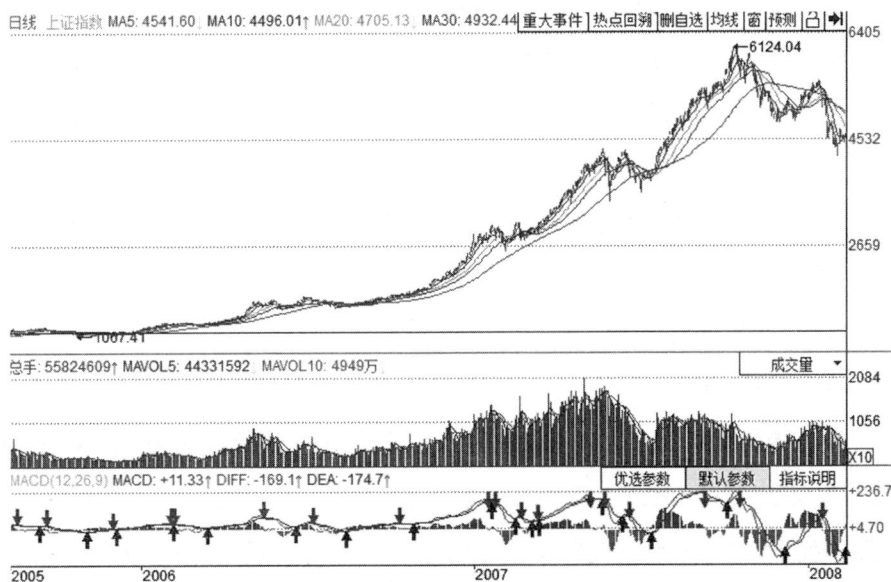

图1-12　历史最高纪录

## 2. 熊市及其阶段特征

熊市是预料股市行情看跌、前景悲观的专门术语，也称空头市场，指证券市场整体行情普遍看跌，股指低迷，大部分股票下跌，卖者较多并且会持续时间相对较长的大跌市。

牛市见顶后，市场有可能进入回调整理，也有可能直接转入熊市。而股市是否由牛市转入熊市，对股民的操作决策非常重要。

道氏根据美国股市的经验数据，总结熊市的不同市场特征，认为熊市也可以分为以下三个不同时期。

● 熊市第一期

熊市第一期，其初段就是牛市第三期的末段，往往出现在股票市场上投资气氛最高涨的时候，此时市场绝对乐观，投资者对后市变化完全没有戒心。但是，就在大多数投资者疯狂沉迷于股市的升势时，少数理智的投资者和庄家已经开始将资金逐步撤离。因此，市场的交投虽然十分炽热，但已有逐渐降温的迹象。

● 熊市第二期

这一阶段，股票市场一旦有个风吹草动，就会触发"恐慌性抛售"。许多人开始急于抛出，就会加剧股价的急速下跌。经过一轮疯狂抛售和股价急跌以后，市场上往往会因为形势还不太糟糕，而出现一次较大的回升和反弹。这一段中期性反弹可能维持几个星期或者几个月，回升或反弹的幅度一般为整个市场总跌幅的 1/3~1/2。但是经过这一段时间的中期性反弹以后，各种真假难辨的利空消息又接踵而至，对投资者信心造成进一步打击。整个股票市场弥漫着悲观气氛，股价继反弹后会出现更大幅度的下挫。

● 熊市第三期

股价持续下跌，但跌势没有加剧，由于那些质量较差的股票已经在第一期、第二期跌得差不多了，再跌的可能性已经不大，而这时由于市场信心崩溃，下跌的股票集中在业绩一向良好的蓝筹股和优质股上。这一阶段正好与牛市第一阶段的初期段相吻合，有远见的投资者会发现这是一个很好的吸货机会，这时购入低价优质股，待大市回升后可获得丰厚回报。

一般来说，熊市经历的时间要比牛市短，只占牛市的 1/3~1/2。不过每个熊市的具体时间都不尽相同，因市场和经济环境的差异会有较大的区别。

例如，2007 年牛市行情结束后，经过一年的对称性、报复性暴跌，大盘便连续跌破5 500点、5 000点、4 500点、4 000点、3 500点、3 000点、2 500点、2 000点，并于2008年10月28日最低下探至1 664点，如图1-13所示。创下自2006年10月24日以来的新低。也就是说，在这一年之内，从牛市最高点到目前最低点，大盘跌幅近70%。

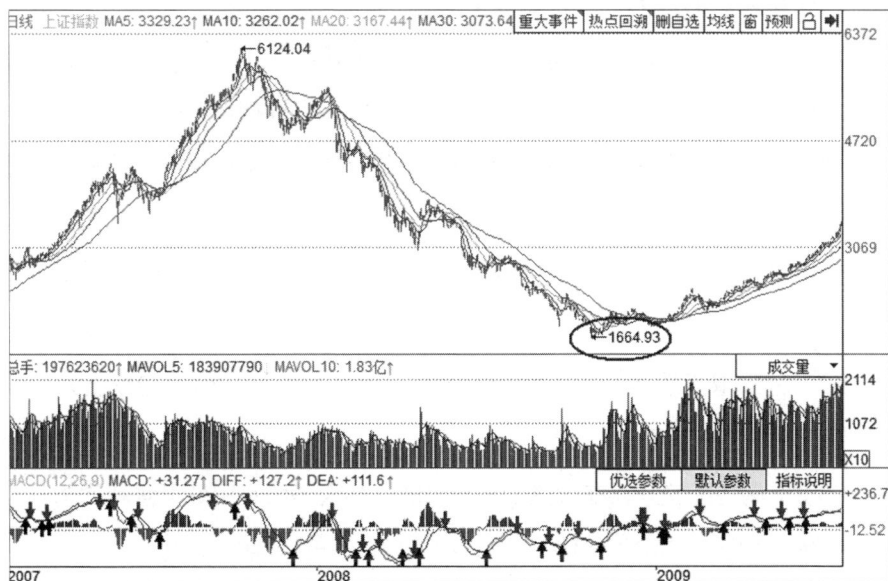

图1-13　2008年10月28日下探最低点

### 3. 牛市来临的判断依据

在大牛市的行情中，市场中获利机会非常多。例如，在2015年的牛市中有很多股票就出现了上涨几倍的行情。面对如此多的市场机会，很多投资者却难以取得超越大盘涨幅的理想收益。总结下来，其中最主要的原因是没有把握住牛市的到来。

根据经验，牛市来临有以下几种判断的依据。

（1）价格上升的股票多于下跌股票的种类。

（2）企业大量买回自己的股票，会使市场上股票供给量减少。

（3）价格上升时股票总交易量高，或价格下降时股票总交易量低。

（4）行情在接下来的3个月之内对一连串的利空毫无反应，仍然出现大涨小回的模式。

（5）大企业股票加入贬值者行列，预示着股票市场价格逼近谷底。

（6）证券公司降低对借债投资者自有资金比例的要求，使他们能够有较多的资金投入市场。

（7）投资者前景普遍悲观时。

**4. 牛市见顶的征兆**

股市的赢家往往就赢在比别人早一步发现股市的转折点。如果投资者能够敏锐地发现股市的顶部，便能够及时地逃顶避险，保住胜利果实。

根据西方证券分析人士总结的经验，一般来说，如果出现以下的征兆，可以认为是牛市即将见顶。

（1）价格上看，创新高的股票数目先是大增，但到牛市末期尽管指数上升，上升的股价不多。

（2）越来越多的新股民不断涌入市场，每个月的开户数量持续上升，同时，银行存款不断下滑。

（3）交易持续疯狂，在大盘即将到顶时，绝大多数股民处于盈利状态，大量资金涌入市场，造成股价不断翻番，股民争相竞价购买的状态。

（4）当绩优股、蓝筹股、中低价股已经翻番之后，一直被市场不看好的垃圾股也普遍出现持续涨停的现象，市场上已经没有低价股，市盈率居高不下。

（5）报纸、电台和电视台大量报道财经新闻。报纸不断扩大财经新闻的版面，增加了股票、债券、商品、期货市场的报道，电台与电视台每周几次报道股市行情。

（6）媒体曝光上市公司欺诈问题，监管部门查处市场违规事件，拟实施的举措明显抑制做多，而股评界却一派唱好。历史教训表明，凡股评唱多者占上风时，大盘必见顶。

**5. 熊市来临的判断依据**

从盘面上看，熊市来临也有以下可供参考的标志。

（1）散股交易中买方大大高于卖方，说明证券交易中新手受前段价格上涨吸引纷纷涌入市场，经验证明这是熊市来临的征兆。

（2）价格大幅度持续上涨，但是上涨速度趋缓，表明正受到上升阻力。

（3）投资者由风险较大的股票转向较安全的债券，意味着证券市场上悲观和保守心理增加。

（4）企业因急需短期资金而大量借债，导致短期利率等于甚至高于长期利率，造成企业利润减少，使股票价格下降。

（5）公用事业公司的资金需求量很大，这些公司的股票价格变动常领先于其他股票，因而其股票价格的跌落可视为整个股市行情看跌的前兆。

不过，出现熊市的征兆并不代表熊市就会立即来临，往往还需要一段时间，有时甚至需要 1 ~ 2 年。原因是大量的新手进入增强了买方的力量，推动牛市继续一段时间；加上投资者狂热的炒买炒卖也可维持一段时间的牛市；并且牛市本身也有一种惯性力，只要惯性力仍大于阻力，牛市仍会维持下去。

**6. 熊市见底的标志**

如果投资者能清楚地找到股市的底部，便能够成功地抄底赚钱，熊市的时候要有见底的能力，赶在见底的时候低位建仓，便可等待下一轮上涨。

一般来说，熊市见底也会显示以下一系列信号。

（1）绝大多数投资者出现亏损，并且亏损的幅度在 50% 以上，甚至主力机构也不能避免亏损，此时离熊市见底不远了。

（2）大多数的股票已经深幅下调，前期较为抗跌的蓝筹股或优质股也加入大跌的行列，往往还会出现大面积跌停的现象，此时一般股市已进入谷底。

（3）投资者由以往的贪婪，开始变得对股市不闻不问，并且对股市回升不抱希望时，股市才真正见底。

（4）一些重要的支撑位被轻易击穿，一些整点关口也接连丢失。

（5）股市真正见底时期，大多数投机者正焦头烂额、无力东山再起，借钱投资者数目有限。

第二章

# 技术分析，趋势运行一目了然

技术分析是以供求关系为基础对市场和股票进行的分析研究，是在股票实时交易行情结束后，由分析软件根据早已设计好的程序绘制出相应的分析图表，对股价走势进行分析的一种方法。

# 一、趋势线：趋势量化的标准

趋势线是衡量价格波动方向的，用画线的方法将低点或高点相连，从而形成一条斜线，进而判断股价的趋势。它是识别市场趋势，跟踪趋势操盘的一种最简单实用的技术分析工具。趋势线简单易学，在分析大盘或个股的走势，特别是中长期走势时，有非常重要的作用。

### 1. 趋势线的市场含义

趋势线表明当股价或指数向其固定方向移动时，有非常大的可能是沿着这条线继续移动的。股票的走势与投资者的心理是密切相关的。当股价上升时，市场反应一片看多，投资者的心理价位也会随之逐步提高，每当股价回落到前一低点之前，强烈的看多气氛会阻止股价继续下跌而出现回升的局面，使股价波动低点逐步提高，造成了整体的一种上升趋势；而当股价下跌时，人们一片看空，投资者的心理价位也会逐步下移，在回升到前一高点之前，已经有大量筹码等待卖出，使股价逐波回落，形成整体的下降趋势。

### 2. 趋势线的画法

趋势线的绘制方法比较简单，用画线的方法在 K 线图上将波段的低点或高点相连即可，但是有以下细节问题需要注意。

（1）用直尺连接某一时间段最低点（或相对低点）与最高点之前的任意低点，中间不穿越任何价位的直线，即上升趋势线。

（2）连接某一时间段最高点（或相对高点）与最低点之前的任意高点，中间不穿越任何价位的直线，即下降趋势线。

（3）需要注意的是，采用趋势线分析法时，应当把离当前价格最近的趋势线全部画出来（穷尽法）；而且趋势线上的点位越多越准确。对于长期趋势线和中期趋势线而言，还要求前两个连接点的距离不能过近。同时，趋势线的角度应尽量接近45度角，这样的趋势线可靠性会比较好。

下面以在同花顺行情软件中绘制上升和下降方向的趋势线为例进行具体介绍，在其他股票行情软件中绘制趋势线的方法和它都是类似的。

在同花顺行情软件中打开要绘制其趋势线的股票K线图，调整需要分析趋势的K线时间段，单击工具箱中的"直线"按钮，将其移至波段最低点处，按住鼠标左键不放，此时屏幕中出现一条直线，按住鼠标左键不放，向右上方拖动，至最低点与最高点之间的任意低点，释放鼠标左键，即可绘制出上升趋势线，如图2-1所示。

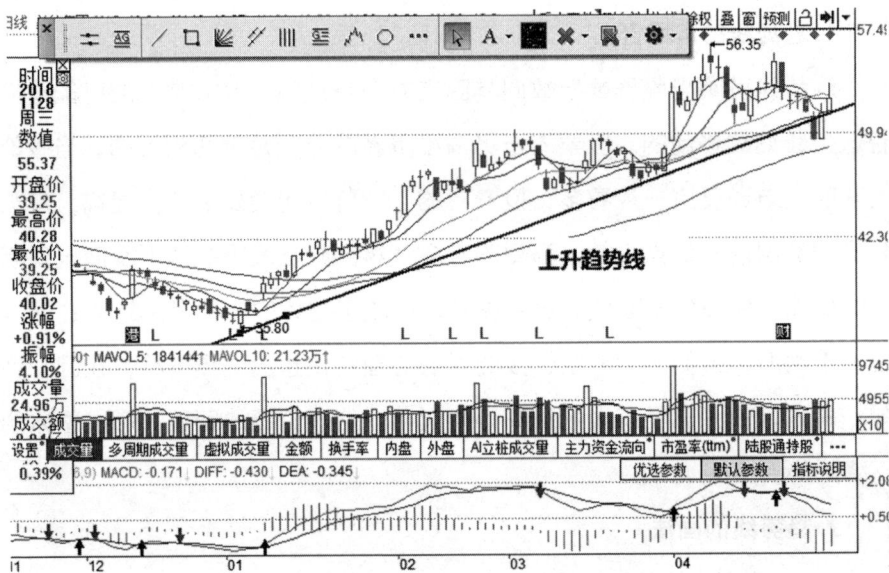

图2-1　上升趋势线

同理，在同花顺行情软件中打开要绘制其趋势线的股票K线图，单击工具箱中的"直线"按钮，将其移至波段最高点处，按住鼠标左键不放，此时屏幕中出现一条直线，按住鼠标左键不放，向右下方拖动至最高点与最低点之间的任意高点，释放鼠标左键，即可绘制出下降趋势线，如图2-2所示。

图2-2　下降趋势线

### 3. 趋势线的分类

（1）从方向上，可以分为上升趋势线和下降趋势线。分别揭示股价或指数运行的趋势是向上或向下的，其简化图形如图 2-3 所示。

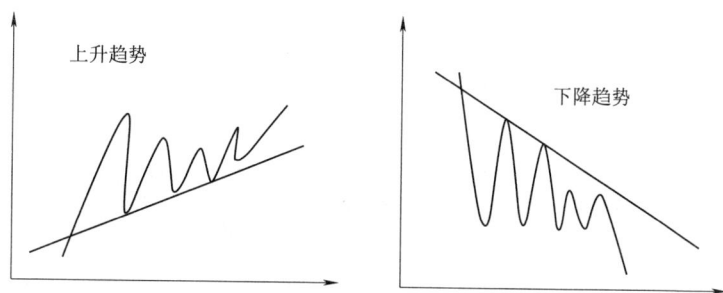

图2-3　趋势线简化图形

（2）从速度上，可以分为"快速趋势线"和"慢速趋势线"。快速趋势线，表示运行速度快，维持时间短，揭示了股价或指数的短期趋势；慢速趋势线，表示运行速度慢，揭示了股价或指数的长期趋势。一般人们常把这两种趋势线组合在一起进行对照分析，比单纯用一根趋势线分析的效果更加直观和科学。

（3）从时间上分，按照时间的长短，可以分为"长期趋势线""中期趋势线""短期趋势线"。长期趋势线跨度时间可达几年，表现了股市的长期走势；中期趋势线跨度时间可达几个月或一年以上，表现了股市的中期走势；短期趋势线跨度时间一般不超过两个月，短的话只有一个星期甚至几天，反映了股市的短期趋势。

连接各短期波动高低点就形成短期趋势线，连接各中期波动高低点就形成中期趋势线，连接各长期波动高低点就形成长期趋势线，如图2-4所示。

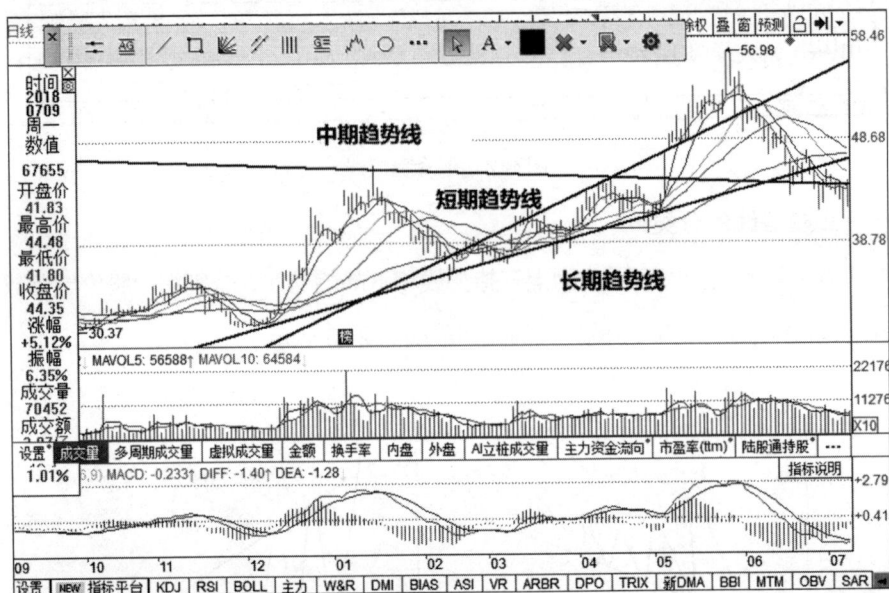

图2-4　长、中、短期趋势线

### 4. 趋势线的使用方法

趋势线属于切线理论的一部分，它表明，当价格向其固定方向移动时，它非常有可能沿着这条线继续移动。

（1）上升趋势线揭示了股价或指数的运行趋势是向上的，它对股价或指数的上升具有支持作用，因而又被称为"上升支撑线"。只要不出现上升趋势线被有效突破的现象，即股价或指数正处于上升趋势中，投资者可以放心地一路看多、做多，上升趋势线被突破是一个卖出信号。

（2）下降趋势线揭示了股价或指数的运行趋势是向下的，它对股价或指数的上升具有压制作用，因而又被称为"下降压力线"。只要不出现下降趋势线被有效突破的现象，即股价或指数正处于下降趋势中，投资者应谨慎地一路看空、做空。下降趋势线突破是一个买入信号，在没有升破之前，下降趋向线是每一次回升的阻力。

（3）若在上升趋势轨道中，发现股价突破上方的压力线时，证明新的上升趋势线即将产生。同理，若在下跌趋势中，发现股价突破下方的支撑线时，可能新的下跌趋势轨道即将产生。

（4）处于上升趋势轨道中，发现股价无法触及上方的压力线时，即表示涨势趋弱了。

（5）在上升趋势与下降趋势的末期，都会出现加速上升与加速下跌的现象。因此，趋势反转的顶点或底部，大都远离趋势线。

（6）原始趋势线（大底部涨起来时的低点连线）对股价必有支撑，如果很多股票同时跌到原始趋势线上，大盘就极有可能见底了。

（7）平缓的趋势线，技术性分析意义较大。太陡峭的趋势线不能持久，分析意义也不大。

（8）需要注意的是，上升趋势线被触及的次数越多，其可靠性越高，也就越具有使用价值；但上升趋势线越往上倾斜，其支撑作用越弱，也就越容易被突破。同理，下降趋势线被触及的次数越多，其可靠性越高，也就越具有使用价值；下降趋势线越向下倾斜，其压制作用越弱，也就越容易被突破。

**5. 趋势线的有效突破**

趋势线总是会被突破的，但是，这种突破有时会出现各种反复和假象，投资者就需要对突破的有效性进行判断。突破趋势线要成有效的突破，必须同时满足幅度、时间和成交量这三个条件。

（1）上升趋势线被有效突破出现在涨势中，股价收盘后突破的幅度超过3%，且股价在上升趋势线下方收盘的时间在3天以上，时间越长有效性越高。向下突破不需要成交量的配合。上升趋势线的突破失去了对股价的支撑作用，且会由支撑作用转变为压力作用，压制股价再度上升，因此持股投资者应及时止损出局，而持币投资者以持币观望、看空为佳。

如图2-5所示的K线图中，上升趋势被有效突破后的跌幅超过3%，而且突破的时间在3天以上，此时投资者应该及时止损出局，后市果然走出一波下跌的行情。

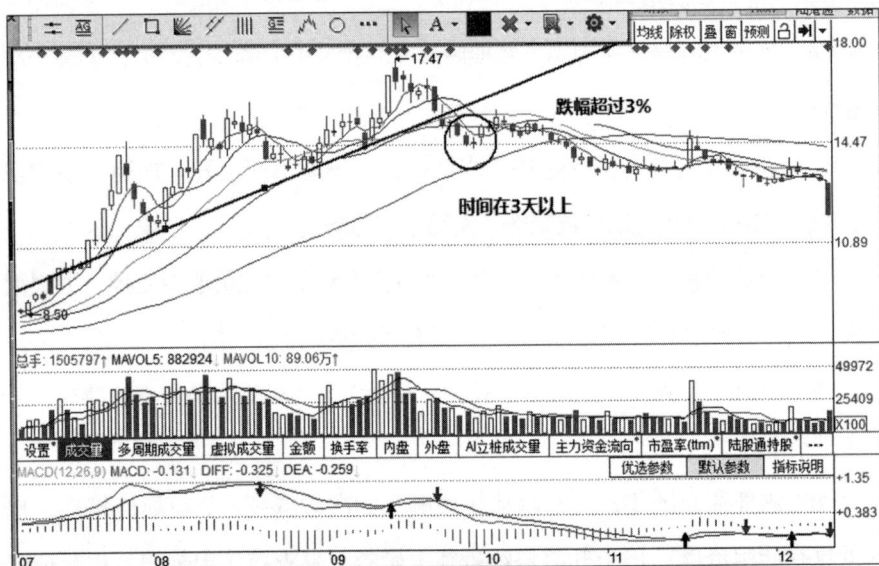

图2-5　上升趋势线被有效突破

（2）下降趋势线被有效突破出现在跌势中，股价收盘后突破的幅度至少有3%，且股价在下降趋势线上方收盘的时间在3天以上，时间越长有效性越高。向上突破还要求成交量在突破的同时放大，如果在突破重要趋势线的时候，成交量不能明显放大，则时效性不高。下降趋势线的突破失去了对股价的压制作用，且会由压制作用转变为支撑作用，阻止股价或再度下跌，因此持股投资者可继续持股观望，而持币投资者在上升趋势线形成之前应谨慎看多，可以适度买进。

如图2-6所示的K线图中，下降趋势被突破后的涨幅远远高于3%，而且突破的时间在3天以上，伴随着成交量放大，因此，此时投资者可以跟进，后市果然走出一波上升的行情。

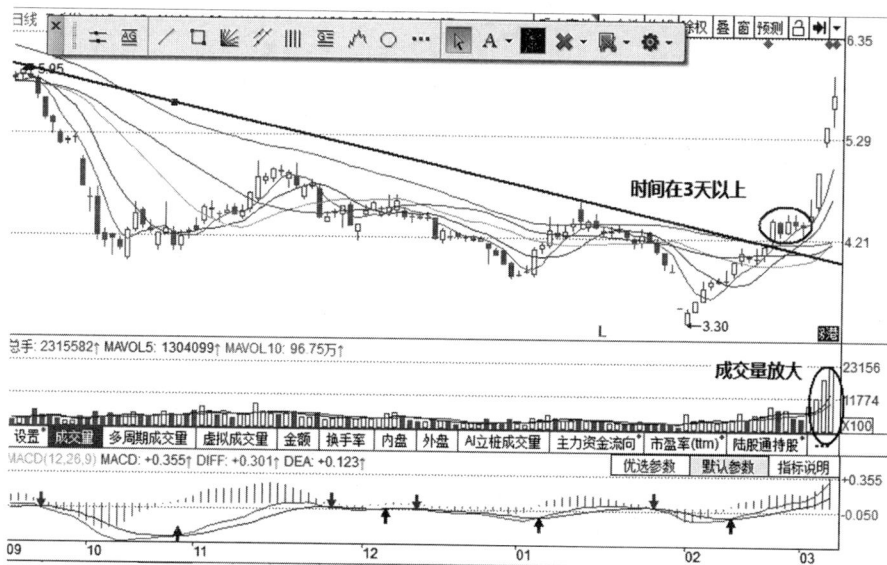

图2-6 下降趋势线被有效突破

（3）跳空缺口突破

如果在突破趋势线时，以跳空缺口形式突破，这种突破将是强劲有力的，通常在当时就能确定该突破有效，不再需要等待3天后再确定。如果是向上跳空突破压力线，除了一字涨停板外，仍然要求成交量在突破的同时放大。

如下图2-7所示的股票跳空突破长期下跌压力线，同时成交量相对于近期明显放大，因此当日便可买入，之后的上涨强劲有力。

如下图2-8所示，股票跳空跌破长期上升趋势线，因此当日便可及时卖出，之后的下跌也会非常迅猛。

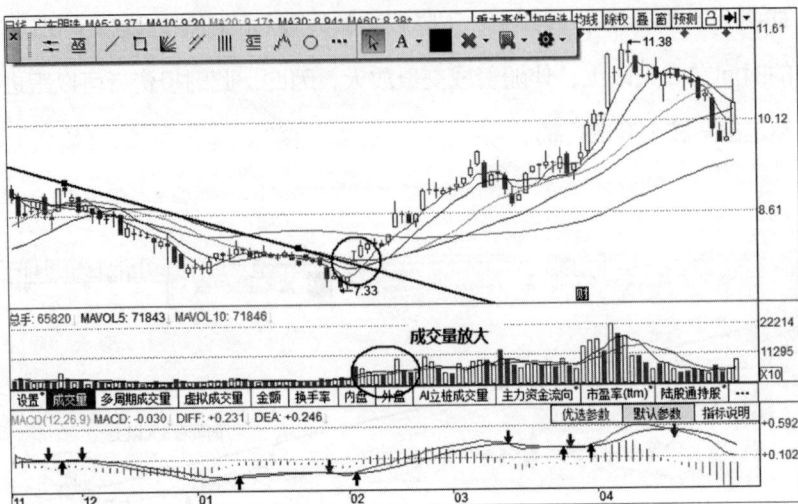

图2-7　跳空缺口向上突破

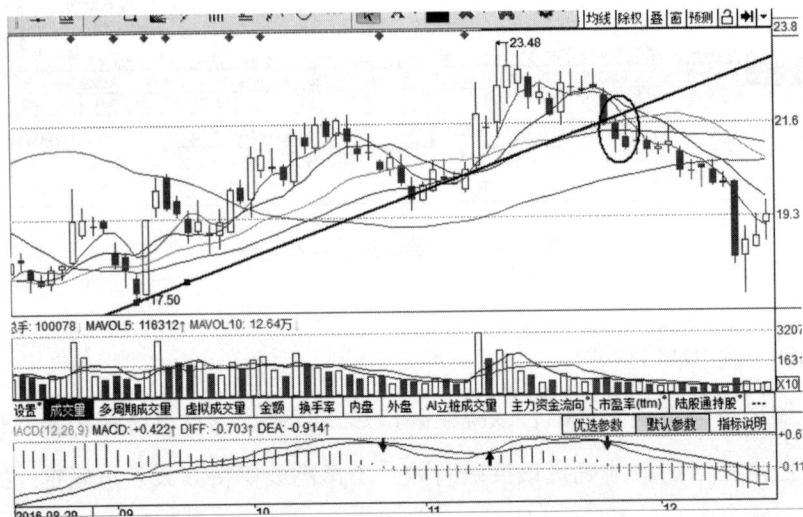

图2-8　跳空缺口向下突破

# 二、通道线：画出股价的运行轨迹

通道线又称管道线或轨道线，是股市中分析趋势常用的一种画线方法，它以趋势线为基础，在已经得到了趋势线后，通过第一个高点和低点可以做出这条趋势线的平行线，即为通道线，两条平行线组成一条通道，将价格夹在中间运行，呈现明显的管道或通道形状，这一区域称为趋势通道。

### 1. 通道线的市场含义

通道线和趋势线是相互合作的一对，它们有着相互依存相互修正的关系，而突破方式与是否会放量，则对行情的后市运行影响较大。很显然，先有趋势线，后有通道线，趋势线可以独立存在，而通道线不能独立存在。通道线通常会提供趋势线的买卖机会。

通常通道线上面的那根直线称为通道上轨，下面的那根直线称为通道下轨，如图2-9所示。通道的主要作用是限制股价在上、下轨的范围内波动，让它的运动在一段时间内不至于变化得太离谱。通道一旦得到确认，股价在一段时间内就会在通道内变动。如果通道线被有效突破，往往意味着趋势将有一个较大的变化。当通道线被突破后，趋势上升的速度或下降的速度会加快，会出现新的价格高点或低点，原有的趋势线就会被废止，要重新依据价格新高或新低来画趋势线和通道线。

图2-9　通道线

### 2. 通道线的画法

通道中比较标准的形态，投资者通过观察就可以直接看清楚通道，但是，在一个相对较长的趋势中，通道很难长期以标准的形态来保持，因此，投资者就需要通过画图才能更精准地把握买卖时机。而一个长期趋势至少由三个上升下降波段组成，会比较准确。

画通道线，必须先画一条趋势线。如果是在上升行情中，要以股价变动的某一时间段最低点与最高点之前的任意低点画出上升趋势线，作为通道支撑线。然后画出对应上升趋势线的平行线，就可以得到反映股价变动趋势的上升通道，如图2-10所示。

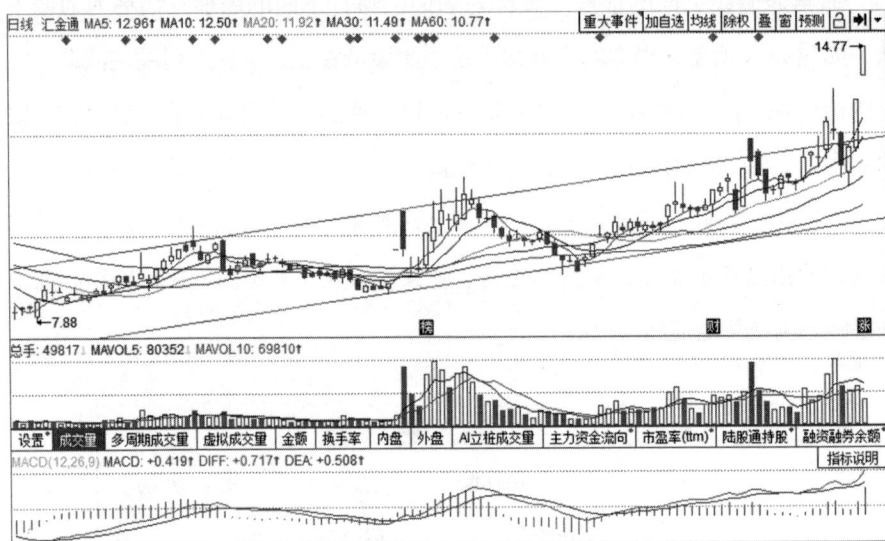

图2-10　上升通道线

如果股价是处于下跌趋势中的，则要以某一时间段最高点与最低点之前的任意高点画出趋势线，作为通道压力线，然后画出对应下降趋势线的平行线，就可以得到反映股价变动趋势的下降通道，如图2-11所示。

### 3. 通道线的分类

通道线有以下3种分类方法。

（1）从时间上

通道线可以按照周期长短分为长期通道线、中期通道线和短期通道线。在一个长期通道内，也可以包含若干个中期通道或短期通道。

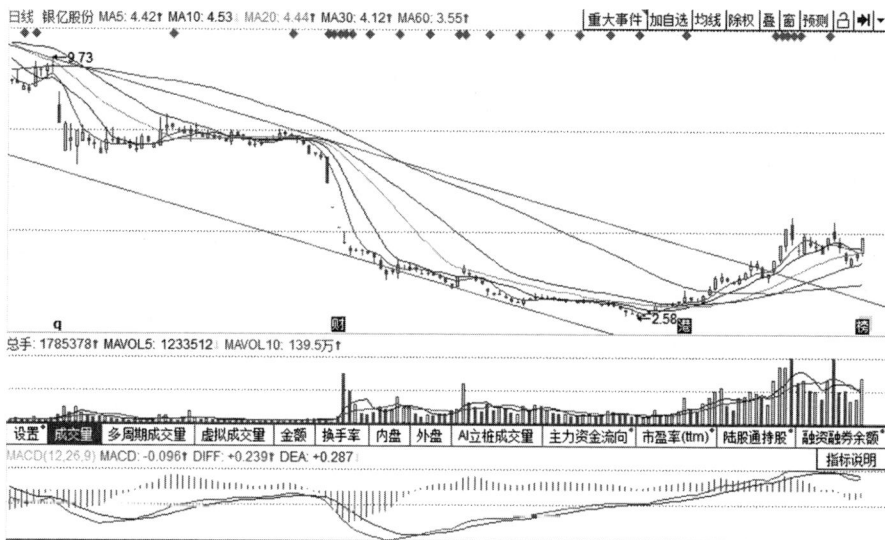

图2-11　下降通道线

（2）从方向上

通道线根据方向不同可以分为上升通道线、下降通道线和震荡通道线。

（3）从平行线的数量上

根据平行线的数量还有二轨与三轨之分。通常用两条平行线的二轨通道线就可以了，如果增加一条中轨，则变成了三轨通道线。

**4. 通道线的作用**

通道线本质上属于趋势线的延伸，因而其不仅具有趋势线所具备的指导意义，还拥有趋势线所不具备的作用。

（1）限制价格的变动范围

通道的主要作用是限制价格的变动范围，让它不会过度地偏离轨道，变得太离谱。一条通道一旦得到确认后，那么股票的价格就将在这个通道里变动。

（2）反映价格的变化趋势

股价在上升通道内运行，反映出股价正处于一种上涨趋势，而且这种趋势还可能继续保持。股价在下降通道内运行，则反映股价正处于一种下跌趋势，而且下跌行情还有可能持续。水平通道反映了股价正处于横向移动趋势，未来走势具有很大的不确定性。

（3）发出趋势转向的警报

如果通道线一旦被价格有效突破，则意味着趋势将有一个较大的变化。当通道线被价格突破后，趋势上升的速度或下降的速度会加快，会出现新的价格高点或低点，原有的趋势线就会被废止，要重新依据价格新高或新低来画趋势线和管道线。很多交易者就是利用价格突破管道线的时机来进行加仓或减仓的。

如果在一次波动中没有触及通道线，离得很远就开始掉头，这往往是趋势线将要改变的信号，表示市场已经没有力量继续维护原有的上升通道或者下降通道的趋势了。

（4）进行测速

在行情演变过程中，初始阶段总是上涨较慢，而进行主升后将会有加速的行情，所以界定行情是否进入主升就可以利用通道斜率的变化来确定。当行情突破初始通道时一般会进入主升通道中。

（5）进行测算

价格一旦在通道的两条边线上发生了突破，通常将顺着突破方向达到与通道宽度相等的距离。因此，可以根据通道的宽度，从通道边线上的突破点起，简单地顺着突破方向投影出去，得出价格目标。

**5. 通道线的实用方法**

（1）利用价格通道可辨别趋势的强弱

同趋势线一样，通道线也有被确认的问题。在上升通道线中，如果价格每到通道线附近就开始掉头，说明这条通道线是被市场认可的。当然，通道线被价格触及的次数越多，有效维持的时间越长，其被市场认可的程度就越高。当价格无力抵达通道顶部（或底部）时，表明趋势转弱（或转强），向下突破趋势线（或向上突破通道线）的可能增大。下降通道与之相反。

（2）通道线买卖法则（更适合比较陡峭的趋势通道）

上升趋势：可以遵循一买三卖法则——当价格回落至趋势线时买入；当价格突破趋势线时，价格抵达通道线时，价格向上突破通道线时都是卖出的时机，如图 2-12 所示。

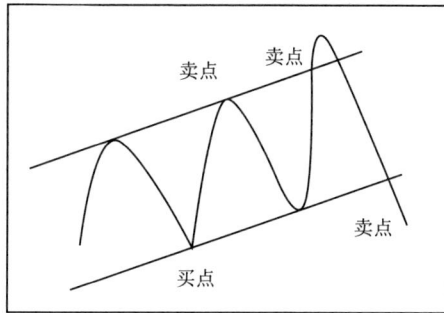

图2-12　一买三卖法则

　　例如，新华联在 2020 年 5 月 12 日至 2020 年 7 月 30 日的走势，整体上是处于上升趋势，当 2020 年 5 月 12 日股价回落至趋势线时可以买入，等到 2020 年 5 月 25 日，股价向上抵达通道线的时候可以卖出，7 月 30 日股价突破通道线，更是一个比较好的卖点，如图 2-13 所示。

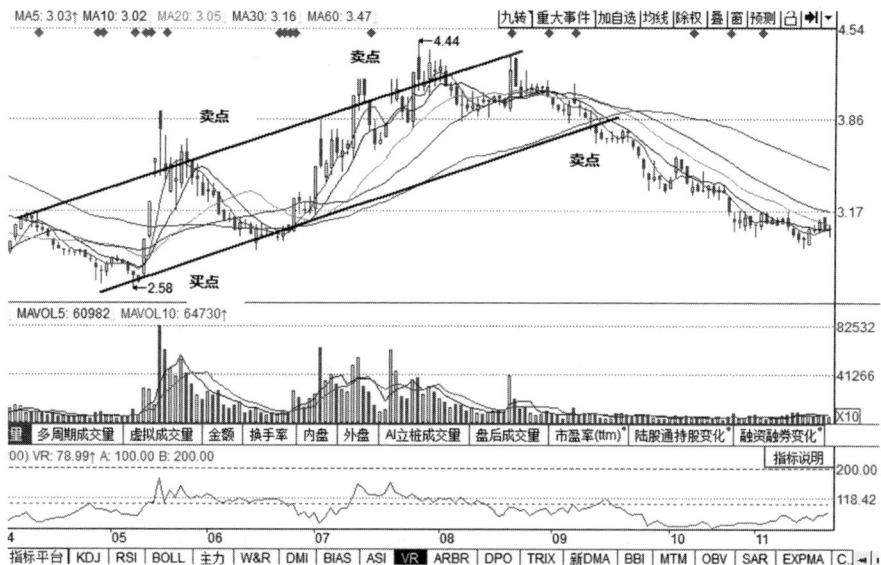

图2-13　新华联K线图

　　下降趋势：可以遵循一卖三买法则——当价格反弹至趋势线时卖出；当价格突破下降至趋势线时，价格抵达通道线时，价格向下突破通道线时都是买入的时机，如图 2-14 所示。

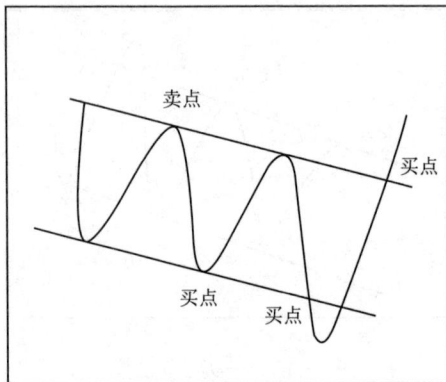

图2-14　一卖三买法则

例如，上海电力在 2020 年 8 月 20 日至 2021 年 2 月 9 日的走势，整体上是处于下跌趋势，当 2020 年 12 月 3 日股价上升至趋势线时可以卖出，等到 12 月 15 日，股价向下抵达通道线的时候可以买入，2021 年 2 月 9 日股价再次回落至通道线的时候仍然可以买入，等 3 月 2 日股价向上突破趋势线，可以放心大胆地买进，但是要注意卖出的信号，如图 2-15 所示。

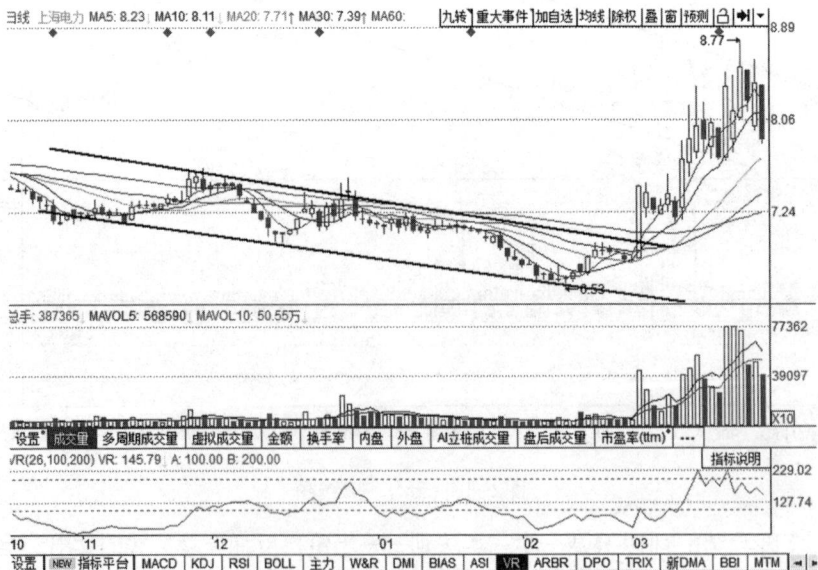

图2-15　上海电力K线图

# 三、拐点与拐点线：趋势转向的警报信号

拐点的概念来源于通道理论，任何一段上升趋势或下降趋势，都可以假定它在一个小的通道当中运行，价格运行趋势局限于两条平行线之间。要想把握住市场的趋势，就需要关注市场的转折点，也就是拐点。拐点，是指上升趋势与下降趋势的分界点，是趋势改变的转折点，也就是股价运行时与趋势线或通道线接触的理论点或即将接触的理论点。拐点线，可以让投资者预先设好趋势将运行到线的位置，便于买入和卖出。

## 1. 拐点与拐点线的市场含义

突破趋势线后，原有的趋势即将发生转变，价格突破了趋势线，但是如果没有突破拐点，说明原有的上升或下降趋势并未真正结束。

突破趋势线后，原有的趋势已经发生转变，价格突破了趋势线，也突破了拐点，意味着原来的上升或下降趋势已经结束。

有的时候，市场并没有达到所讲的理论拐点就会恢复其原有的走势，有的时候则有可能会穿越这个理论拐点，拐点只是计算的一个理论值，判断是否穿越拐点线的工具是 K 线反转理论。

## 2. 拐点与拐点线的画法

拐点线绘制原则：要找下，先画上；要找上，先画下。通常一个底部对应一个顶部，当两个底部形成后，我们就可以连接两个底部的低点画一条线，然后将下边线平行移动至上面顶部的最高点，就得到新的顶部可能到达的理论点，即拐点。

要寻找下面的拐点，就在相邻的两个高点画线，然后将上边的线平行移动至底部的低点，则价格轨迹与平行线的接触点就是理论上的拐点。

（1）上升趋势的拐点线

在上升趋势中，要想找到价格向下回调的拐点，按照"要找下，先画上"

的原则，首先在上升通道的上边画出外延线，外延线就是趋势最外边的两个点的连线，这条线要尽量与趋势的中心线平行，不平行相差很大的就不是外延线。然后将外延线平移到通道下边得到的一条平行线，就是拐点线，就可以确立回调的理论拐点的位置，如图 2-16 所示。

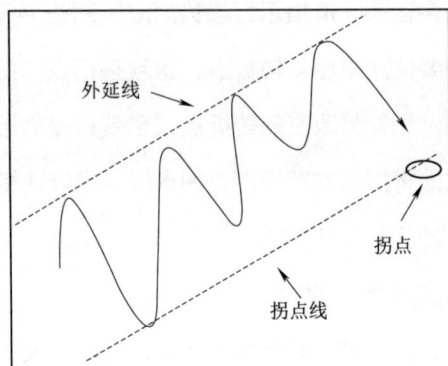

图2-16　上升趋势下面的拐点

在上升趋势中，要想找到上升趋势的上面的拐点，也就是到什么价位将再次展开回调，按照"要找上，先画下"的原则，首先在上升通道的下边画出外延线，再平移平行线到上方得到拐点线，趋势价位上移到拐点线附近就是拐点，也就是上升的理论最大目标，如图 2-17 所示。

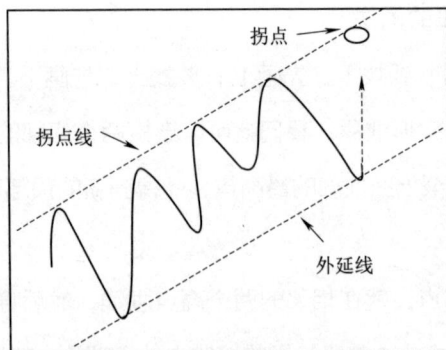

图2-17　上升趋势上面的拐点

（2）下降趋势中的拐点线

在下降趋势中，要想找到价位向上反弹的拐点，按照"要找上，先画下"的原则，首先在下降通道的下边找出通道的外延线，将外延线平移后得到拐点线，就可以确立反弹的理论拐点的位置，如图 2-18 所示。

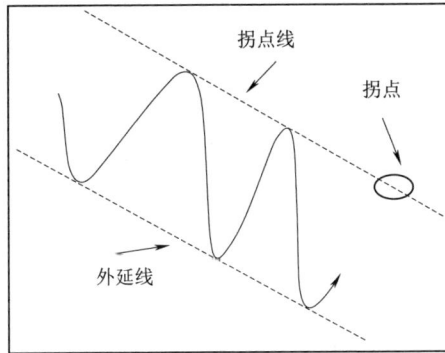

图2-18 下降趋势上面的拐点

在下降趋势中，要想找到价位向下跌的理论拐点，按照"要找下，先画上"的原则，首先在下降通道的上边找出通道的外延线，将外延线平移后得到拐点线，就可以确立下跌的理论拐点的位置，如图 2-19 所示。

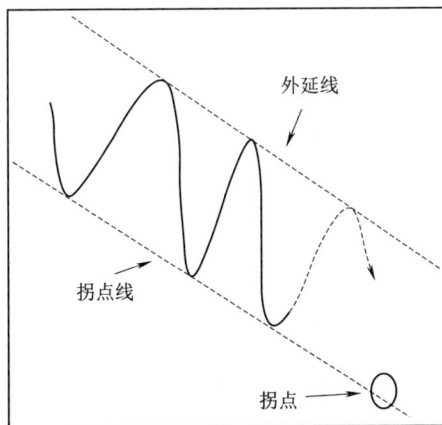

图2-19 下降趋势下面的拐点

### 3. 拐点与拐点线的实用方法

突破趋势线后，原有的趋势已经发生转变，价格突破了趋势线，也突破了拐点，则意味着上升或下降趋势已经结束。下面通过实例来说明拐点和拐点线的实用方法。

（1）以如图 2-20 所示的走势图为例，在该股的下降趋势中，首先要将下降趋势线画出来，再画出下降趋势上边的拐点，按照"要找上，先画下"的原则，首先画出下降趋势的外延线，然后将外延线平行移动至最低点之前的第一个高点，得到拐点线，该股价格于 10 月 31 日先突破了趋势线，然后在 11 月 12 日股价又突破了拐点线，说明下降趋势已经结束，开始进入盘整趋势或上升趋势。

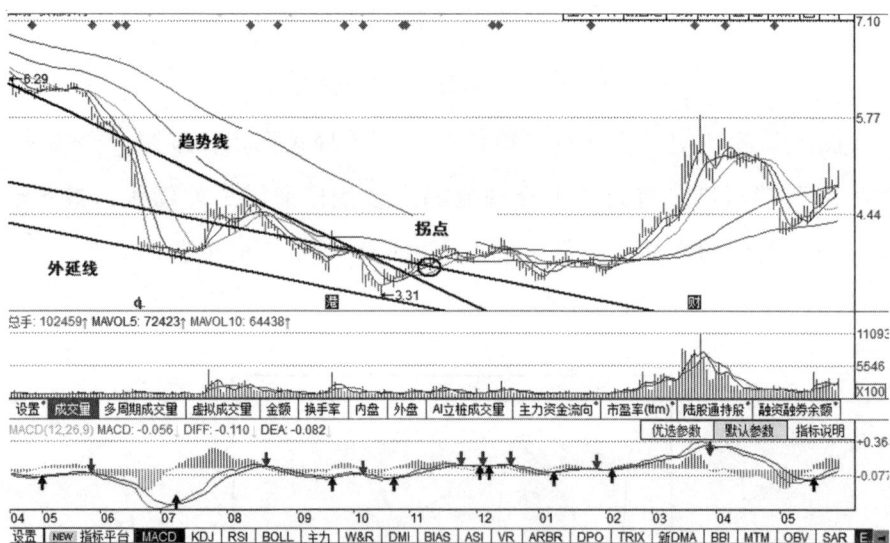

图2-20　开始上升趋势

（2）在如图 2-21 所示的上升趋势中，首先要将上升趋势线画出来，再画出上升趋势下边的拐点，按照"要找下，先画上"的原则，首先画出上升趋势的外延线，然后将外延线平行移动至最高点之前的一个低点，得到拐点线，该股价格于 10 月 15 日先突破了趋势线，然后在 10 月 16 日股价又突破了拐点线，说明上升趋势已经结束，开始进入盘整趋势或下降趋势。

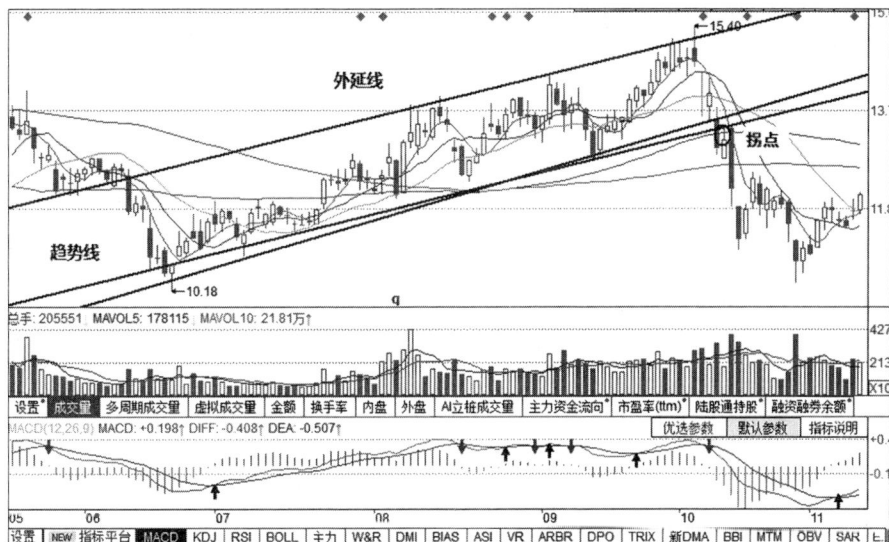

图2-21 进入下降趋势

# 四、支撑线与压力线:熊市找压力,牛市找支撑

支撑与阻力是一对可以互相转化的矛盾,原先的阻力突破后反过来可以成为支撑,原有的支撑突破后反过来也可以成为阻力。对支撑与阻力的把握有助于对大市和个股的研究和判断。当指数或股价冲过阻力区的时候,一般情况下,说明市场或股价处于上升趋势,可以参考其他技术指标,积极跟进;当指数或股价跌破支撑区的时候,说明市场或股价处于下跌趋势,可以卖出或持币观望。

**1. 支撑线的市场含义**

支撑线,被称为抵抗线或需求线,是指当股价从高位下跌到某个价位附近的时候,由于趋势的惯性作用,会出现买方增多、卖方减少,从而使股价的下跌趋势受限,并且通常情况下会发生反转的现象。这个阻止或暂时阻止股价下跌的位置,就是支撑线的位置。

**2. 支撑线的分类**

支撑线至少由两个波谷组成,根据方向的不同,可以分为上升支撑线、下跌支撑线和水平支撑线三种。

（1）上升支撑线

上升支撑线是指股价在上升趋势中，前一波谷低点与后一波谷低点之间的连接直线，这条方向向上的直线称为上升支撑线。其要求至少有两个谷底，后面的谷底必须高于前面的谷底。一般来说，角度在 15°~35° 的趋势线稳定性比较强，支撑也较为有力。

如图 2-22 所示，连接波谷低 1 和波谷低 2 的直线即为上升支撑线，要求波谷低 2 要高于波谷低 1。

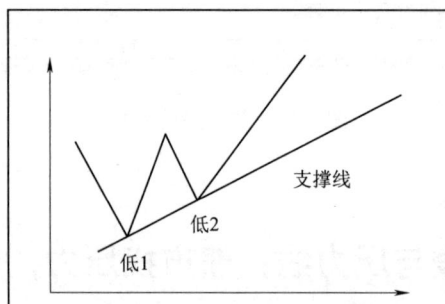

图2-22　上升支撑线简化图形

如图 2-23 所示的股票走势图中画出的上升支撑线，上升支撑线由波谷低 1 和波谷低 2 连接构成。上升支撑线确立后，股价一般能沿着支撑线的主方向继续向前延续较长时期。当股价从高位回落到支撑线附近时，一般都能得到支撑线的有力支撑，从而形成趋势交易法中的较佳买点。

（2）上升支撑线的变轨

第一条上升支撑线画出来后，随着行情的发展，趋势前进的角度在某一时期可能会出现新的变化。这时，可以根据新行情的情况重新画出新的支撑线，以适应新的操作策略。例如，支撑线 1 画出来以后，在支撑线 1 上产生新支撑线 2 时，就要立即画出新支撑线 2，同时调整操作策略，以新支撑线 2 为操作参考系统对趋势进行新的跟踪。如果支撑线 2 在支撑线 1 之上产生，意味着趋势力度加强，如图 2-24 所示。

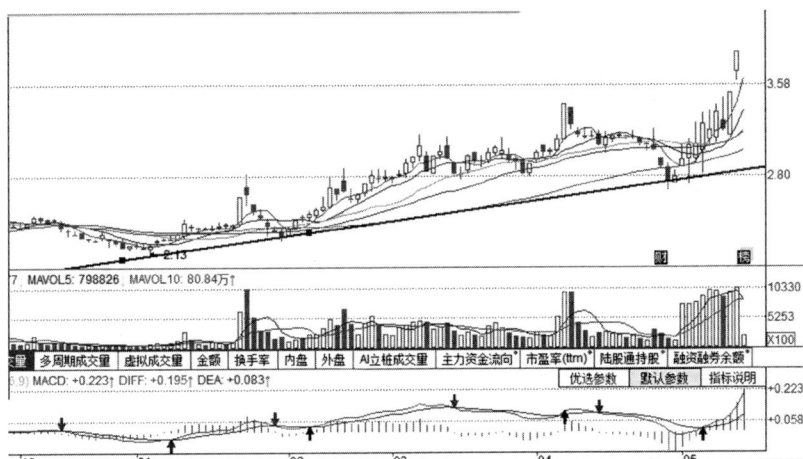

图2-23　上升支撑线

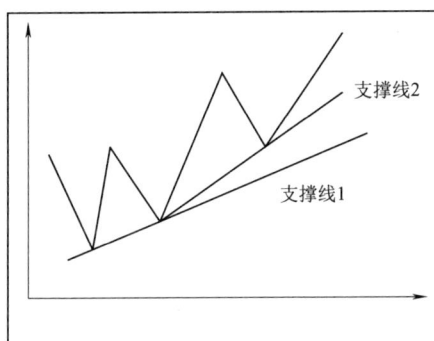

图2-24　上升支撑线的变轨简化图形

如果支撑线2在支撑线1之下产生，称为支撑线下移，意味着趋势力度减弱，如图2-25所示。

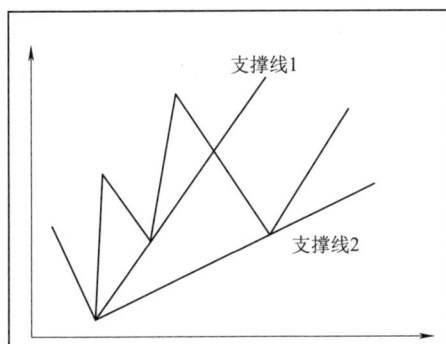

图2-25　上升支撑线下移简化图形

　　如图 2-26 所示的股票，在上升趋势中，支撑线 1 比较平缓，支撑线 2 在支撑线 1 之上产生，说明是行情加速，原有的趋势在加强，投资者可以及时介入或者是伺机加仓，该股票后期果然也是走出了一波不错的行情。

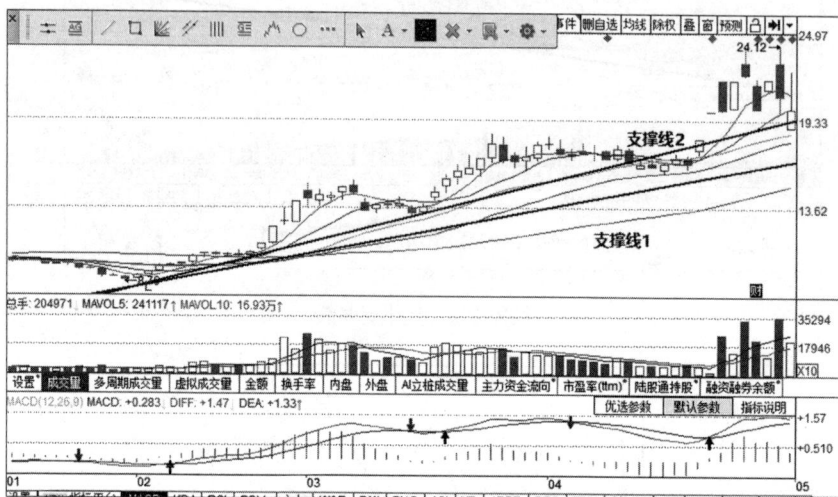

图2-26　上升支撑线的变轨

　　如图 2-27 所示的股票，在上升趋势中，支撑线 1 比较陡峭，支撑线 2 在支撑线 1 之下产生，这种支撑线比较容易被打破，说明是原有的趋势在减弱，投资者可以及时离场，该股票后期果然也是变盘，进入下跌通道。

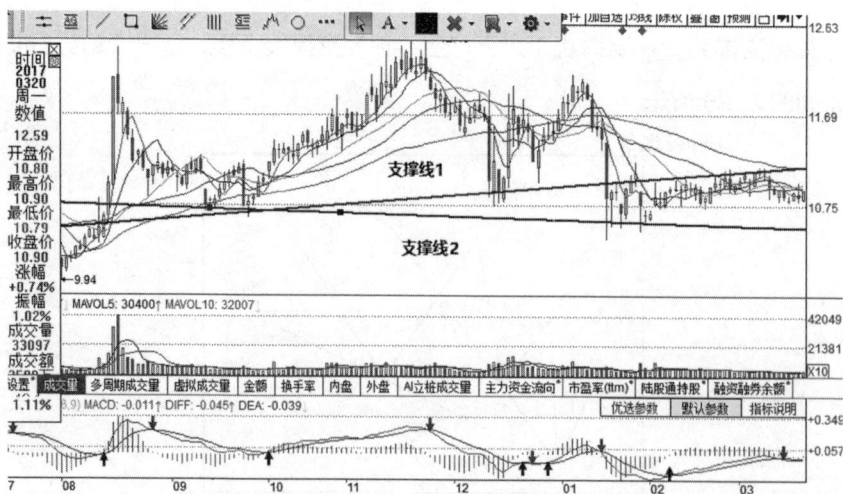

图2-27　支撑线下移

（3）下跌支撑线

下跌支撑线是指股价在下跌趋势中，前一波谷低点与后一波谷低点之间的连接直线，这条方向向下的直线称为下跌支撑线。下跌支撑线同样要求至少有两个波谷，与上升支撑线相反，下跌支撑线要求后面的波谷必须低于前面的波谷。

如图2-28所示，连接波谷1和波谷2的直线即为下跌支撑线，要求波谷2低于波谷1。

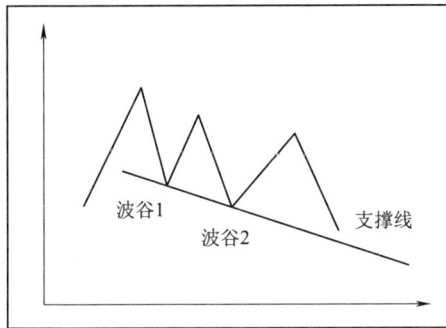

图2-28 下跌支撑线的简化图形

如图2-29所示的股票走势图中画出的下跌支撑线，下跌支撑线由波谷1和波谷2连接而成。下跌支撑线确立后，股价一般能沿着支撑线的主方向向下延续一段时期。当股价从高位回落到支撑线附近时，一般都能得到支撑线的短暂支撑，从而形成趋势交易中的短线抢反弹的介入点，但是下跌趋势抢反弹风险极高，一般不建议操作。

（4）下跌支撑线的变轨

第一条下跌支撑线画出来后，可以根据新行情的情况重新画出新的支撑线，以适应新的操作策略。例如，支撑线1画出来以后，在支撑线1上产生新支撑线2时，就要立即画出新支撑线2，同时调整操作策略，以新支撑线2为操作参考系统对趋势进行新的跟踪。如果支撑线2在支撑线1之上产生，说明下跌趋势慢下来，有可能向上升趋势转化，如图2-30所示。如果支撑线2在支撑线1之下产生，称为支撑线下移，说明向下趋势在增强，下跌加速，如图2-31所示。

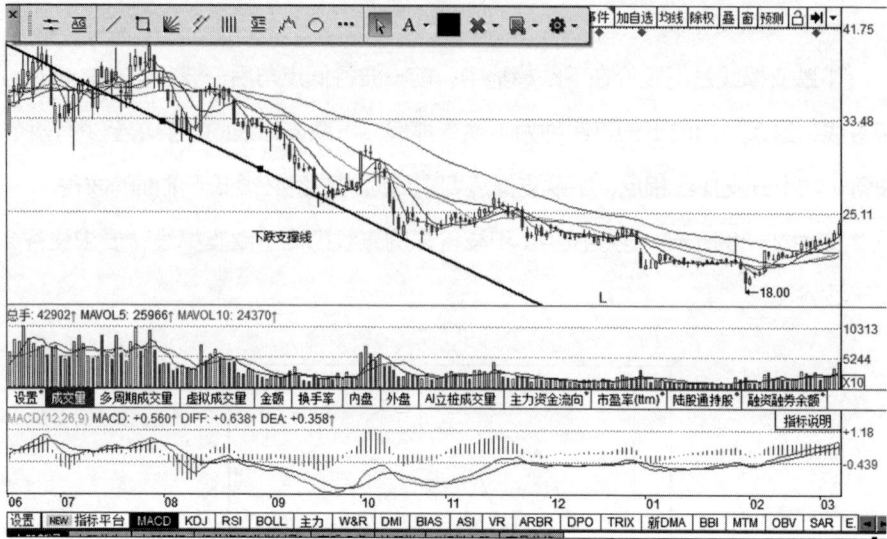

图2-29  下跌支撑线

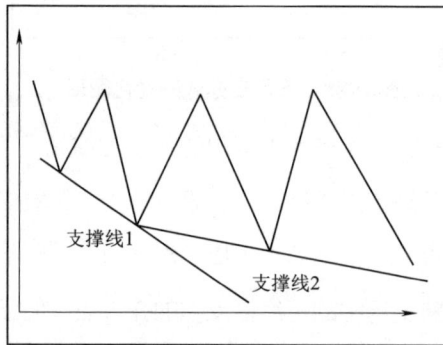

图2-30  下跌支撑线的变轨简化图形

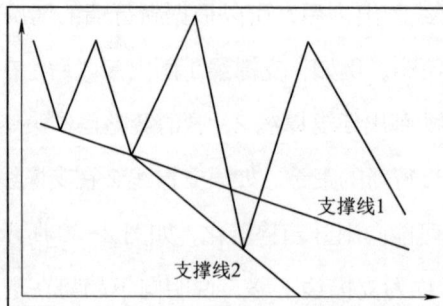

图2-31  下跌支撑线下移简化图形

如图 2-32 所示的股票，在下跌趋势中，支撑线 1 比较陡峭，支撑线 2 在支撑线 1 之上产生，后面产生的下跌支撑线 2 比较平缓，比较容易被打破，而支撑线 1 则会很难被跌破，当股价下跌到该线附近，一般都会获得短期支撑引起反弹，但是，下跌趋势的整体方向向下，风险还是相当大的。

图2-32　下跌支撑线的变轨

如图 2-33 所示的股票，在下跌趋势中，支撑线 1 比较平缓，支撑线 2 在支撑线 1 之下产生，支撑线 2 比较陡峭，支撑力比较强，当股价下跌至支撑线 2 附近时，一般会引发一定程度的反弹，是短线抢反弹的极佳位置，但是抢反弹是风险比较高的行为，一般不建议操作。

（5）水平支撑线

水平支撑线一般在行情进入横盘整理时较容易发生作用。当前一波谷与后一波谷低点平行或近似平行时，连接波谷低点的水平直线，称为水平支撑线。水平支撑线要求至少有两个波谷。如图 2-34 所示，连接波谷 1 和波谷 2 的直线即为水平支撑线，要求波谷 2 和波谷 1 的低点大致平行。

如图 2-35 所示的股票，前后波谷低点相差不多，产生的是水平支撑线，当股价回落到支撑线附后，即可获得短期支撑，然后即向下突破水平支撑线，走出下降趋势，建议清仓。

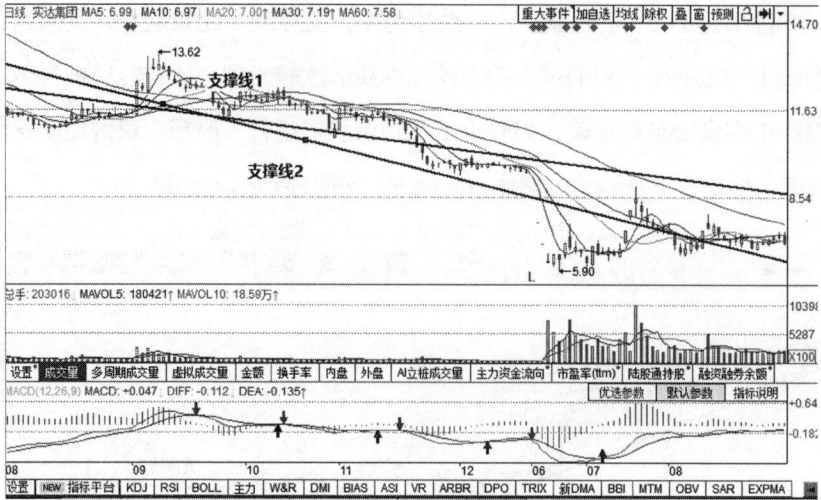

图2-33　下跌支撑线下移

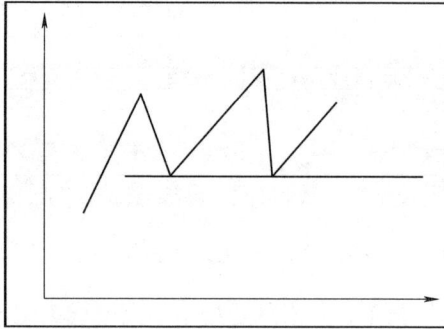

图2-34　水平支撑线的简化图形

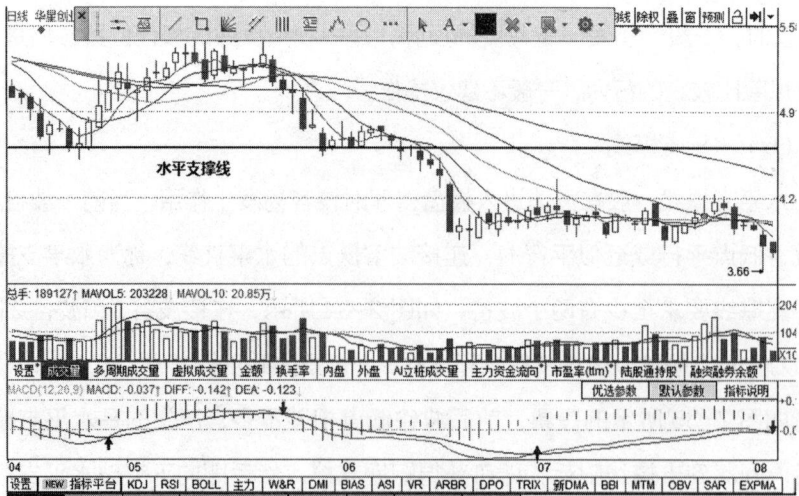

图2-35　水平支撑线

**3. 压力线的市场含义**

压力线，又称阻力线或供给线，是指当股价从低位上升到某个价位附近时，由于趋势的惯性作用，会出现卖方增多、买方减少，从而使股价的上升趋势受阻，并且通常情况下也会发生反转的现象。这个阻止或暂时阻止股价继续上升的位置，就是压力线的位置。

**4. 压力线的分类**

压力线至少由两个波峰组成，根据方向的不同，可以分为上升压力线、下跌压力线和水平压力线三种。

（1）上升压力线

上升压力线是指股价在上升趋势中，前一波峰顶点与后一波峰顶点之间的连接直线，这条方向向上的直线称为上升压力线。要求至少有两个波峰，后面的波峰顶点必须高于前面的波峰顶点。如图 2-36 所示，连接波峰顶点 1 和波峰顶点 2 的直线即为上升压力线，要求顶点 2 要高于顶点 1。

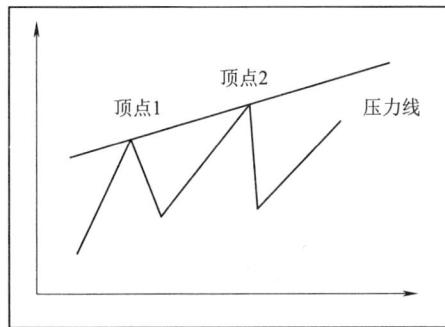

图2-36 上升压力线的简化图形

如图 2-37 所示的股票走势图中画出的上升压力线，上升压力线由波峰顶点 1 和波峰顶点 2 连接构成。上升压力线确立后，股价一般能沿着压力线的主方向继续向前延续较长时期。当股价从低位上升至压力线附近时，一般都会受到压力线的阻击而出现阶段高点，图 2-37 中的 A、B 处，从而形成趋势交易法中的较佳卖点。

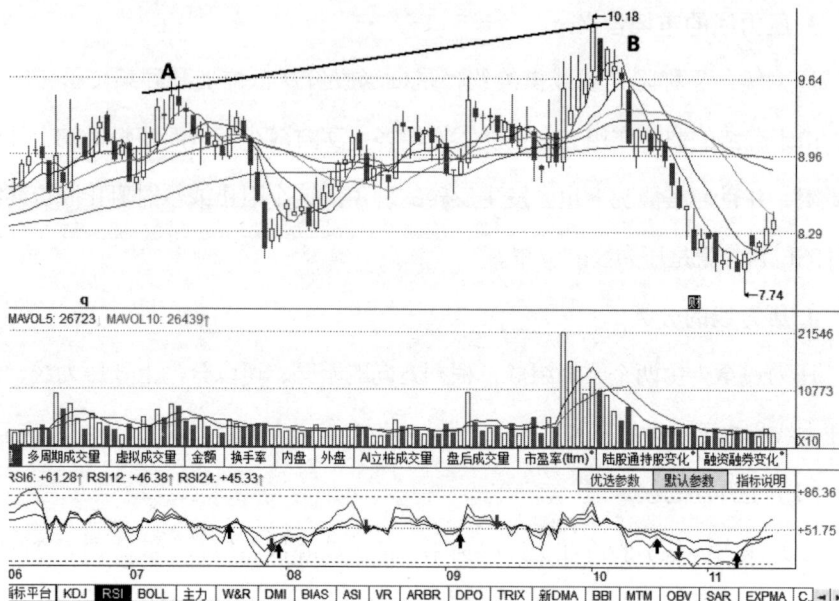

图2-37　上升压力线

（2）上升压力线的变轨

第一条上升压力线画出来后，随着行情的发展，趋势前进的角度在某一时期可能会出现新的变化。这时，可以根据新行情的情况重新画出新的压力线，以适应新的操作策略。例如，压力线1画出来以后，在压力线1上产生新压力线2时，就要立即画出新压力线2，同时调整操作策略，以新压力线2为操作参考系统对趋势进行新的跟踪。如果压力线2在压力线1之上产生，意味着趋势力度加强，如图2-38所示。如果压力线2在压力线1之下产生，称为压力线下移，意味着趋势力度减弱，如图2-39所示。

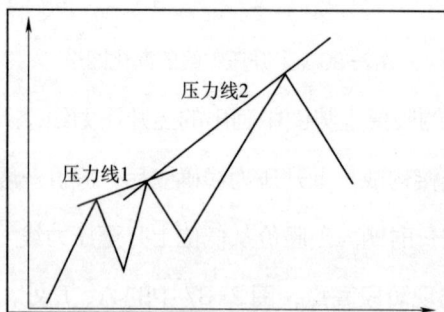

图2-38　上升压力线的变轨简化图形

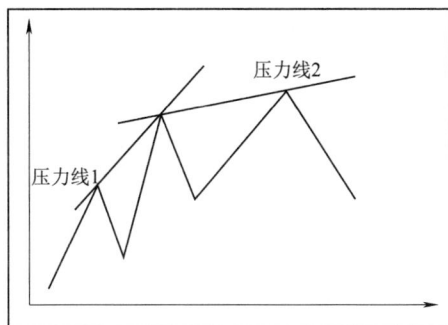

图2-39　上升压力线下移简化图形

如图 2-40 所示的股票，在上升趋势中，压力线 1 比较平缓，压力线 2 在压力线 1 之上产生，说明是行情加速，原有的趋势在加强，投资者可以及时介入或者伺机加仓，该股票后期果然也是走出了一波不错的行情。

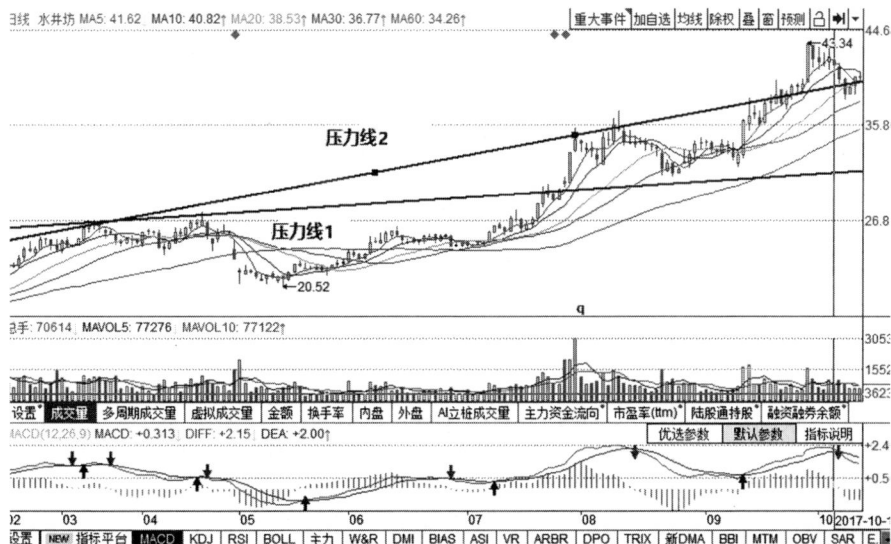

图2-40　上升压力线的变轨

如图 2-41 所示的股票，在上升趋势中，压力线 1 比较陡峭，压力线 2 在压力线 1 之下产生，这种压力线比较平缓，说明是原有的趋势在减弱，当股价向上冲击该压力线突破失败时，极易形成阶段性顶部，投资者可以及时离场，该股票后期果然也是变盘，进入下跌通道。

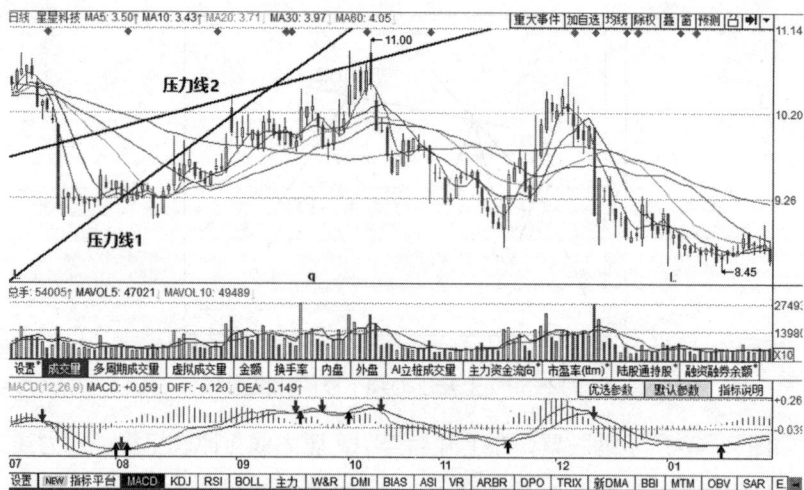

图2-41　上升压力线下移

（3）下跌压力线

下跌压力线是指股价在下跌趋势中，前一波峰顶点与后一波峰顶点之间的连接直线，这条方向向下的直线称为下跌压力线。下跌压力线同样要求至少有两个波峰，与上升压力线相反，下跌压力线要求后面的波峰必须低于前面的波峰。

如图2-42所示，连接波峰1和波峰2的直线即为下跌压力线，要求波峰2低于波峰1。

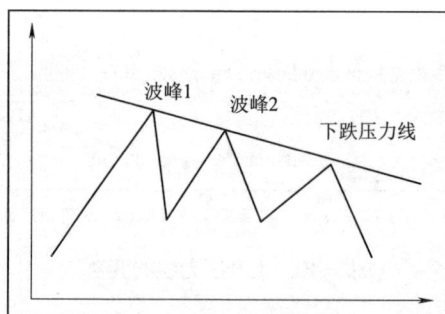

图2-42　下跌压力线的简化图形

如图2-43所示的股票走势图中画出的下跌压力线，下跌压力线由波峰顶点1和波峰顶点2连接而成。下跌压力线确立后. 股价一般能沿着压力线的主方向向下延续一段时期。当股价从低位上行至压力线附近时，一般都会受到阻碍，从而形成阶段顶部，是被套者的最佳卖点。

图2-43 下跌压力线

（4）下跌压力线的变轨

第一条下跌压力线画出来后，可以根据新行情的情况重新画出新的压力线，以适应新的操作策略。例如，压力线1画出来以后，在压力线1上产生新压力线2时，就要立即画出新压力线2，同时调整操作策略，以新压力线2为操作参考系统对趋势进行新的跟踪。如果压力线2在压力线1之上产生，说明下跌趋势慢下来，被破坏的难度加大，如图2-44所示。如果压力线2在压力线1之下产生，称为压力线下移，说明下跌趋势进入加速阶段，如图2-45所示。

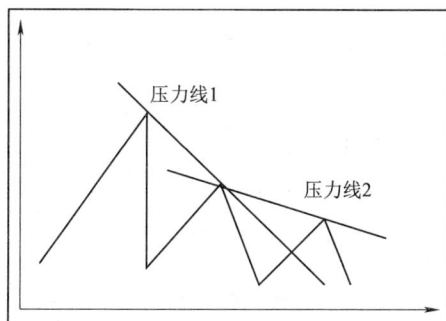

图2-44 下跌压力线变轨的简化图形

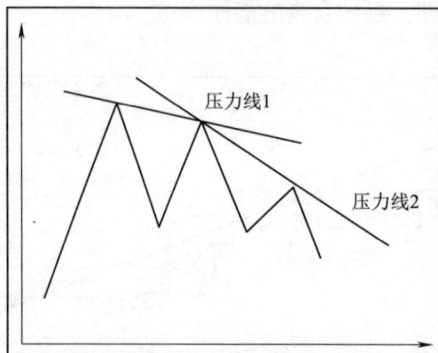

图2-45　下跌压力线下移简化图形

　　如图 2-46 所示的股票，在下跌趋势中，压力线 1 比较陡峭，压力线 2 在压力线 1 之上产生，后面产生的下跌压力线 2 比较平缓，像压力线 1 这种陡峭的压力线比较容易被打破，而压力线 2 则比较难打破，压力线 2 被打破之后，迎来了一波上升趋势。

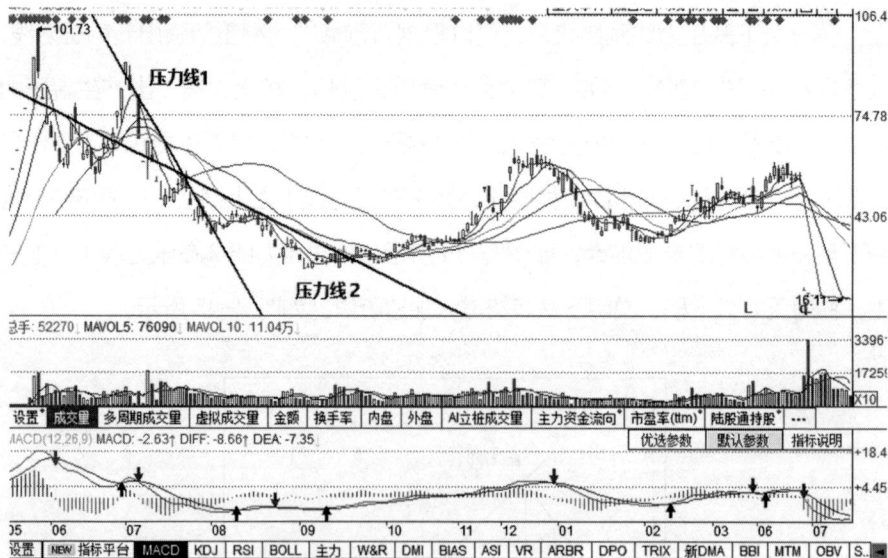

图2-46　压力线的变轨

　　如图 2-47 所示的股票，在下跌趋势中，压力线 1 比较平缓，压力线 2 在压力线 1 之下产生，压力线 2 比较陡峭，随着压力线的下移，表明下跌趋势加速，投资者一定要注意风险。

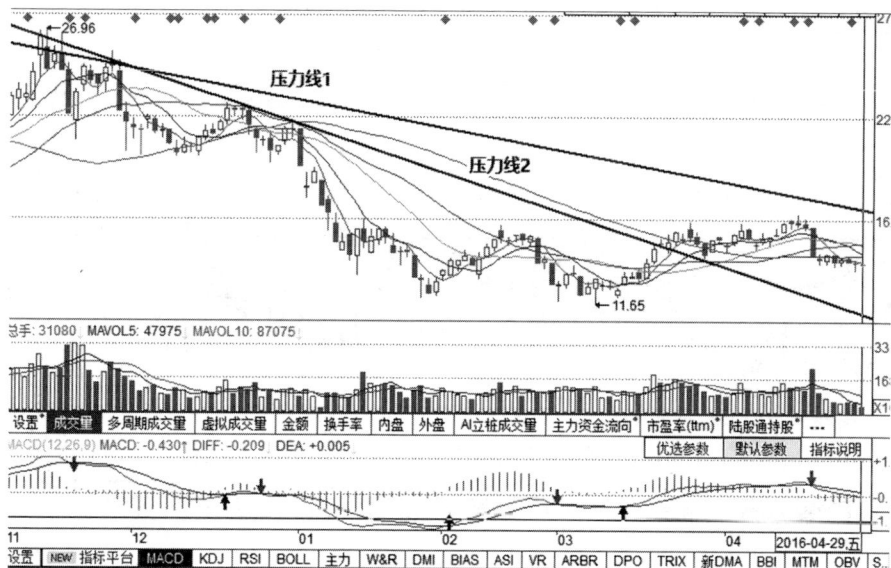

图2-47  压力线下移

（5）水平压力线

　　水平压力线一般在行情进入横盘整理时较容易发生作用。当前一波峰与后一波峰的顶点平行或近似平行时，连接波峰顶点的水平直线，称为水平压力线。水平压力线要求至少有两个波峰。如图 2-48 所示，连接波峰顶点 1 和波峰顶点 2 的直线即为水平压力线，要求波峰 2 和波峰 1 的顶点大致平行。

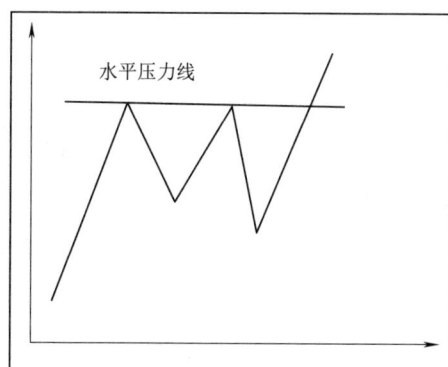

图2-48  水平压力线简化图形

　　如图 2-49 所示的股票，前后波峰顶点相差不多，产生的是水平压力线，当股价上升到压力线附近之后，即会受到阻挡，向上突破水平压力线后，走出上升趋势。

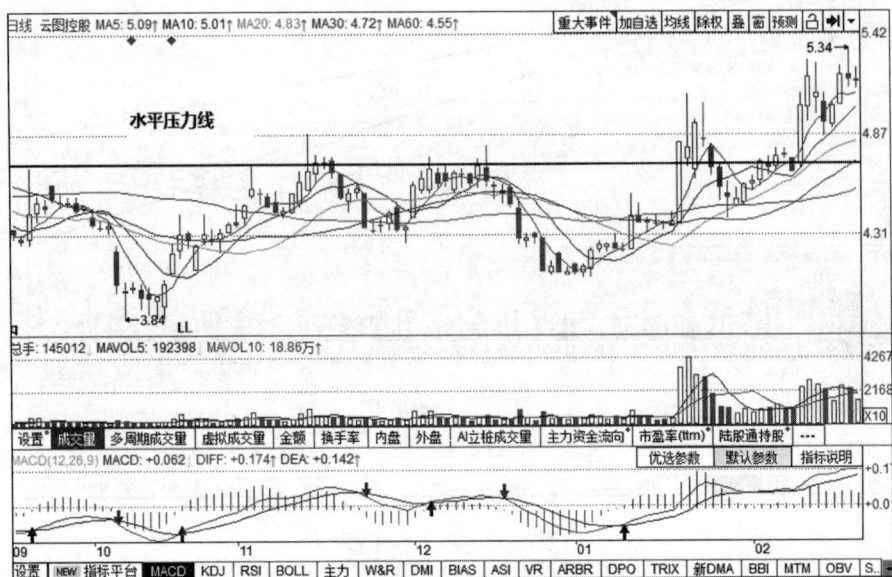

图2-49  水平压力线

### 5. 支撑线与压力线的作用与转化

支撑线主要是对股价起到支撑作用，会维持或暂时维持股价向一个方向继续运动。无论是上升支撑线、下跌支撑线还是水平支撑线，当行情回调至支撑线附近的时候，股价都可以获得一定的支撑力。压力线主要起压制作用，会阻止或暂时阻止股价向一个方向继续运动，在压力线附近形成阶段性的顶部。这是它们最基本的作用。

但股价的运行趋势一旦发生反转，支撑线与压力线的作用就会发生转化，这个时候支撑线会变成压力线，压力线也会变成支撑线，支撑线虽然有一定的支撑作用，但是当股价有效跌破该支撑线的时候，该支撑线就会反过来变成压力线，对股价产生压制作用，之前支撑效果越明显，转变成压力线之后，压制的效果也会越明显。

例如，中航沈飞的 K 线图，支撑线在上升趋势中为支撑线，在 A 点和 B 点对股价起着支撑作用，当在下降趋势中，支撑线被突破后，在 C 点变为压力位，支撑线转变为压力线，如图 2-50 所示。

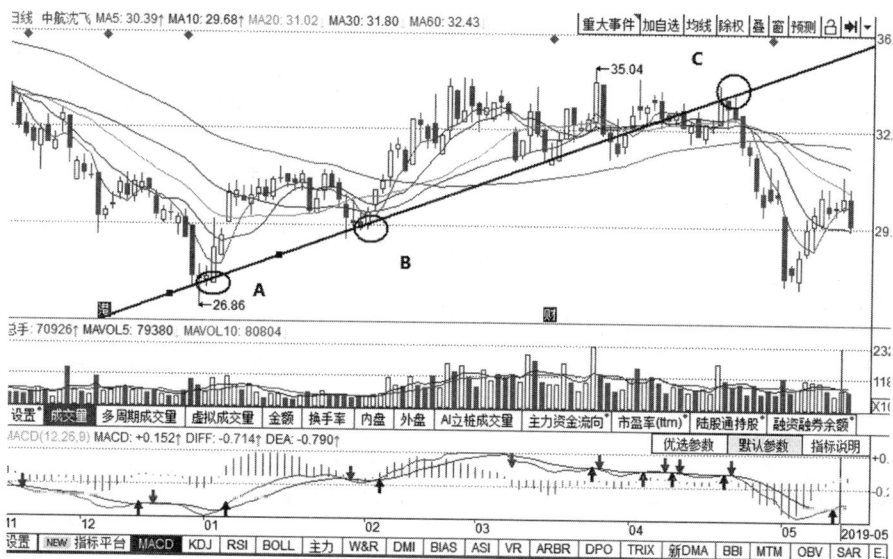

图2-50　中航沈飞K线图

### 6.支撑线与压力线的实用方法

在上升趋势中，以支撑线为主，压力线为辅，因为压力位会不断被向上突破。在下降趋势中，以压力线为主，支撑线为辅，因为支撑线会不断被向下跌破。阻力越大，股价上行越困难；而支撑越强，股价越跌不下去。

如果较平缓的上升压力线出现向上突破，是增仓的大好时机。下跌压力线由于是一个向下的趋势，尽量观望为主，空仓为宜。在股价没有向上突破下跌压力线的时候，绝对不要轻易进场。

例如，长春经开在2021年1月和3月之间形成了一段比较平缓的上升压力线，当2021年4月6日对该压力线突破后，压力线转化成支撑线，在该处得到了支撑线的有力支撑，后面走出了一波稳步上升的走势，如图2-51所示。

例如，卧龙地产下跌趋势中，在2020年11月和2021年3月之间形成了一条下跌压力线，当股价分别于2020年11月26日和2021年1月19日回升到该压力线附近的时候，股价明显受到该压力线的阻击，但是当2021年3月26日对该压力线突破后，压力线转化成支撑线，股价在该处明显得到了支撑线的有力支撑，后面开始了一轮加速上升，如图2-52所示。

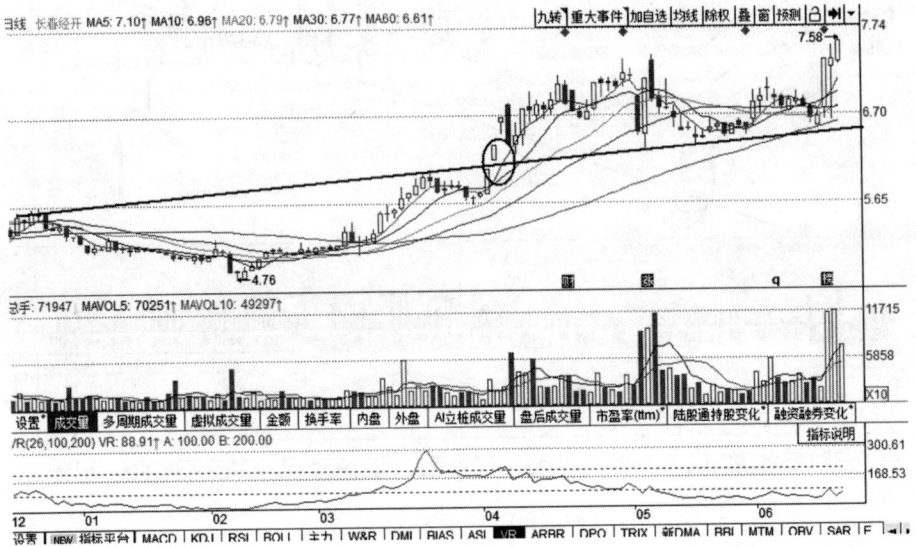

图2-51　长春经开K线图

图2-52　卧龙地产K线图

# 五、K 线形态：在价格轨迹中把握多空力量转向

K 线又称阴阳线、棒线、红黑线或蜡烛线，最早起源于日本德川幕府时代的米市交易，经过二百多年的发展，被广泛地应用在证券市场的技术分析中。K 线图是股市中最基本的图形，具有直观性强、信息量大等特点，能充分地显示出股价趋势和买卖双方力量对比的变化。如果将两根及两根以上的 K 线按照不同的规则组合在一起，又会形成不同的 K 线组合。如果投资者对 K 线研究得比较透彻，仅凭 K 线图就能够识别出行情所处的位置。

## 1.K 线的市场含义

K 线图是以交易时间为横坐标，价格为纵坐标，通过 K 线图，投资者可以非常方便地将每日或某一周期的市场情况记录下来，然后从这些形态的变化中研究一些有规律的东西，例如判断出交易时间内的多、空双方情况等。单根 K 线可以非常直观地反映出单日的价格强弱变化，但却不能准确地反映出价格在一段时间内的变化趋势。因此，多根 K 线组成的组合形态在实际应用中的作用更加重要。

## 2.K 线的组成与分类

K 线一般是由实体和影线两部分组成的，包括开盘价、最高价、最低价、收盘价这四个最基本的数据。开盘价与收盘价形成的较粗部分称为实体，在 K 线图的实体上、下方，各有一条竖线，称为上、下影线。上影线的最高点为当日最高价，下影线的最低点为当日最低价。如果最高价和收盘价相同，或者是最低价与开盘价相同，则不会出现影线。当 K 线图以彩色表示时，通常将 K 线图设计成红、绿两种颜色。

根据属性可将 K 线划分为阳线和阴线两大类，当收盘价高于开盘价时，K 线图就用红色或空心显示，表示为日收红盘，为阳线，如图 2-53 所示。反之，当收盘价低于开盘价时，K 线图用绿色或实心显示，表示为绿盘，为阴线，如图 2-54 所示。

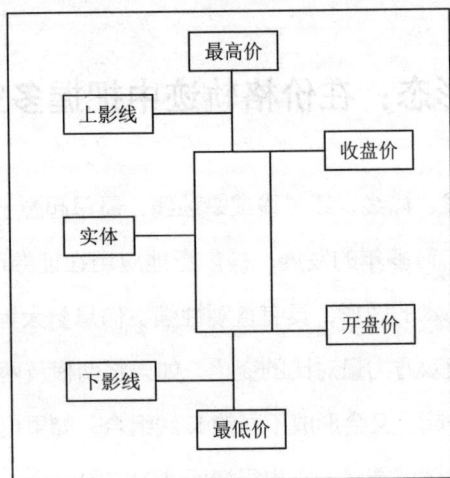

图2-53　阳线

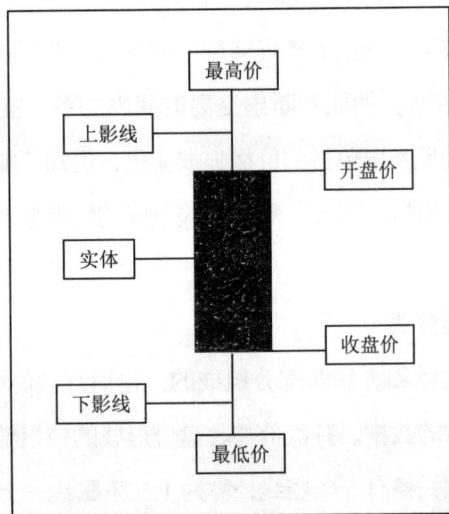

图2-54　阴线

根据计算周期可将其分为时 K 线图、日 K 线图、周 K 线图、月 K 线图及年 K 线图。

日 K 线图是根据股价在一天的走势中形成的四个价位，即开盘价、收盘价、最高价和最低价绘制而成的，如图 2-55 所示。

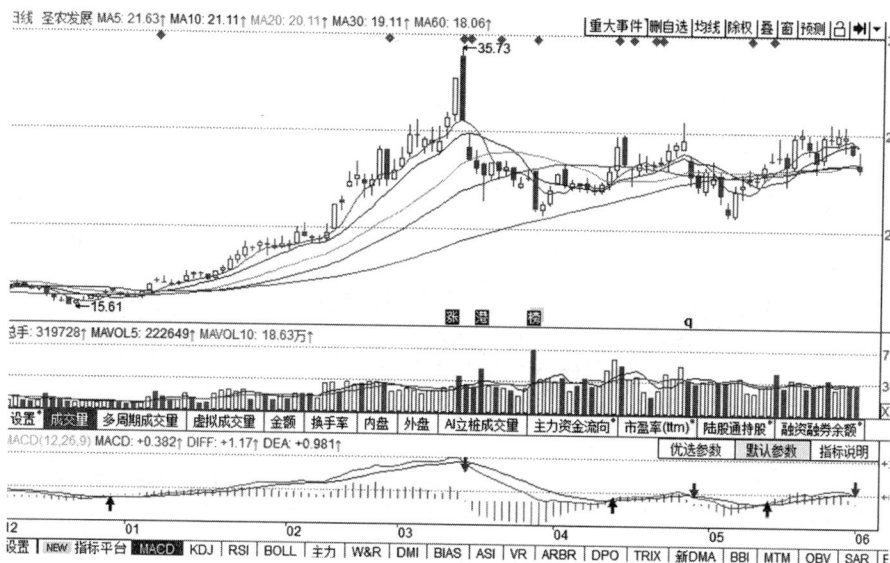

图2-55  日K线图

周K线图是以周一的开盘价、周五的收盘价、全周最高价和全周最低价来画K线图，如图2-56所示。

图2-56  周K线图

月K线图则是以一个月的第一个交易日的开盘价、最后一个交易日的收盘价、全月的最高价和全月的最低价来画的K线图，如图2-57所示。同理可以推得年 K 线图的画法。

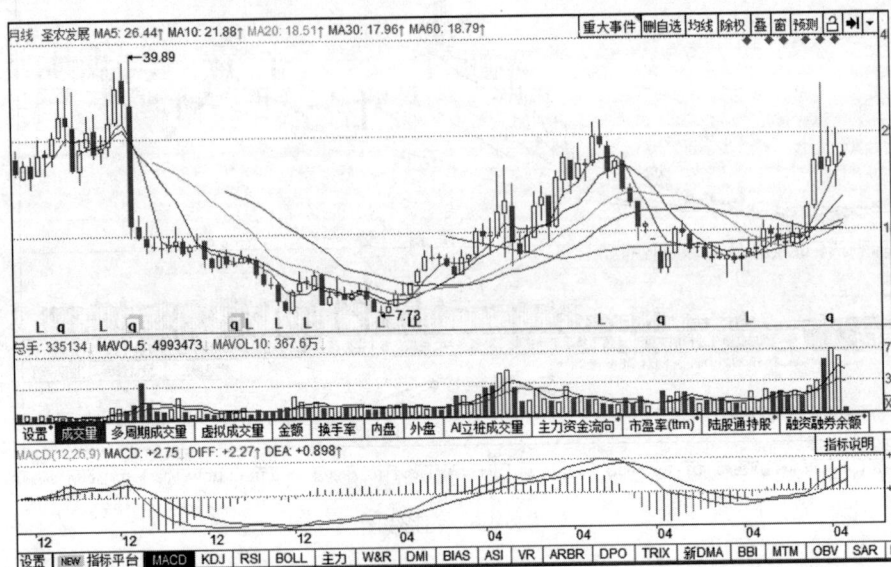

图2-57　月K线图

一般来讲，判断大势要看长期图，如周 K 线图和月 K 线图，当周 K 线图和月 K 线图处于高位，股市整体的价格风险大些，注意仓位要轻。当周 K 线图和月 K 线图处于低位，股市整体的价格风险小些，在买时，可以结合短线图（5 分钟 K 线图、15 分钟 K 线图、30 分钟 K 线图、60 分钟 K 线图、日 K 线图）寻找低位介入，卖出也是同样的道理。所以，股市看似每天都有机会，其实大的机会是每段时间来临一回。

### 3.单根 K 线的线形分析

K 线是一种特殊的市场语言，不同的形态有不同的含义。一般来说，阳线说明买方的力量强过卖方，以多方的胜利而告终。而且，阳线越长，说明多方力量超过空方越多，大盘继续上涨的可能性就越大。与之相反，阴线越长，说明空方力量越大，后期大盘下跌的可能性越大。

根据开盘价与收盘价的波动范围，可将 K 线分为极阴、极阳、小阴、小阳、中阴、中阳、大阴和大阳等线形，它们一般的波动范围如图 2-58 所示。其中，极阴线和极阳线的波动范围在 0.5% 左右；小阴线和小阳线的波动范围

一般在 0.6% ~ 1.5%；中阴线和中阳线的波动范围一般在 1.6% ~ 3.5%；大阴
线和大阳线的波动范围在 3.6% 以上。

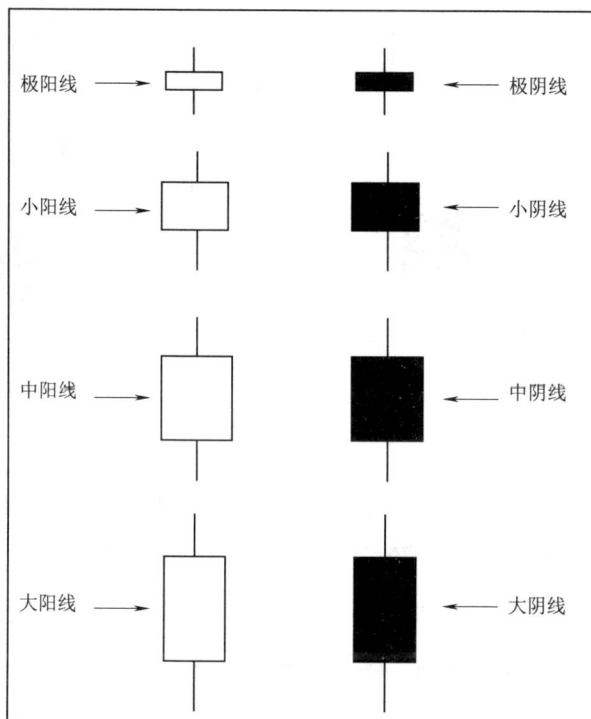

图2-58 不同类型的K线

**4.K 线缺口的实战技法**

缺口，就是在股指或者个股趋势图中，有时会出现一个向上或者向下的空
白区域，也就是说，在连续的波动中有一段价格没有任何成交，又称为跳空。

（1）传统的和广义的缺口理论

传统的缺口理论认为，在 K 线图上出现的一段没有交易价格的区域，
相邻的两根 K 线间没有任何重合区域，上下影线也不连续不重合，中间
有空隙，才算是缺口，如图 2-59 所示；而广义的缺口理论却认为只要
实体不重合，上下影线可以重合，中间有空隙，就算是缺口，如图 2-60
所示。

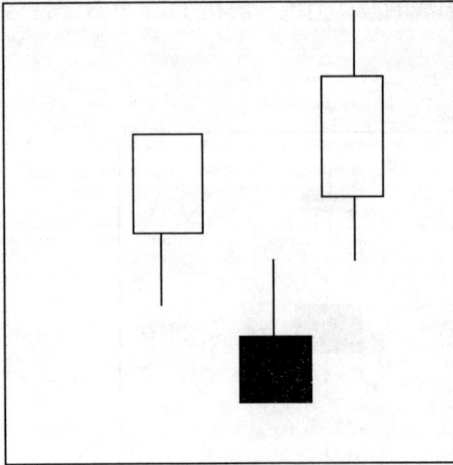

图2-59　狭义的缺口　　　　　　　　图2-60　广义的缺口

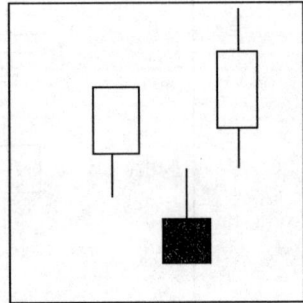

（2）缺口的回补

在股指或者个股趋势图中出现缺口之后，当后期价格趋势回转并重新经过缺口价格区间的时候，由于股价或大盘指数的运动方向发生改变，原来的缺口会被填补，称为回补缺口，如图 2-61 所示。一般来说，缺口总是要补的，"但缺口总会补的"并非绝对正确。有些跳空缺口，永远也不会被回补。

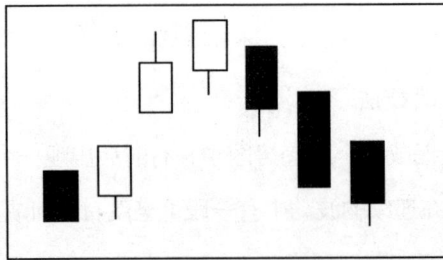

图2-61　回补缺口

（3）缺口的类型

缺口最常用的划分方法分为普通缺口、突破性缺口、持续性缺口、消耗性缺口四种。这是按照缺口出现的位置不同来划分的。

一般在行情的发展过程中，最先出现的是突破性缺口，其次是持续缺口，最后才是消耗性缺口，而普通缺口则会出现在任何行情的任何阶段。

普通缺口：在股价变化不大的成交密集区内出现的缺口，称为普通缺口。一般缺口不大，常发生在耗时较长的整理或反转形态中，出现后很快就会填上，买卖双方力量平衡，短期内会被回补。

突破性缺口：股价突破阻力或跌破支撑时出现大幅度上涨或下跌所形成的缺口，称为突破性缺口。短期内不会回补，缺口越大，未来股价发展趋势也越大。

持续性缺口：在上升或下跌途中出现的缺口，称为持续性缺口，常在股价剧烈波动的开始与结束之间一段时间内形成，在较长时间内不会被封闭，具有较强的支撑或阻挡功能。

消耗性缺口：发生在行情趋势的末段的缺口，是急速上升或下跌中，股价在弱势中的最后一跃或最后一跌。表示股价的运行趋势暂告一段落，也称竭尽缺口。

（4）缺口的实战应用

由K线走势所构成的各种形态中，缺口形态最易辨认，且具有极强的测市功能。

例如，当普通缺口产生后，有几日之内必回补的特性。投资者可利用这一特点，在普通缺口产生后，逢高逐级减持筹码。静待股价回落到缺口位置后，再进行一轮买卖。

而突破缺口产生后，意味着行情将向缺口产生的方向运行一段时间，因此，当投资者确定了缺口为突破性质后，应持股待涨，以获取更大利益。

持续缺口的延续性很强且具有中继形态特征，也具有助涨助跌的作用。

消耗性缺口意味着行情的发展已经是强弩之末，预示见顶或见底行情即将来临。如果在上升区域中出现竭尽缺口，投资者在确认此缺口性质后，需要赶紧清仓。

例如，在该股票的一轮上升行情中，依次出现了普通、突破性以及消耗性缺口，在上升过程中，缺口不补意味着很强的上升趋势，如图2-62所示。

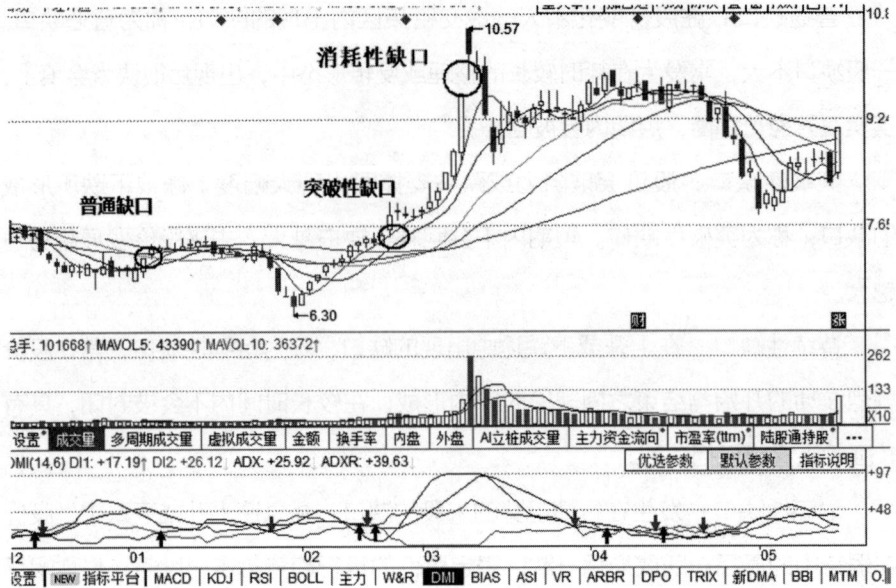

图2-62　缺口

# 六、成交量：拉动股市行情的关键信息

股票价格的涨跌与其成交量大小之间存在一定的内在关系。成交量是研判股市行情的重要因素之一，通过成交量的分析，投资者可以判断股票的强弱状况以及K线形态的真实情况，从而分析股票的形势，做出正确的买卖股票决策。

## 1.成交量的基础知识

成交量是散户与主力进出股票的筹码，是股价涨跌的依据，成交量的大小，直接表明了市场中买卖双方对市场某一时刻价格的认同程度。有经验的投资者，都会将其作为判断市场或个股未来走势及买卖交易的重要依据。

（1）成交

成交是指买卖双方以约定的价格达成交易的一种行为。就是有买有卖，只有买或者是只有卖都是不能成交的。在股票市场中，交易的是电子化的股票。一般情况下，投资者会在证券交易平台上，委托券商，按照某一指定的价格进行撮合交易，如果买卖双方报价一致，则这笔委托单就成交了。

（2）成交股数

成交股数是最常见的指标，也是平常所指的成交量，是指在某一个特定的时间单位内某只股票成交的数量总和，在股市中通常以手作为成交量的单位，100 股相当于 1 手。

成交股数适合于对个股的成交量进行纵向比较，观察个股历史上放量与缩量的相对情况。但是，成交股数最大的缺点是忽略了各个股票流通盘大小的差别，不能精确地表明成交活跃的程度，不便于对不同股票进行横向比较，难以掌握主力进出的情况。

在股票行情软件中，默认情况下，显示于 K 线图下方的窗口中，用条形实体表示，在走势图中成交量根据其上方价格属性的不同，其实体也被画为红、绿两色，如图 2-63 所示。

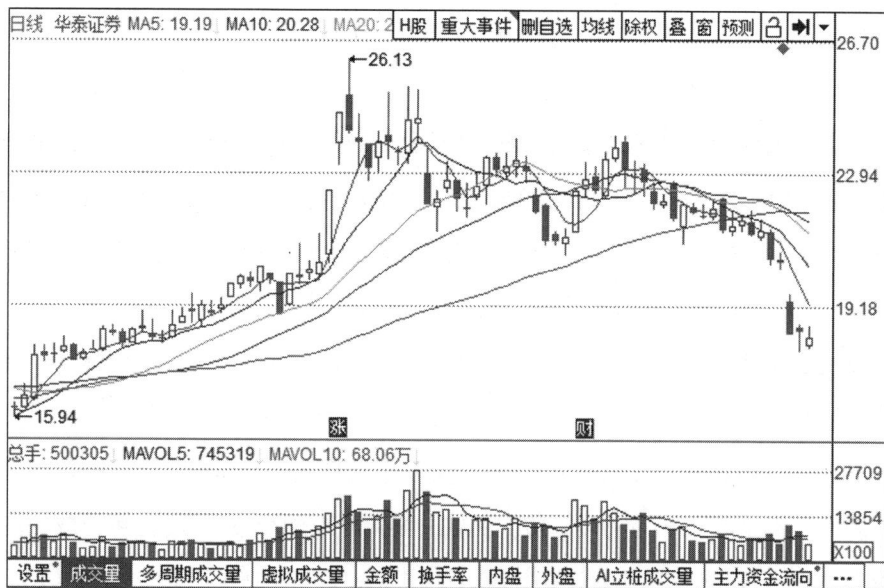

图2-63　K线图中的成交量

在分时走势图中也会显示成交量，分时走势图下方的竖线就是以分钟为单位的成交量，每一分钟对应一根竖线。如果股价相对于前一分钟是上涨的，则下面对应的成交量线就显示为红色；如果股价相对于前一分钟是下跌的，则下面对应的成交量线就显示为绿色，如图 2-64 所示。

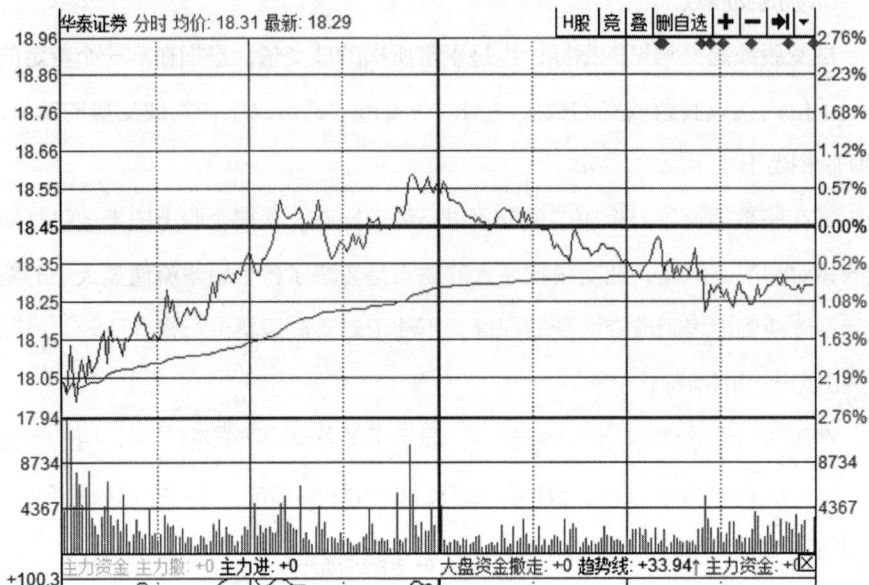

图2-64　分时走势图中的成交量

（3）成交量值

　　成交量值是指实际的成交金额，它可以直接反映出参与市场的资金量多少，它排除了大盘中各种股票价格高低不同所造成的干扰，通过成交金额使大盘成交量具有横向的可比性，通常用来分析大盘，通常所说的两市大盘成交多少亿元的成交量就是指成交金额。对于个股来讲，如果股价变动幅度很大，用成交股数或换手率都难以反映出主力资金的进出情况，而用成交金额就比较简单明朗。

　　其计算公式为：每股成交价 × 成交量，其基本统计单位是元，在行情分析软件上都是以万元为统计单位。例如，某只股票成交量为 50 万手，成交均价为 11 元，则该股的成交量值为 50 万 ×100×11=55 000 万元。当然这只是粗略的算法，实际是将每一笔成交单成交时的数量与成交价相乘得出该笔成交金额，再将所有成交金额相加。

　　在行情软件中可以查看成交量值，以同花顺为例，其方法是：打开沪深 A 股页面，拖动下方滑动条向右，可以看到有一个字段"总金额"，里面是个股的成交量值，单击"总金额"字段，就出来成交金额排名，如图 2-65 所示，当日成交额排名第一的是 002594 比亚迪。

| | | 代码 | 名称 | 涨幅% | 现价 | 涨跌 | 买价 | 卖价 | 总手 | 总金额 | 现手 | 涨速% | |
|---|---|---|---|---|---|---|---|---|---|---|---|---|---|
| 1 | R | 002594 | 比亚迪 | +5.56 | 245.00 | +12.90 | 244.99 | 245.00 | 57.19万 | 139.3亿 | 11523 ↑ | +0.00 | |
| 2 | | 600519 | 贵州茅台 | -3.06 | 2090.94 | -65.97 | 2090.89 | 2090.94 | 54028 | 113.3亿 | 1240 ↓ | +0.09 | |
| 3 | | 601919 | 中远海控 | +1.62 | 27.57 | +0.44 | 27.56 | 27.57 | 311.0万 | 85.13亿 | 45831 ↑ | -0.07 | |
| 4 | | 000725 | 京东方A | +3.96 | 6.30 | +0.24 | 6.30 | 6.31 | 1332万 | 83.51亿 | 164810 ↑ | +0.00 | |
| 5 | | 601012 | 隆基股份 | +3.81 | 106.53 | +3.91 | 106.53 | 106.59 | 66.28万 | 70.33亿 | 16174 ↑ | -0.99 | |
| 6 | | 300750 | 宁德时代 | +3.56 | 450.00 | +15.49 | 450.00 | 450.01 | 15.60万 | 70.01亿 | 1 ↑ | -0.14 | |
| 7 | | 300059 | 东方财富 | +1.92 | 30.24 | +0.57 | 30.23 | 30.24 | 213.2万 | 64.03亿 | 2 ↓ | +0.00 | |
| 8 | | 603501 | 韦尔股份 | -7.83 | 273.15 | -23.20 | 273.15 | 273.28 | 22.56万 | 63.12亿 | 2667 ↓ | -0.60 | |
| 9 | | 600703 | 三安光电 | +3.29 | 30.74 | +0.98 | 30.73 | 30.74 | 193.9万 | 59.91亿 | 24092 ↑ | -0.36 | |
| 10 | | 603986 | 兆易创新 | +6.18 | 158.00 | +9.20 | 157.99 | 158.00 | 37.38万 | 59.07亿 | 3797 ↑ | +0.06 | |
| 11 | | 600702 | 舍得酒业 | -6.21 | 226.03 | -14.96 | 226.02 | 226.03 | 25.73万 | 58.49亿 | 1258 ↑ | +0.00 | |
| 12 | | 600460 | XD士兰微 | +9.99 | 51.19 | +4.65 | 51.19 | – | 113.9万 | 56.25亿 | 1804 ↑ | +0.00 | |
| 13 | | 000100 | TCL科技 | +6.00 | 7.60 | +0.43 | 7.59 | 7.60 | 744.0万 | 56.10亿 | 77174 ↑ | +0.00 | |
| 14 | | 601318 | 中国平安 | -1.74 | 65.10 | -1.15 | 65.10 | 65.11 | 85.71万 | 55.93亿 | 19541 ↓ | -0.08 | |
| 15 | | 002241 | 歌尔股份 | +3.54 | 40.39 | +1.38 | 40.38 | 40.39 | 138.8万 | 55.86亿 | 12982 ↑ | -0.03 | |
| 16 | | 000858 | 五粮液 | -1.09 | 291.00 | -3.22 | 290.99 | 291.00 | 19.17万 | 55.40亿 | 3837 ↑ | +0.00 | |
| 17 | | 000568 | 泸州老窖 | -3.98 | 232.80 | -9.65 | 232.80 | 232.81 | 23.36万 | 54.51亿 | 3413 ↓ | +0.00 | |
| 18 | | 000625 | 长安汽车 | +9.93 | 23.69 | +2.14 | 23.68 | 23.69 | 232.8万 | 53.42亿 | 19142 ↑ | +0.00 | |
| 19 | | 002466 | 天齐锂业 | +8.11 | 51.74 | +3.88 | 51.73 | 51.74 | 100.6万 | 50.19亿 | 5704 ↑ | +0.00 | |
| 20 | | 002230 | 科大讯飞 | +5.43 | 65.98 | +3.40 | 65.98 | 66.00 | 71.49万 | 47.70亿 | 9605 ↓ | -0.12 | |
| 21 | | 000063 | 中兴通讯 | +4.12 | 34.15 | +1.35 | 34.14 | 34.15 | 126.6万 | 42.76亿 | 19493 ↑ | +0.03 | |
| 22 | | 603799 | 华友钴业 | +10.00 | 97.57 | +8.87 | 97.57 | – | 44.49万 | 42.04亿 | 1773 ↑ | +0.00 | |
| 23 | | 600031 | 三一重工 | +1.07 | 27.37 | +0.29 | 27.37 | 27.38 | 152.6万 | 40.91亿 | 25046 ↑ | +0.00 | |
| 24 | | 300274 | 阳光电源 | +5.45 | 99.49 | +5.14 | 99.49 | 99.50 | 41.70万 | 40.84亿 | 1 ↓ | -0.02 | |
| 25 | | 002460 | 赣锋锂业 | +5.04 | 120.15 | +5.76 | 120.15 | 120.16 | 34.37万 | 40.67亿 | 3409 ↑ | +0.00 | |
| 26 | | 601899 | 紫金矿业 | -1.01 | 9.77 | -0.10 | 9.77 | 9.78 | 399.0万 | 38.42亿 | 83552 ↓ | -0.71 | |
| 27 | | 002617 | 露笑科技 | +9.97 | 15.11 | +1.37 | 15.11 | – | 252.7万 | 37.63亿 | 1741 ↑ | +0.00 | |

图2-65 成交量值

（4）总手和现手

总手是指当天开始成交到目前为止总的成交手数，也叫作总量，收盘时的总手表示当日成交的总手数。在盘口中，内盘与外盘之和就是总手，如图 2-66 所示。

现手是指一只股票最近的一笔成交量，其单位一般为手，一个交易日内现手累积起来就是总手数，也就是一个交易日内的成交量。

（5）量比

量比是衡量相对成交量的指标。它是指股市开市后平均每分钟的成交量与过去 5 个交易日平均每分钟成交量的比值。量比是在分析股价短期趋势时的一个非常重要的参考数据，它的计算公式为：量比＝现成交总手数／当日累计开盘时间（分）／过去 5 日平均每分钟成交量。

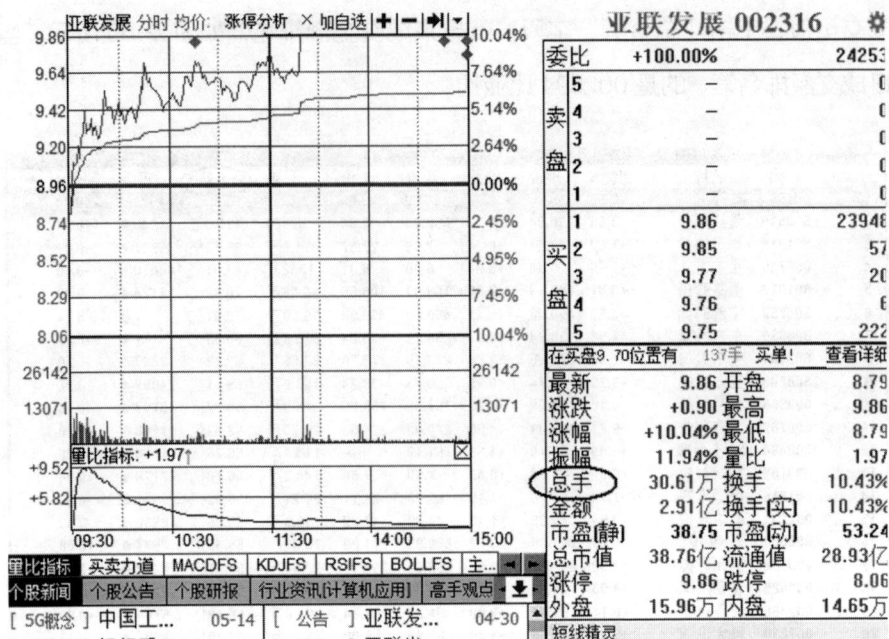

图2-66　总手

量比这个指标反映的是当前盘口的成交力度与最近五天的成交力度的差别，这个差别的值越大，表明盘口成交越来越活跃。

一般来说，当量比的数值大于1并且越来越大的时候，说明交易比过去火爆，成交总手数在加大；当量比的数值小于1并且越来越小的时候，就说明成交总手数在减少，如图2-67所示。

（6）成交换手率

换手率也称"周转率"，是指在一定时间内股票转手买卖的频率。它是反映股票流通性强弱的技术指标，可以较准确地反映出规定时间内成交量占其可流通股数的比例。其计算公式为：**换手率（周转率）＝某一段时期内的成交量/可流通股数 ×100%**。

股票的换手率越高，意味着该只股票越活跃，投资者购买该股的意愿越高；反之，则表明关注该股的人很少。另外，换手率高还说明该股票的流通性好，具有较强的变现能力。但是，有优点就有缺点，换手率高的股票，其投机性较强，风险自然也相对较大。

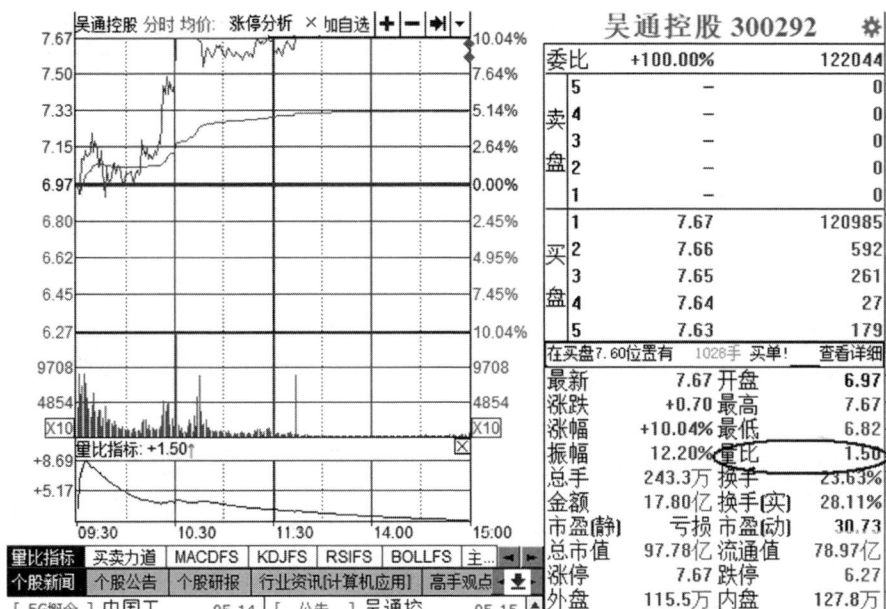

图2-67　量比

## 2. 成交量的基本形态

在实际交易中，成交量增减幅度不一，变化无穷，难以用具体的标准进行衡量，一般来讲，会呈现出以下几种基本形态。

（1）缩量

缩量是指个股在某一个时间段内的成交量与其历史成交量相比，出现了明显减少的形态，如图 2-68 所示。这时大部分人对市场后期走势十分认同，意见基本一致，导致市场成交极为冷淡。

通常造成这种现象又可以分为两种情况：一种情况发生在缓慢上升趋势的中期，大部分投资者看好后市，出现只有人买，却没有人卖的现象，这时成交量会出现急剧缩量的现象。投资者遇到这种情况，一般可以放心跟进。

另一种情况是发生在缓慢下跌趋势的中期，大多数投资者们对后市没有信心，只有人卖，却没有人买，这时也会造成成交量急剧缩减的现象，如图 2-69 所示。投资者遇到这种情况，也要赶快离场，等待缩量达到一定程度，再次放量上攻时再买入。

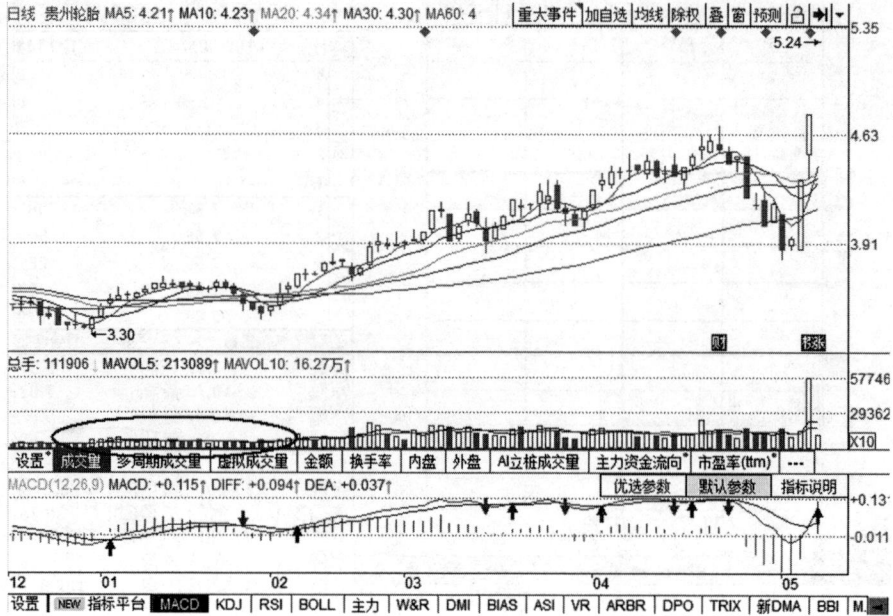

图2-68　缩量

图2-69　成交量急剧缩减

（2）放量

放量是指个股在某一个时间段内的成交量与其历史成交量相比，出现了明显增大的形态。与缩量不同，放量一般发生在市场趋势发生转折的转折点处，一部分人坚决看空后市的同时，另一部分人却看好后市，市场各方力量的分歧逐渐加大从而形成放量的形态，如图2-70所示。

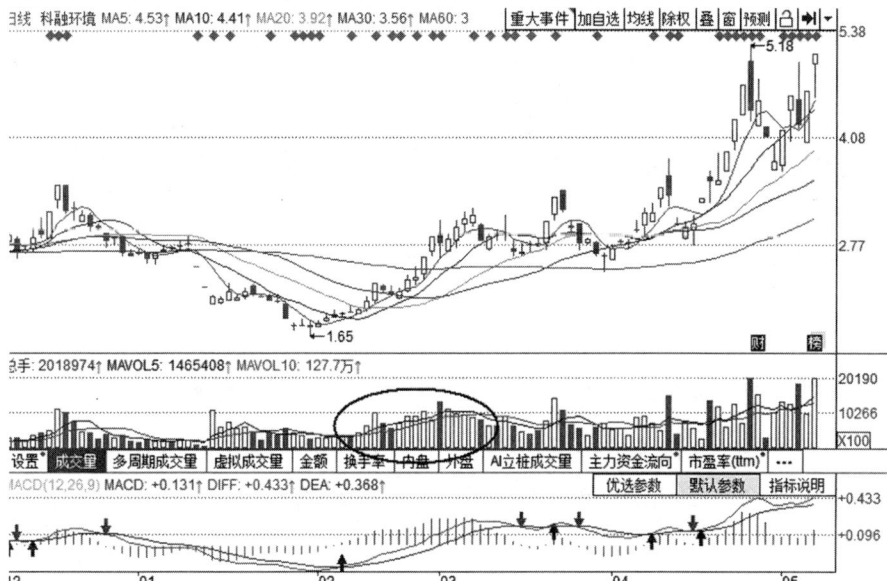

图2-70 放量

相对于缩量而言，放量很可能是主力自己做出来诱导投资者的行为。例如，主力通过使用自己手中的筹码，进行大手笔对敲，自买自卖，就可以轻易地放出天量，从而达到震仓洗盘的目的，因此，如果遇到放量的情况，投资者一定要结合前后的情况进行仔细分析。

（3）堆量

堆量就是成交量缓慢放大形成的一个状似土堆的形态，该形态是主力在低位建仓之后，准备拉升时采用的一种操盘手段，当主力意欲拉升股价时，就会把成交量拉高或拉低，几日或几周以来，成交量缓慢放大，股价慢慢推高，在近期的K线图上，形成堆量，该形态堆得越漂亮，就越可能产生大行情，如图2-71所示。

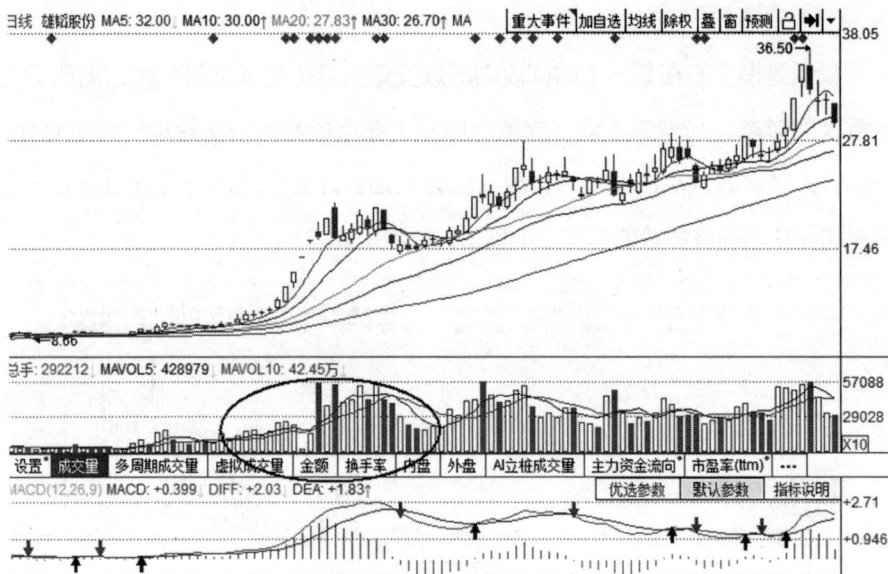

图2-71　堆量

在低位形成的堆量，极有可能形成后市的大好行情。相反，在相对高位形成的密集堆量，则很可能是股价急速下跌的征兆，表明庄家在大量出货，这种情况下投资者就应退出，否则就会输掉自己的既得利益。

（4）天量

天量是指股价在运行的过程中，某天的股票交易数量特别巨大，突然放出一根巨大的量，至少是前一天成交的两倍以上，并且在短期内很难再次出现这种巨量，这时的成交量称为天量。

天量通常与突破相关联，股市有句名言"天量见天价"，说的是当一只个股放出天量时，股价基本见顶，有反转的危险。因此，从安全的角度来讲，投资者还是应该在某只股票放出天量时要出局观察，以回避风险。

例如，东风科技在经历了一波上涨行情之后，在2020年12月31日放出巨量，之后股价见顶回落，持续走低，如图2-72所示。

股市是变化万千的。实际上，单凭天量来预测股价未来的上涨与下跌是不够准确的，而且，天量是一个相对的概念。如果某天股票的成交量突然放大，也并不是当天就是天价，有可能过几天才能见到天价。牛股的天量有时在主升浪行情的初期和中期，其后股价创新高的概率会非常大。

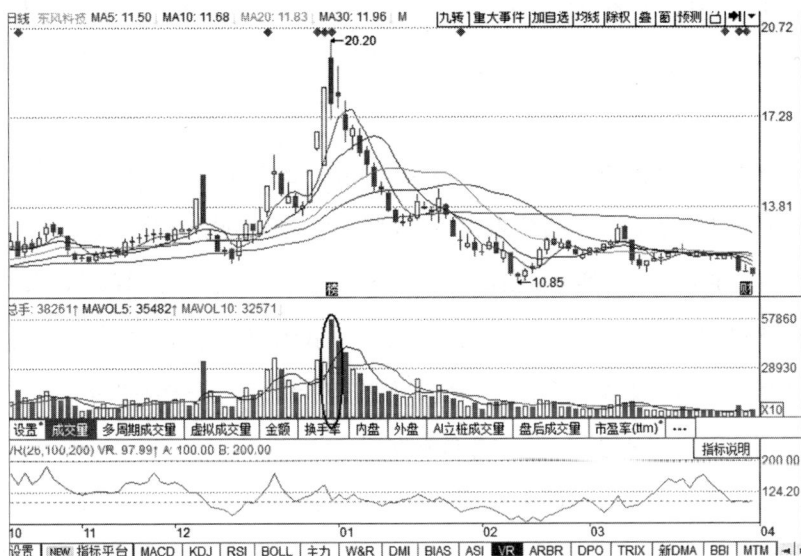

图2-72　东风科技的K线图

例如，东方财富在2020年11月9日放出巨量，股价不断震荡上涨，几天后又出现天量，之后缩量上涨至2021年1月21日出现最高价，如图2-73所示。

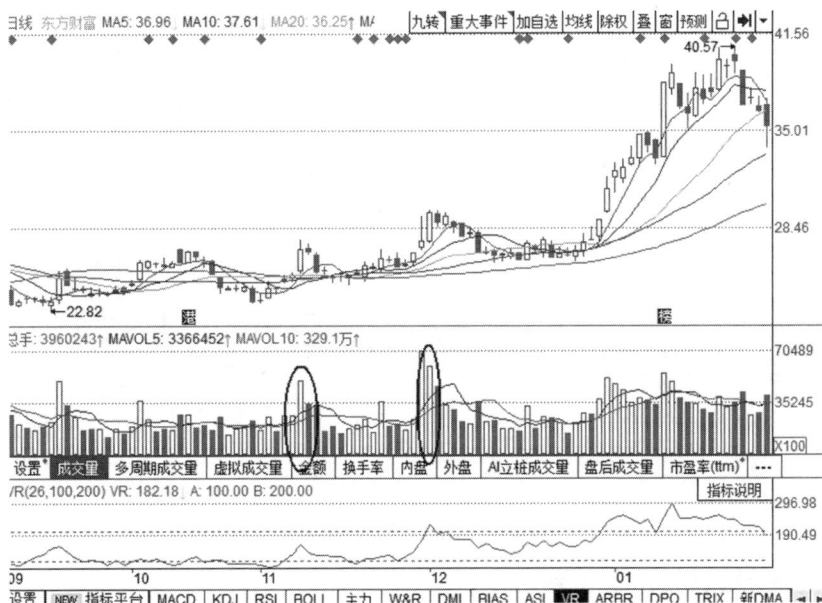

图2-73　东方财富K线图

（5）地量

地量是相对于大盘处于高位的天量而言，是指个股成交量呈现出极度缩小的状态，而且，一般还具有一定的持续性，地量在行情清淡的时候出现最多。

股价持续下跌较长时间后，市场人气涣散，此时由于股价下跌的时间和价格幅度都比较大，深套的投资者也不再想卖股，场外的投资者不愿进场，导致成交量越来越低，于是地量就出现了。股市有句名言"地量之后是地价"，在股价大幅下跌之后出现地量，往往是市场即将见底的信号，这一时期往往是长线买家进场的时机。如果结合该公司基本面的分析后，在这一时期内介入，只要能经受得住时间的考验，一般均会有所收获。

例如，露笑科技在长期大幅下跌之后，在 2021 年 4 月 23 日见底，随后行情出现逆转逐步走出上升趋势，如图 2-74 所示。

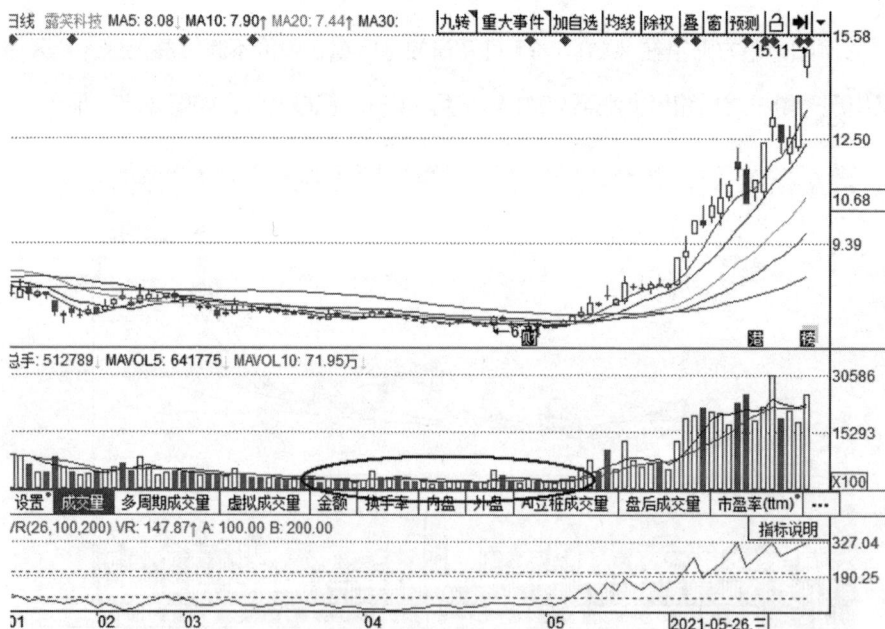

图2-74　露笑科技K线图

### 3. 整体趋势的价量分析

在股价走势中，成交量有多种变化，最难以判断的是变化的界限，到底多少算是放量，多少算是缩量，实际上并没有一个可以遵循的规律，不可机械套用放量、缩量的概念。不能照搬理论，要根据当时的盘面状态以及股价所处的位置进行判断，才能够真正确定未来股价的走势。

（1）量增价平

量增价平是指成交量不断增加，但是股价却始终在某个价位范围内波动，这种情况通常出现在股价的低价位区。如果同时阳量明显多于阴量，则说明此时底部在积聚上涨的动力，投资者可以适量买入。在上升趋势中有时也会出现量增价平的现象，说明此时股价受阻，如果上升的趋势没有被有效跌破，经过整理之后还会有上涨的行情。

例如如图 2-75 所示，该股票经过长期下跌，盘整筑底后，于 A 点和 B 点之间开始逐渐放量，但股价基本上没涨，于 B 点之后开始出现一波明显的上涨行情。

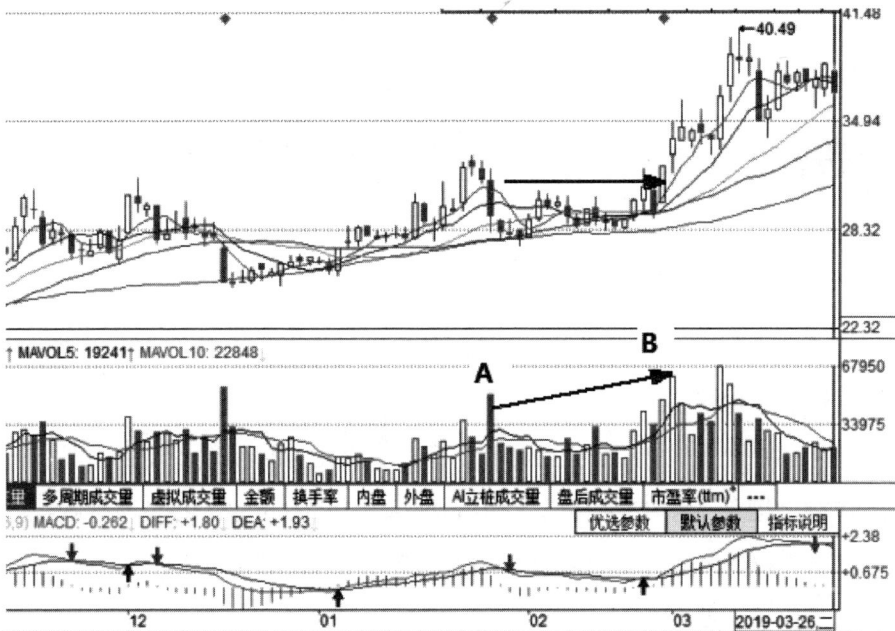

图2-75 量增价平

（2）量增价升

量增价升是指随着成交量的增大，股价也不断上升，通常出现在强势市场中，这种价量关系总体上都是健康的，是最常见的多头主动进攻的方式。在下跌初期出现该现象，是中线投资的最佳买入信号。如果股票在量增价平时已经部分建仓，当股价出现量增价升现象时则应加仓买入，持股待涨。

例如，某股票在经过长期的下跌和横盘整理之后，于 2 月 14 日开始成交量增加，股价也随着成交量的增大而不断上升，后期走出一波不错的行情，如图 2-76 所示。

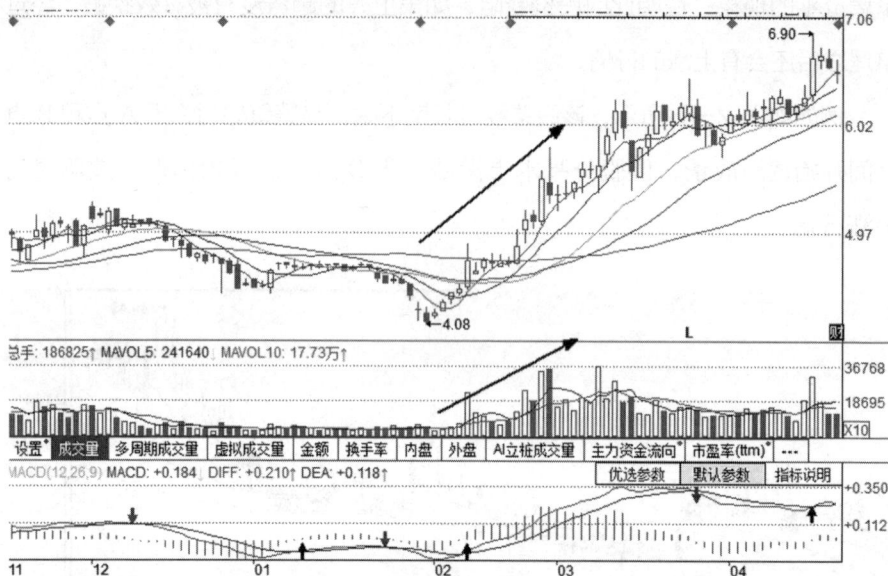

图2-76　量增价升

（3）量增价跌

量增价跌是指股价随成交量的不断增大而下跌。如果在低价位区出现增量说明有资金接盘，有可能在不久之后形成底部或较大的反弹，投资者可适当关注。如果在行情上涨的高价位区出现量增价跌的现象，表明可能是主力在出货，则投资者应尽快清仓出局。

例如，某股票在低价区出现成交量逐渐放大，但是股价却还在继续下跌的情况，之后不久，见底回升，再次放量，此时投资者如果及时跟进，可获得一波不错的收益，如图 2-77 所示。

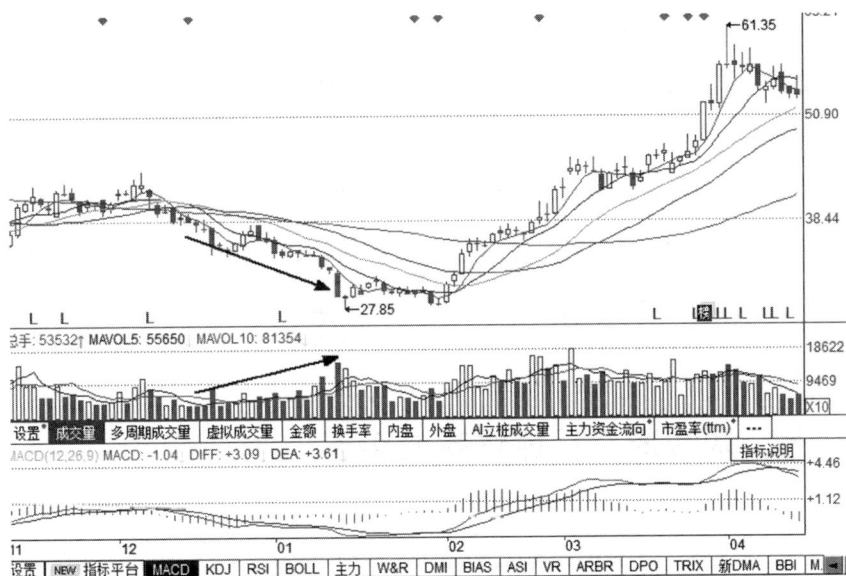

图2-77　量增价跌

（4）量减价跌

量减价跌是指随成交量的不断减小，股价也不断下跌，这种无量阴跌，底部遥遥无期，是强烈的卖出信号，因此只要趋势逆转后出现该现象，投资者就应及时止损出局，见图 2-78。

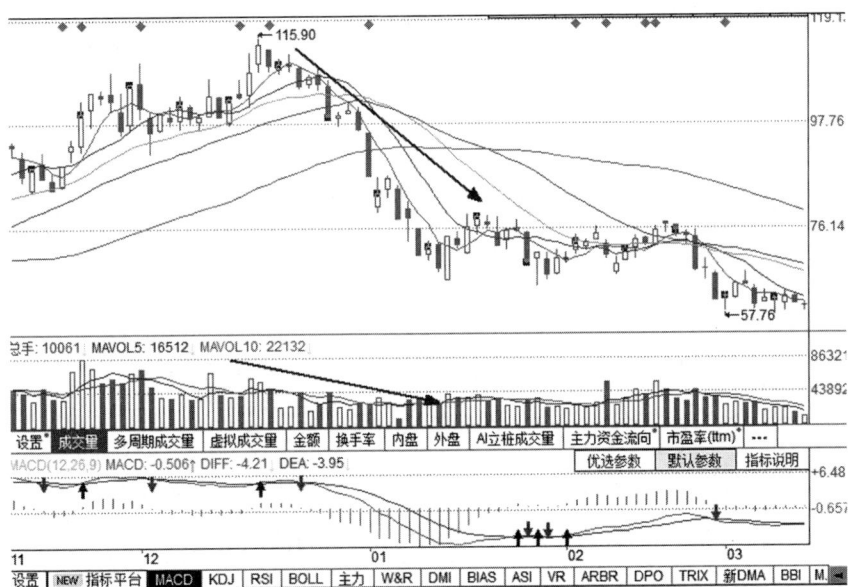

图2-78　量减价跌

在下跌途中出现量减价跌现象，说明投资者在出货后不再做空头回补。股价将继续下跌，投资者应持币观望，但是，如果在下跌末期出现量减价跌现象，说明行情基本上到底部了。

例如如图 2-78 所示，某股票经过大幅上涨后，股价逐渐由上升转为下跌，同时成交量逐渐减小，5 日、10 日、20 日和 30 日均线黏合后向下发散形成空头排列，股价开始快速滑落。

# 七、均线形态：抓住有效买点

移动平均线 MA 是依据道氏理论中的"平均成本"概念并借助于数学中的移动平均原理而创设的一种趋势类指标，也被称为大盘的生命线。它是将某一时间段内股指或股价的平均值画在坐标图上而连成的曲线。常用的移动平均线有 5 日、10 日、30 日、60 日、120 日和 240 日均线。

### 1.MA 指标的基本原理

从本质上说，移动平均线是用统计处理的方式，将若干天的股价加以平均，然后连接成一条线，用以直观清晰地观察股价未来的运动趋势的方法。其目的在于研判股价的走势和趋势。

### 2. 均线的计算

移动平均线的计算方法比较简单，也很容易理解，它是将某一时间段的收盘股价或收盘指数相加的总和，除以时间周期。

其计算公式如下：

$$MA \text{ 的计算公式：} MA= ( C_1+C_2+C_3+\cdots+C_n ) / N$$

其中，$C=$ 某日收盘价；$N=$ 移动平均周期。

5 日平均价 =5 日收盘价之和 /5；10 日平均价 =10 日收盘价之和 /10；20 日、30 日、60 日、120 日、240 日等平均价计算方法以次类推。将计算出的平均价格标在每日的股价图上在进行平滑连接，就可以得出 5 日、10 日、20 日、

30 日、60 日、120 日、240 日等移动平均线。其中，5 日正好是一周的交易日，因此，5 日均线表示这一周买入者的平均股价，10 日均线表示半月买入者的平均股价，20 日均线表示一个月买入者的平均股价，60 日均线表示一个季度买入者的平均股价，120 日均线表示半年买入者的平均股价，240 日均线表示一年买入者的平均股价。

一般的股票软件至少支持在同一个界面中显示 4 条均线，每条均线分别用不同的颜色表示，并且，在 K 线图的左上方显示了当前使用的均线系统包含哪几个周期的均线，并在其后显示当前选中 K 线位置的各均线的具体数值。

日平均价 = 当日成交金额 / 当日成交股数；5 日平均价 =（前 4 日平均价 × 4+ 当日平均价）/5；10 日平均价 =（前 9 日平均价 ×9+ 当日平均价）/10；20 日、30 日、60 日、120 日等平均价计算方法依次类推。将计算出的平均价格标在每日的股价图上在进行平滑连接，就可以得出 5 日、10 日、20 日、60 日、120 日等移动平均线，如图 2-79 所示。

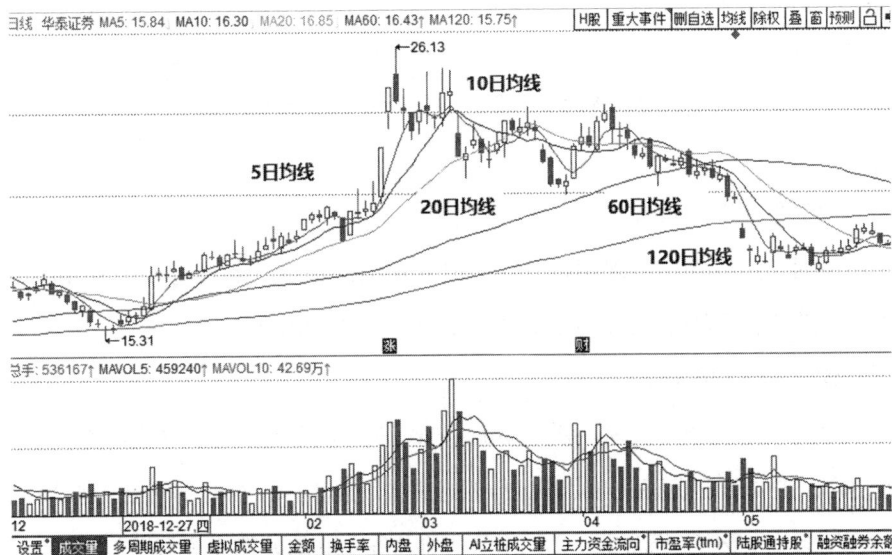

图2-79 移动平均线

### 3. 均线的分类

移动平均线按照形态进行划分，可以分为单根移动平均线、专项均线组合移动平均线和混合均线组合移动平均线三种基本类型。

（1）单根移动平均线

单根移动平均线有短期、中期和长期三种形式。

● 短期均线

短期均线又可以分为 3 日、5 日、10 日等种类，时间短的均线要比时间长的均线对价格或指数的波动要来得灵敏，起伏变化比较快。可作为短线进出的依据，但是，时间短的均线线性很不规则，尤其在震荡行情时，买进和卖出的信号很难把握。

● 中期均线

中期均线又可以分为 20 日（月线）、30 日、60 日（季线）等种类。其中 30 日均线使用频率最高，经常被用来与其他平均线配合，为投资者提供当日股价及短期和中长期移动平均线的动态参考，可以作为短、中期买卖的依据。

● 长期均线

长期均线又可以分为 120 日（半年线）、200 日、240 日（年线）均线等种类。其中，120 日均线是股价中期均线和长期均线的主要分界线，使用频率在长期均线组合中比较高，而且经常用来作为观察长期股价趋势的重要指标。

（2）专项均线组合

专项均线组合是将周期相差较近的几种均线放在一起进行专项判断的方法，主要有短期均线组合、中期均线组合和长期均线组合。

● 短期均线组合

短期均线组合中最常用的有 5 日、10 日、20 日和 5 日、10 日、30 日两种组合。主要用于观察股价短期运行的趋势。一般来说，在典型的上升通道中，5 日均线应为多方护盘中枢，10 日均线则是多头的重要的支撑线。如果 10 日均线被击破，市场就有可能转弱。

● 中期均线组合

中期均线组合最常见的有 10 日、30 日、60 日和 20 日、40 日、60 日两种组合。中期均线组合主要用于观察股价中期的运行趋势。一般来说，中期均线呈多头排列状态，说明股价中期趋势向好；反之，中期均线呈空头排列状态，说明中期趋势向淡。

● 长期均线组合

长期均线组合最常见的有 30 日、60 日、120 日和 60 日、120 日、240 日两种组合。长期均线组合主要用于观察股价的中长期趋势，这些均线组合对股价的变化相对较迟钝，经常用来判断某个长期趋势是否开始反转。

（3）混合均线组合

在实际的股市操作中，经常用到的是从短期、中期和长期均线中各取几根移动平均线进行组合，以观察当前股价所处的位置，从而判断出股价的趋势。

● 日均线混合

同花顺系统默认的日均线混合为：5 日、10 日、20 日、30 日、60 日均线。该方案结合了超短线主力、短线主力和中线主力的护盘重心，是使用起来比较稳妥的一种应用方案。

● 周均线混合

周均线是以周为单位的移动平均线，常常以组合的形式出现，常用的有 5 周、10 周、20 周和 5 周、10 周、30 周两种组合。同花顺系统默认的周均线混合为：5 周、10 周、20 周、30 周、60 周均线。系统默认的均线参数往往是最大众化的应用方案，如图 2-80 所示。

● 月均线混合

月均线是以月为单位的移动平均线，常常以组合的形式出现，常用的有 5 月、10 月、20 月和 5 月、10 月、30 月两种组合，同花顺系统默认的月均线混合为：5 月、10 月、20 月、30 月、60 月均线，如图 2-81 所示。

图2-80　周均线混合

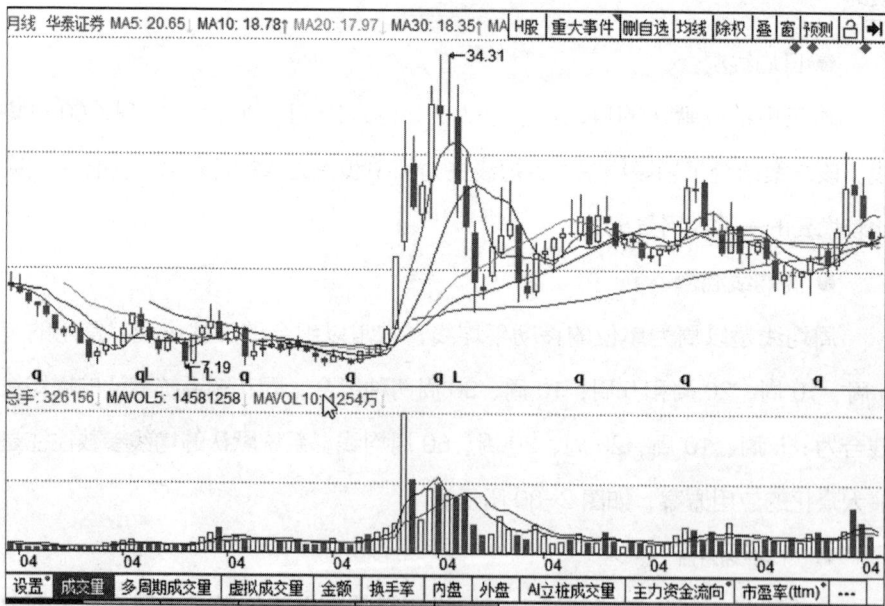

图2-81　月均线混合

## 4.均线的实用方法

均线具有跟踪和反映股价趋势的重要作用，投资者应密切关注移动平均线，及时发现买卖点，但是，在实际操作中，由于股价变化的具体情况比较复杂，投资者最好是在均线给出的买卖点的前提下再结合其他技术指标进行综合分析。

（1）多头排列

多头排列一般出现在上升趋势中，由多根移动平均线组成，参数较小的短期均线在参数较大的长期均线的上方，均线的排列呈现从小到大的顺序向上发散。意味着多方在市场中占据优势，股价向上运行。在多头排列形成的初期和中期，可以积极跟进，但是，在后期要谨慎操作。

例如，某股票的走势，均线呈现多头排列的形态，股价也是走出了一波非常强势的上升趋势，如图 2-82 所示。

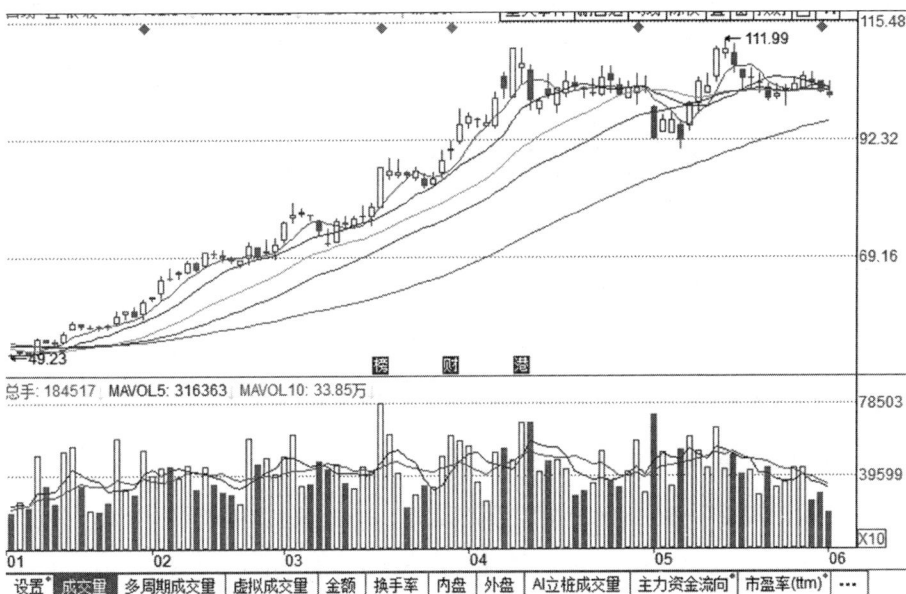

图2-82 多头排列

（2）空头排列

空头排列一般出现在下降趋势中，由多根移动平均线组成，参数较小的短期均线在参数较大的长期均线的下方，均线的排列呈现从大到小的顺序向下发散，说明空方占据优势地位，在空头排列形成的初期和中期，以做空为主，但是，在后期要谨慎操作。

例如，某股票的走势，均线呈现空头排列的形态，股价也是走出了下跌趋势，如图 2-83 所示。

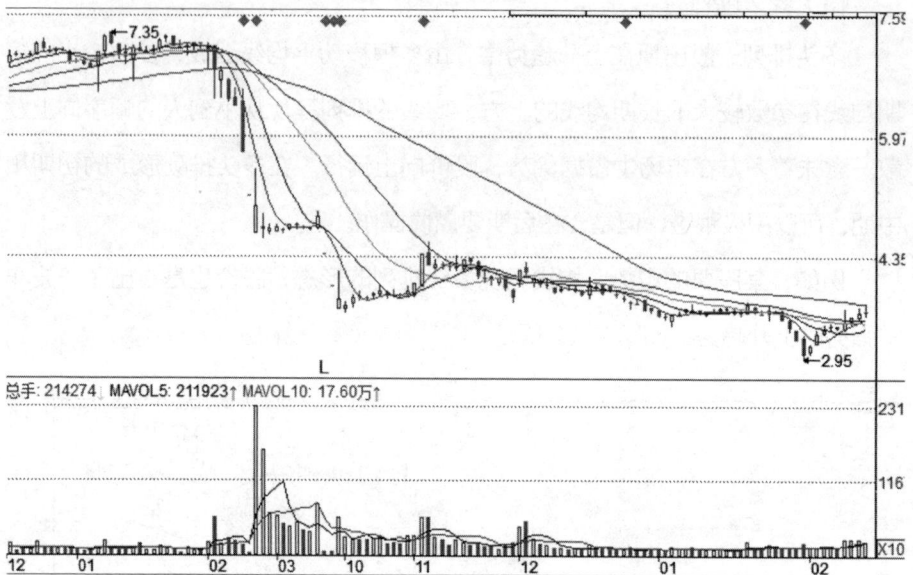

图2-83　空头排列

（3）黄金交叉

由一条短周期移动平均线向上穿越一条长周期移动平均线形成。同时两条线交叉后向上发散，称为均线黄金交叉。10 日线向上穿越 20 日线黄金交叉，20 日线向上穿越 30 日线黄金交叉等。

例如，如图 2-84 所示，某股票的走势，10 日移动均线于 2 月 15 日向上穿越 30 日移动均线，称为 10 日移动均线与 30 日移动均线的金叉，预示股价将上涨，后面果然也是走出了上升的趋势。

正常情况下，股价所处的位置越低，形成金叉以后股价上涨的概率也就越大。在实战操作过程中，投资者应当多留意那些低位区间形成的金叉买点信号。同时，要注意的是，两根周期较长的均线形成的黄金交叉比两根周期较短均线形成的黄金交叉的买进信号更可靠一点。

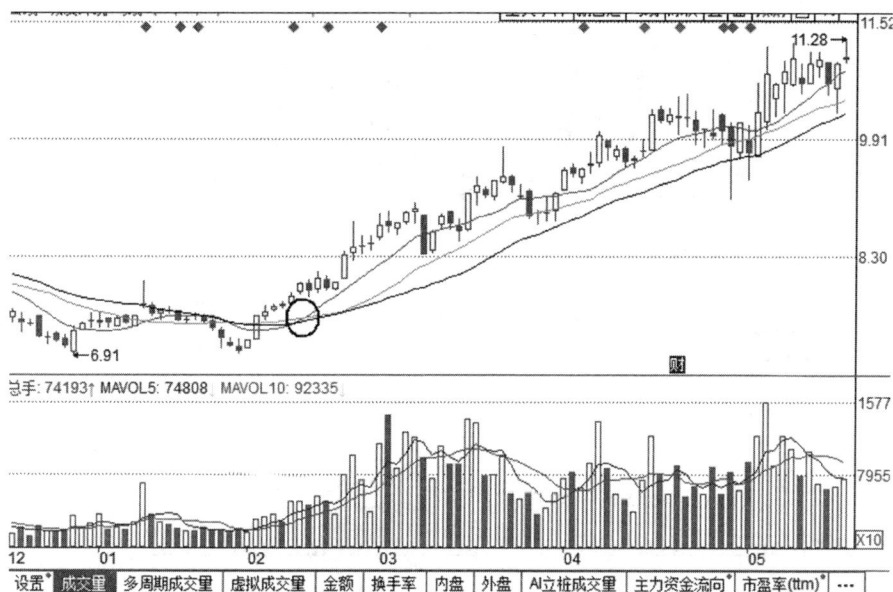

图2-84　黄金交叉

（4）死亡交叉

死亡交叉一般出现在经过一段上涨后到达的高位区域或者阶段性高位区域，它由两根均线组成，其形态为：一根周期较短的均线由上而下穿过一条周期较长的均线，并且两根均线同时向下运行。死亡交叉，预示着股价将下跌。例如，10日均线下穿20日均线形成的交叉、20日均线再下穿30日均线形成的交叉，都称为均线死亡交叉。

例如，如图2-85所示，某股票的走势，10日移动均线于4月26日向下穿越30日移动均线，称为10日移动均线与30日移动均线的死叉，预示股价将下跌，后期走出下跌趋势。

一般来说，两根周期较长的均线形成的死亡交叉比两根周期较短均线形成的死亡交叉的卖出信号更可靠一点。

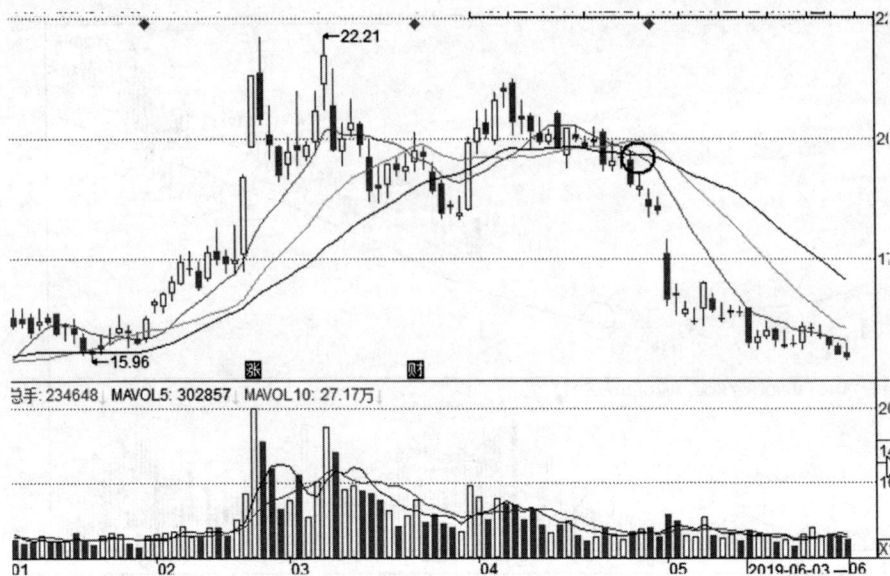

图2-85　死亡交叉

# 第三章

# 借助技术指标把握趋势运行

技术指标，在股票市场技术分析过程中，泛指一切通过数学公式计算得出的股票价格的数据集合。它是按照一定的数理统计方法，建立一个数学模型，并运用复杂的计算公式得到一些能够体现股票市场的某个方面内在实质的数字，这些数字被称为指标值。指标值的具体数值和相互间关系，能够直接反映股市所处的状态，为投资者提供指导方向。投资者如果善于使用技术指标进行分析，就可以有效地把握市场的运行趋势，做出正确的决策。

# 一、平滑异同移动平均线 MACD

平滑异同移动平均线 MACD 又可以简称为"指数差离指标"，是一种从移动平均线发展而来的趋势类指标，它是通过短期（通常为 12 日）移动平均线与长期（通常为 26 日）移动平均线之间的聚合与分离状况，对买进、卖出时机做出分析判断的技术指标。这一指标通常做出的是一个中期趋势的判断。

## 1.MACD 指标的基本原理

MACD 指标是根据移动平均线原理发展出来的指标，由原来只对价格做趋势分析转变为对价格进行水平振荡分析。对股票的每日收盘价进行采样，然后通过指数平滑计算方法，分别计算出快速与慢速两条平滑移动平均线和二者之间的差离值，用于研判股价的趋势，也可以判断买进和卖出信号。它是移动平均线的升级版，克服了移动平均线的虚假信号频繁的缺点，能更加准确地预测出趋势，是十分重要的波段捕获助手。

## 2.MACD 指标的计算方法

MACD 指标主要由两部分组成，即正负差（DIFF）、异同平均数（DEA），其中，正负差是核心，DEA 是辅助。DIFF 是快速平滑移动平均线（EMA1）和慢速平滑移动平均线（EMA2）的差，DIFF 的正负差的名称由此而来。快速和慢速的区别是进行指数平滑时采用参数的大小不同，快速是短期的，慢速是长期的。此外，MACD 还有一个辅助指标——柱状线（BAR）。在大多数技术分析软件中，柱状线是有颜色的，在 0 轴以下是绿色，在 0 轴以上是红色，前者代表趋势较弱，后者代表趋势较强。

参数：SHORT（短期）、LONG（长期）、$M$ 天数，一般值对应为 12、26、9。

公式如下：

加权平均指数（$DI$）=（当日最高指数 + 当日收盘指数 + 当日最低指数 ×2）

12 日平滑系数（L12）=2/（12+1）=0.153 8

26 日平滑系数（L26）=2/（26+1）=0.074 1

12 日指数平均值（12 日 $EMA$）=L12× 当日收盘指数 + [ 11/（12+1）] × 昨日的 12 日 $EMA$

26 日指数平均值（26 日 $EMA$）=L26× 当日收盘指数 + [ 25/（26+1）] × 昨日的 26 日 $EMA$

差离率（$DIFF$）=12 日 $EMA$−26 日 $EMA$

9 日 $DIFF$ 平均值（$DEA$）= 最近 9 日的 $DIFF$ 之和 /9

柱状值（$BAR$）=$DIFF-DEA$

$MACD$ 值 =（当日的 $DIFF-$ 昨日的 $DIFF$）×0.2 + 昨日的 $MACD$ 值

### 3. 应用法则

利用 MACD 指标进行行情研判，主要是从以下几个方面进行的。

（1）从 DIFF 和 DEA 的取值和这两者的位置对行情进行研判

在一般情况下，当 DIFF 和 DEA 的值都大于 0，并且都向上运行的时候，为多头市场。都向下运行的时候，意味着股市行情由盛转衰。当 DIFF 和 DEA 均为负值时，并且都向下运行的时候，为空头市场，都向上运行的时候，意味着股市行情即将启动。

（2）MACD 金叉

当 DIFF 线向上穿过 DEA 线，即可形成 MACD 金叉，说明股市处于一种强势上涨的态势，是买入信号；如果 DIFF 线向下跌破 DEA 线只能认为是回档，而不能确定趋势转折，此时是否卖出还需要借助其他指标来综合判断。

例如，龙大肉食的 MACD 指标，有两次 DIFF 线向上穿过 DEA 线的情况，分别产生了 MACD 金叉 1 和 MACD 金叉 2，如图 3-1 所示。

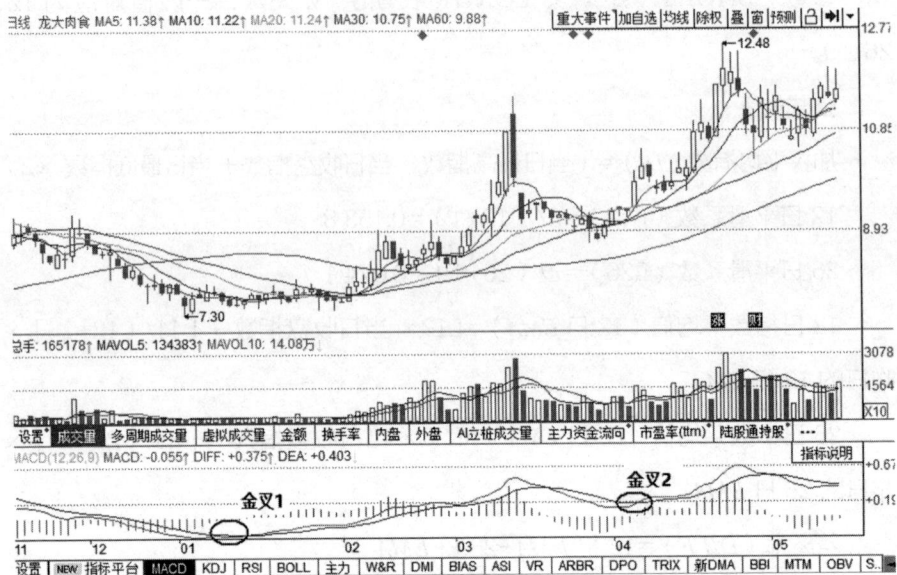

图3-1　MACD金叉

（3）MACD 死叉

当 DIFF 向下穿过 DEA 线，即可形成 MACD 死叉，说明市场形势转弱，是卖出信号。如果 DIFF 向上穿破 DEA 线只能认为是反弹，而不能确定趋势转折，此时是否买入还需要借助其他指标来综合判断。

例如，联化科技的 MACD 指标，如图 3-2 所示，有两次 DIFF 向下穿过 DEA 的情况，分别产生了 MACD 死叉 1 和 MACD 死叉 2。

（4）MACD 指标背离

MACD 指标背离是利用 DIFF 线和 DEA 的走势，彩柱线 BAR 伸缩与价格走势之间的特殊关系，通过前后两段同向走势的对比，来判断原趋势力度的衰减以预测行情是否出现了转折，从而提前买卖的一种手段，在判断形态时以 DIFF 线为主，DEA 线为辅。

当股价指数逐波升高，价格走势不断上涨并创出新高时，MACD 指标不是同步上升，而是逐波下降，这种形态就是 MACD 指标与股价走势形成顶背离。如图 3-3 所示，出现这种形态预示着价格可能在不久之后就会出现转头下行。

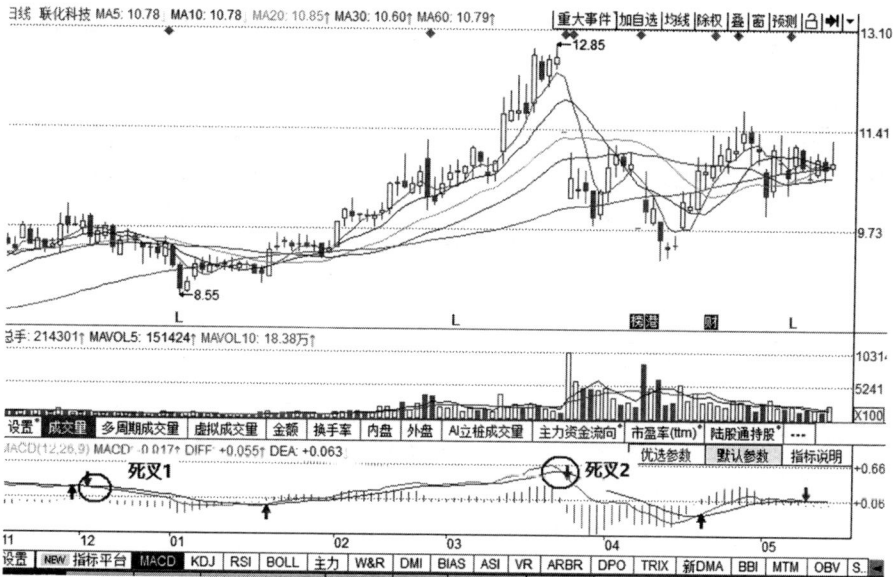

图3-2　MACD死叉

图3-3　MACD顶背离

当股票的价格持续降低，而MACD指标却走出一波高于一波的走势时，意味着底背离现象的出现，如图3-4所示，出现这种形态预示着价格将很快结束下跌，转头上涨。

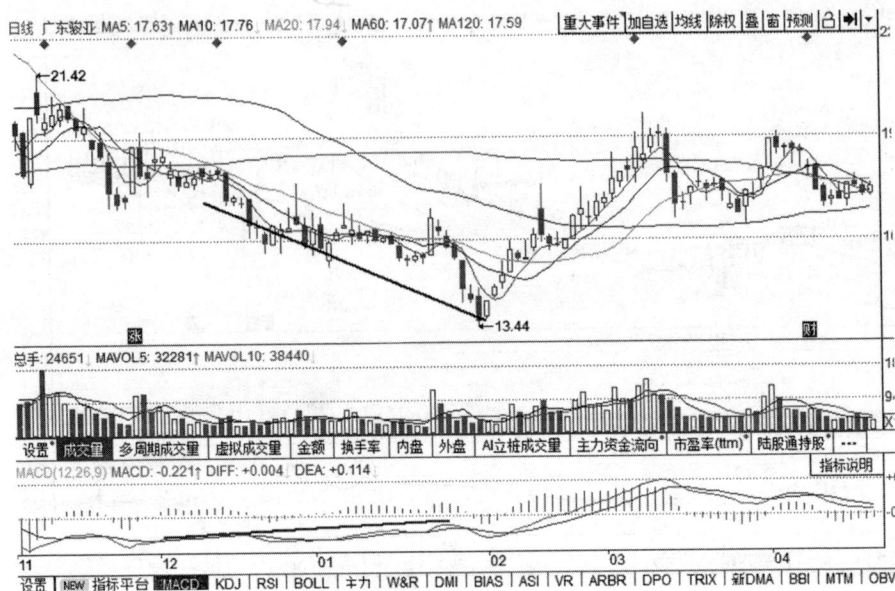

图3-4　MACD底背离

（5）从柱状线收缩和放大情况

一般来说，柱状线持续收缩表明趋势强度在逐渐减弱，行情短期进入背离状态，当柱状线颜色改变时，趋势开始转折。绿色柱状线放出，表明市场上的空头力量强于多头力量，是一种比较明显的卖出信号。绿色柱状线收缩表明市场上的多头力量开始强于空头力量，是一种比较明显的买入信号。反之，红色柱状线放出，表明市场上的多头力量强于空头力量，是一种比较明显的买入信号。红色柱状线收缩表明市场上的空头力量开始强于多头力量，是一种比较明显的卖出信号。因此，利用柱状线收缩和放大这一现象，可以对趋势操作买点做确认和辅助研判。

例如，芭田股份在支撑线附近的 MACD 绿柱线开始收缩的时候提前进入，可以有效地规避 MACD 金叉买入的滞后性，比等到 MACD 金叉的时候再买入要更实用一些，如图 3-5 所示。

例如，富春股份在压力线附近的 MACD 红柱线开始收缩的时候进行卖出操作，可以有效地规避 MACD 死叉卖出的滞后性，比等到 MACD 死叉的时候再卖出要更有实际意义，如图 3-6 所示。

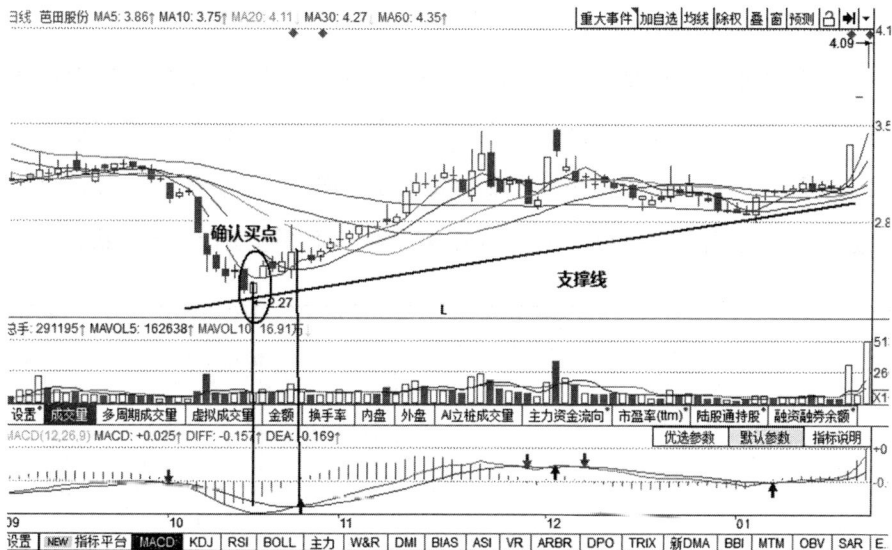

图3-5　MACD绿柱线收缩

图3-6　MACD红柱线收缩

## 4. 实战运用

MACD 指标的主要和最大的功能是追踪股票运行趋势。在股价已进行的趋势运动中，MACD 指标将发挥出最大功效。

（1）上升趋势

一般来讲，当MACD中DIFF线和DEA线从负数转向正数，并持续、稳健地运行于零轴上方，说明上升趋势保持得比较好，在MACD指标窗口中，用虚线标示了零轴所处的位置。例如，如图3-7所示，某股票的走势，MACD指标线一直运行在零轴上方，直观清晰地反映出该股的上升趋势运行状态。

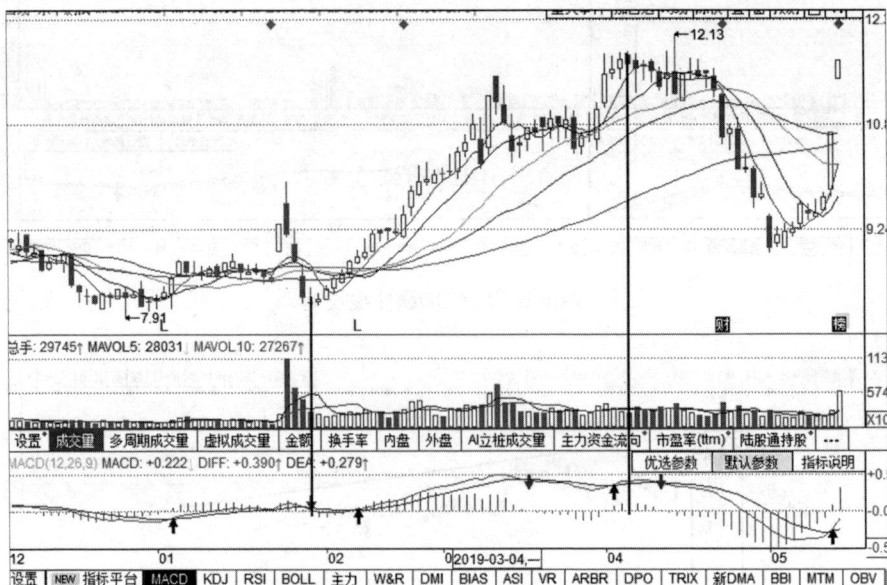

图3-7　上升趋势

（2）下降趋势

当MACD从正数转向负数，并持续运行于零轴下方，是对下跌趋势的直观反映，是卖出信号。只要DIFF线和DEA线一直无法站稳于零轴上方，就可以看作仍然是下跌趋势。

例如，某股票的走势，MACD指标线一直运行在零轴下方，直观清晰地反映出该股的下跌趋势运行状态，如图3-8所示。

（3）金叉买入

金叉出现的同时绿柱线缩短，为买入信号。但是，仅仅按照金叉买进，还是很有可能被套牢亏损的，为了保险起见，投资者可以采用低位两次金叉买进的方法。

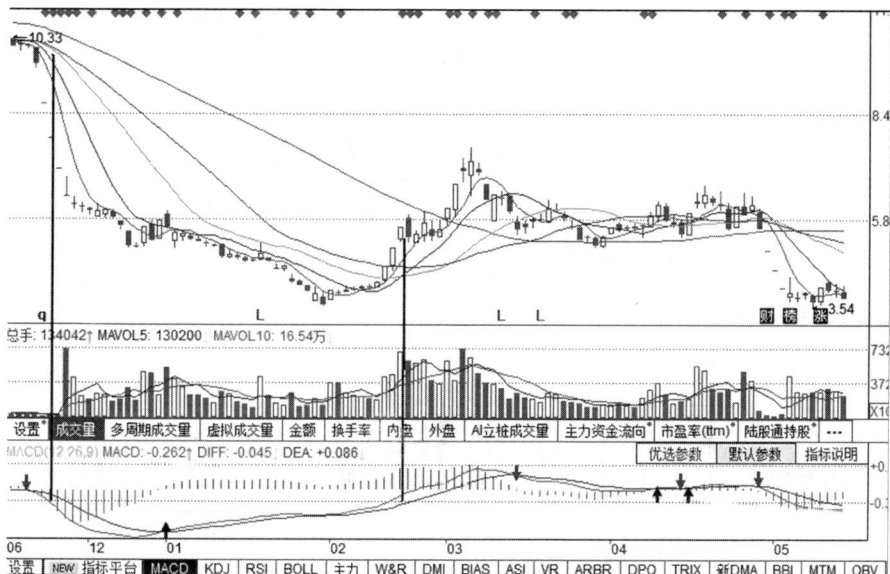

图3-8　下降趋势

MACD 在低位发生第一次金叉时，股价上涨的趋势并没有被确立，也许会出现小涨后较大的回调，但是当 MACD 在低位出现第二次金叉后，股价上涨的概率和幅度就会大一些。

例如，金种子酒经历了一波下跌之后，在 2020 年 10 月出现了第一次金叉，在 2020 年 12 月 14 日又出现了第二次金叉，金叉出现的同时，还伴随着绿柱线缩短，红柱线逐渐变长，这种情况预示着后面会有较大幅度的涨势，果然，该股走出了一波喜人的涨势，如图 3-9 所示。

（4）死叉卖出

死叉出现在下跌走势中的盘整形态之后，往往意味着新的一轮跌势的展开，如果出现在上升趋势中的一波快速上涨之后，更是预示着一波跌势的到来，如果同时红柱线缩短，为明显的卖出信号。

例如，三一重工在经过一波快速上涨之后，于 2021 年 2 月 22 日出现了死叉形态，DIFF 线由上向下突破 DEA 线，这种形态的出现意味着阶段性上涨的结束，随后该股果然展开了下跌的走势，如图 3-10 所示。

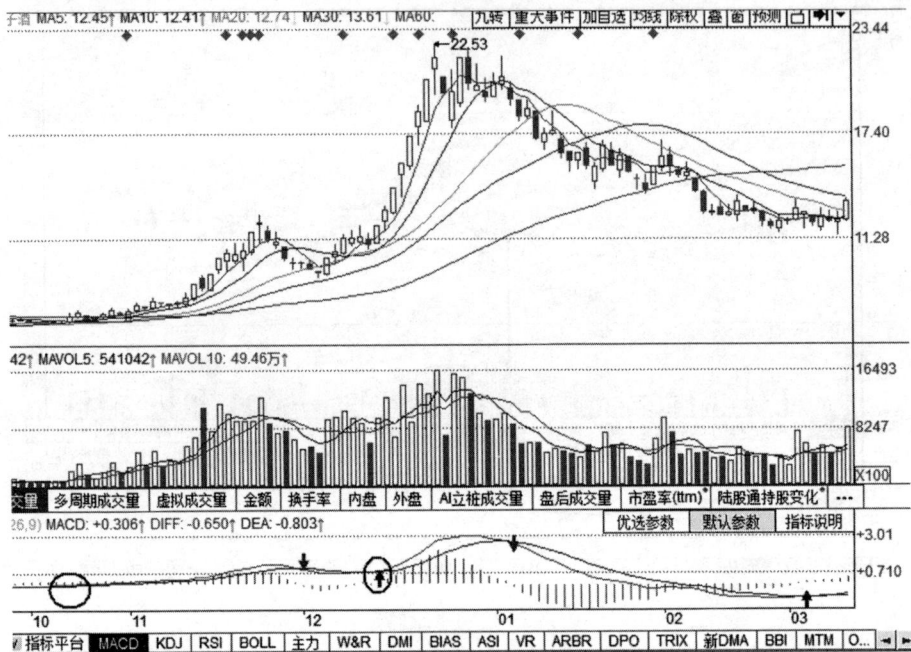

图3-9　金种子酒K线图

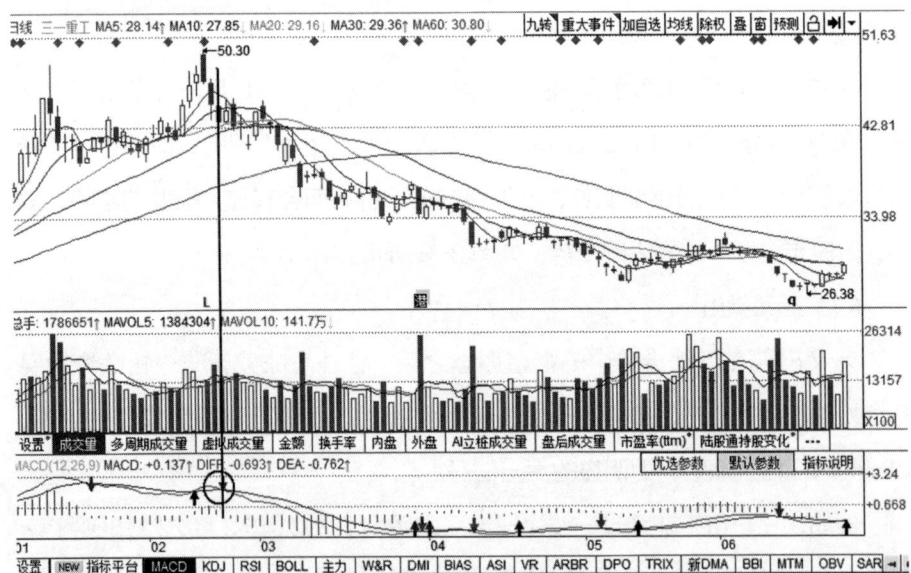

图3-10　三一重工K线图

（5）顶背离

MACD 指标与股价走势形成顶背离时，股价不断上升，但是在压力线附近回调，跌至支撑线处上升，这种形态往往出现在大盘和个股大幅上涨之后，预示股价即将下跌。如果此时出现 DIFF 线两次由上向下穿过 DEA 线，形成两次死亡交叉，则股价将大幅下跌。

例如，某股在持续上涨的高位区，出现了顶背离的形态，并且同时出现DIFF 线两次由上向下穿过 DEA 线，形成两次死亡交叉，这种形态预示着股价将在不久出现掉头下行，是趋势反转的信号，也是中长线入场离场的信号，如图 3-11 所示，后期果然走出了大幅下跌的趋势。

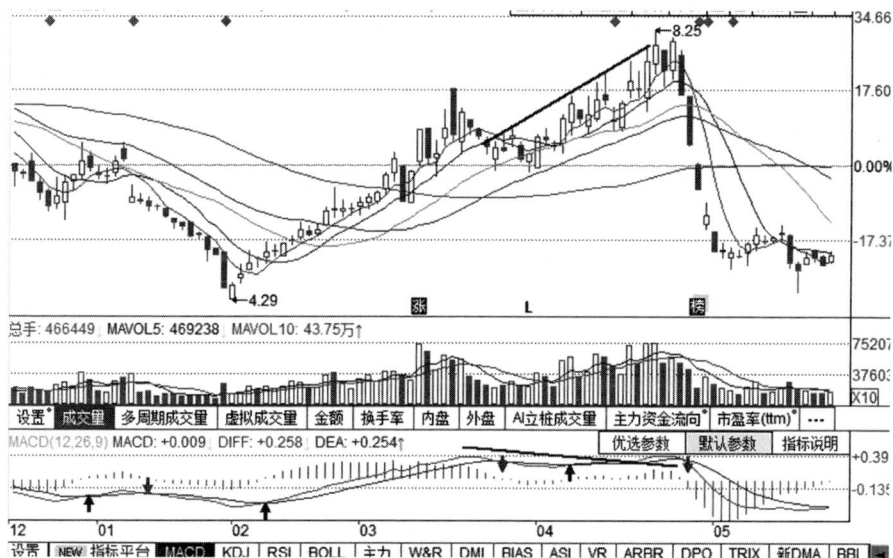

图3-11 顶背离

（6）底背离

MACD 指标与股价走势形成底背离，这种形态往往出现在大盘和个股深度下跌之后，预示着股价即将上涨。如果此时再出现 DIFF 线两次由下向上穿过 DEA 线，形成两次黄金交叉，则股价即将大幅度上涨。

例如，该股在持续下跌的低位区，出现了底背离的形态，并且同时出现DIFF 线两次由下向上穿过 DEA 线，形成两次黄金交叉，其走势出现了明显的止跌企稳形态，因此，该股将在随后出现反转上行的走势，是中长线入场布局的好时机，如图 3-12 所示，后期果然走出了大幅上涨的趋势。

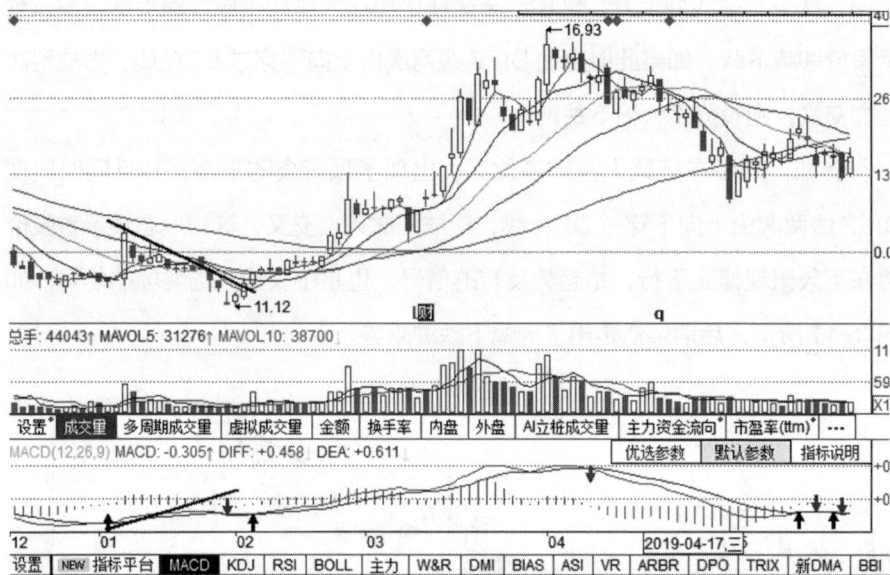

图3-12　底背离

## 二、随机摆动指标 KDJ

KDJ 指标又称随机指标，是乔治·蓝恩博士（George Lane）最早提出的，是一种非常实用的技术分析指标，比较适合中短期的趋势分析。该指标重点研判各大指数，创业板指、中小板指、上证综指、沪深 300、深证综指等，判断出的大盘走势可信度比较高。在 KDJ 指标的三条曲线中，波动最频繁的是 J 线，其次是 K 线，波动最不频繁的是 D 线。

### 1. KDJ 指标的原理

随机指标 KDJ 一般是根据统计学的原理，通过一个特定的周期内（通常为 9 日、9 周等）出现过的最高价、最低价及最后一个计算周期的收盘价及这三者之间的比例关系，来计算最后一个计算周期的未成熟随机值 RSV，然后根据平滑移动平均线的方法来计算 $K$ 值、$D$ 值与 $J$ 值，在指数的坐标上形成一个点，当无数个这样的点连接后，就会形成一个完整的、能反映价格波动趋势的 KDJ 指标。

KDJ 指标主要是利用价格波动的真实波幅来反映价格走势的强弱和超买超卖的现象，是在价格尚未上升或下降之前发出买卖信号的一种技术工具。它在设计过程中主要是研究最高价、最低价和收盘价之间的关系，同时也融合了动量关系、强弱指标和移动平均线的一些优点，因此，能够比较迅速、快捷、有效地判断行情。

**2. KDJ 指标的计算方法**

指标 KDJ 的计算比较复杂，首先要计算周期（n 日、n 周等）的 $RSV$ 值，即未成熟随机值，然后再计算 $K$ 值、$D$ 值、$J$ 值等。以日 $KDJ$ 数值的计算为例，其计算公式为：

n 日 $RSV=（C_n - L_n）÷（H_n - L_n）×100$

式中，$C_n$ 为第 $n$ 日收盘价；$L_n$ 为 $n$ 日内的最低价；$H_n$ 为 $n$ 日内的最高价。$RSV$ 值始终在 1~100 波动。

其次，计算 $K$ 值与 $D$ 值：

当日 $K$ 值 =2/3× 前一日 $K$ 值 + 1/3× 当日 $RSV$ 值

当日 $D$ 值 =2/3× 前一日 $D$ 值 + 1/3× 当日 $K$ 值

若无前一日 $K$ 值与 $D$ 值，则可分别用 50 来代替。

以 9 日为周期的 KD 线为例。首先须计算出最近 9 日的 $RSV$ 值，即未成熟随机值，计算公式为

9 日 $RSV=（C - L_9）÷（H_9 - L_9）×100$

式中，$C$ 为第 9 日的收盘价；$L_9$ 为 9 日内的最低价；$H_9$ 为 9 日内的最高价。

$K$ 值 =2/3× 前一日 $K$ 值 + 1/3× 当日 $RSV$

$D$ 值 =2/3× 前一日 $K$ 值 + 1/3× 当日的 $K$ 植

若无前一日 $K$ 值与 $D$ 值，则可以分别用 50 代替。

$J$ 值 $=3\times$ 当日 $K$ 值 $-2\times$ 当日 $D$ 值

### 3. 应用原则

一般来讲，日 KDJ 对股价变化方向反应极为敏感，是日常买卖进出的重要方法。对于做短线的投资者来讲，30 分钟和 60 分钟 KDJ 是非常重要的参考指标；对于做中线的投资者来讲，应更加关注周 KDJ 所处的位置。对于资金大、喜欢做长线的投资者，月 KDJ 指标是个非常重要的参考指标，可以当月 KDJ 值在低位时逐步进场。

KDJ 常用的默认参数是 9，一般常用的 KDJ 参数有 5、9、19、36、45、73 等。实战中还应将不同的周期综合来分析，短中长趋势便会一目了然，如出现不同周期共振现象，说明趋势的可靠度加大。在 KDJ 指标中，$K$ 值和 $D$ 值的取值范围都是 0~100，而 $J$ 值的取值范围可以超过 100 和低于 0，但在分析软件上 KDJ 的研判范围都是 0~100。KDJ 指标实战应用的原则主要有以下几点。

（1）KDJ 超买超卖信号

K 线是快速确认线，数值在 90 以上为超买，说明买方力量使用过度，即将衰竭，行情将由买方市场转向卖方市场；数值在 10 以下为超卖，说明卖方力量使用过度，即将衰竭，行情由卖方市场转为买方市场。D 线是慢速主干线，数值在 80 以上为超买，数值在 20 以下为超卖。J 线为方向敏感线，当 $J$ 值运行到 100 以上时为超买，如果连续 5 天以上，股价至少会形成短期头部；反之，当 $J$ 值在 0 以下为超卖，如果连续数天以上，股价至少会形成短期底部。超买的时候短期回调概率较大，持股者应考虑减仓回避风险，空仓者应继续空仓观望，避免追高。超卖的时候，股价短期下跌动能减弱，反弹概率较大，持股者可以继续持股等待反弹，短线空仓者也可择机介入，获取股价反弹差价。

（2）KDJ 金叉

当 K 线从 D 线的下方向上穿越 D 线形成交叉，同时 J 线从 KD 线的下方一次向上穿越 KD 线，即三线同时交叉向上发散时，即称为 KDJ 金叉，属于股价转强信号。

如果 KDJ 三线的金叉中的 $K$ 值小于 10，$D$ 值小于 20，$J$ 值小于 0，三线在超卖区形成的金叉时，股价成功反弹的可能性更高。

（3）KDJ 死叉

当 K 线从 D 线的上方向下穿越 D 线形成交叉，同时 J 线从 KD 线的上方一次向下穿越 KD 线，即三线同时交叉向下发散时，即称为 KDJ 死叉。属于股价转弱信号。如果 KDJ 三线的死叉中的 K 值大于 90，$D$ 值大于 80，$J$ 值大于 100，三线在超买区形成的死叉时，股价短期下跌的概率更高。

（4）当 $K$ 值由较小逐渐大于 $D$ 值

当 K 线从下方上穿 D 线，表明目前趋势是向上的，为买进的信号。在实战中，当 K 线、D 线在 20 以下交叉向上时，短期买入信号较为准确；当 $K$ 值在 50 以下，并且由下向上接连两次上穿 $D$ 值，形成右底比左底高的"W 底"形态时，表明后市股价可能会有相当大的涨幅，如图 3-13 所示。

图3-13　"W底"形态

（5）当 $K$ 值由较大逐渐小于 $D$ 值

在图形上显示 K 线从上方下穿 D 线，显示目前趋势是向下的，为卖出的信号。在实战中，当 K 线、D 线在 80 以上交叉向下时，短期卖出信号较为准确；当 $K$ 值在 50 以上，并且由上向下接连两次下穿 $D$ 值，形成右头比左头低的"M头"形态时，表明后市股价可能会有相当大的跌幅，如图 3-14 所示。

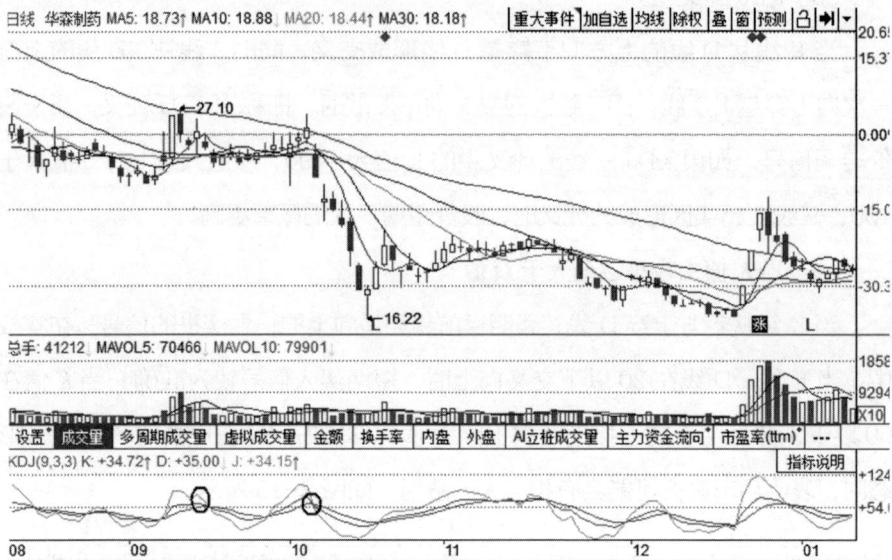

图3-14 "M头"形态

（6）顶背离

顶背离现象是指当 K 线图上的股价走势上升并创出新高，并且一波比一波高，股价一直向上涨的时候，KDJ 曲线图上的 KDJ 指标没有随着创出新高，反而走势呈现一波比一波低。该现象说明买方力量已经逐渐减弱，一般是股价将在高位进行反转的信号，表明股价中短期内即将下跌。此时投资者不应追买，反而应择机尽快抛售手中的股票。

如图 3-15 所示的 K 线图，价格上升而 KDJ 指标拒绝上升，市场空头力量已显露苗头，多空力量已逐步发生变化，虽然市场仍是多方在主导，但随后空头力量会迅速产生增长。

（7）底背离

底背离现象是指 K 线图上的股价走势下跌并且不断创新低，走势一波比一波低，而 KDJ 曲线图上的 KDJ 指标的走势在低位却是一波比一波高。该现象说明卖方力量逐渐减弱，一般是股价将低位反转的信号，行情反弹可能不太远了。此时不应抛售，而应加紧买入。

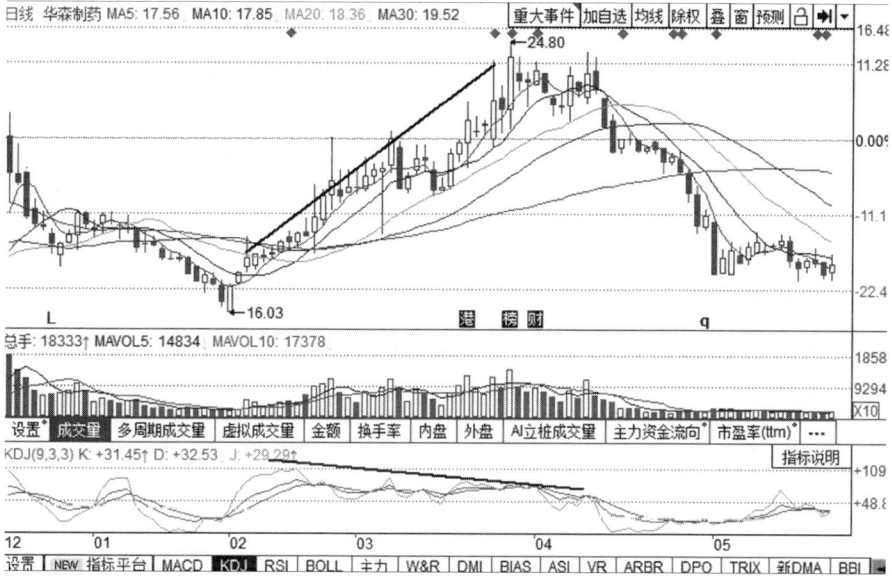

图3-15 顶背离

如图 3-16 所示的 K 线图，股价下跌而 KDJ 指标拒绝下跌，市场的多头力量已显出苗头，并逐步形成，多空力量对比已经开始发生变化，虽然市场仍由空头来主导，但未来多头力量的壮大已不可小觑。

图3-16 底背离

一般来讲，在 KDJ 的背离中，顶背离的研判准确性要高于底背离。当股价在高位，KDJ 在 80 以上出现顶背离时，可以认为股价即将反转向下，投资者可以及时卖出股票；而股价在低位，KDJ 也在 50 以下的低位出现底背离时，一般要反复出现几次底背离才能确认，投资者最好是做战略建仓或只做短期投资。

（8）逆向底背离

逆向底背离现象是指在 K 线图上，股价形成了两个底，并且后底高于前底，而 KDJ 指标也形成两个底，但后底比前底低，二者形成背离。逆向底背离一般出现在圆顶的突破之后，逆向底背离后，上涨的时间通常很短，幅度也并不高，如图 3-17 所示。

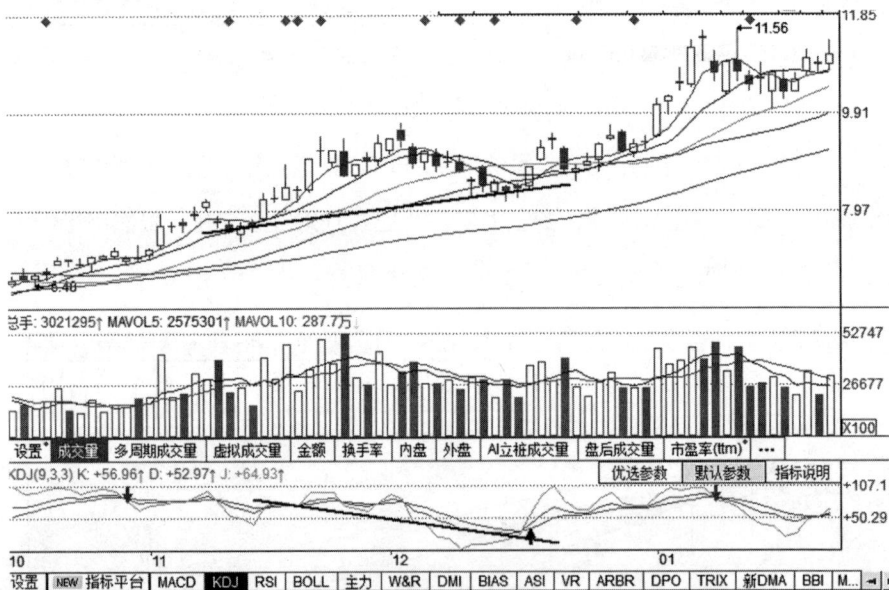

图3-17  逆向底背离

（9）逆向顶背离

逆向顶背离现象是指在 K 线图上，股价形成了两个顶，并且后顶低于前顶，而 KDJ 指标也形成两个顶，但后顶比前顶高，二者形成背离，如图 3-18 所示。价格走势说明支持价格上升的动能越来越小，价格上升乏力，KDJ 指标值越来越高，更是要求价格回调，从而产生逆向顶背离。因此，出现逆向顶背离，投资者应该尽快离场。

图3-18 逆向顶背离

（10）隔谷底背离

隔谷底背离现象是指在K线图上，股价下跌并接连创出新低，一波比一波低，而KDJ指标没有再创出新低，而是出现某底比上底高，又比上上底低的形态，如图3-19所示，出现这种形态说明下跌趋势基本已经到底，主力开始试盘，投资者可谨慎关注，一旦反弹，即可立即介入。

（11）隔峰顶背离

隔峰顶背离现象是指在K线图上，股价上升并接连创出新高，一顶比一顶高，而KDJ指标没有再创出新高，而是出现某顶比上顶高又比上上顶低的形态，如图3-20所示，出现这种形态说明上升趋势基本已经到顶，主力已经开始出货，并且空方逐渐占上风，投资者最好立即离场。

**4. 实战运用**

在实战中，K线与D线配合J线组成KDJ指标来使用。KDJ随机指标反应比较敏感快速，在本质上是随机波动的，因此，对于掌握中短期行情走势更加准确。下面通过具体实例介绍几种使用KDJ指标选择买点和卖点的方法。

图3-19　隔谷底背离

图3-20　隔峰顶背离

（1）KDJ 低位黄金交叉

KDJ 低位黄金交叉是指股价经过一段较长时间的低位盘整之后，K、D、J

三线都处于 50 线以下，此时，一旦三线交叉一点并同时向上突破，表明股市即将转强。如图 3-21 所示的股票走势，J 线和 K 线几乎同时向上突破 D 线，可以直观清晰地看出股价跌势已经结束，投资者可以从此处开始买进股票，进行中长线建仓。这是 KDJ 指标"黄金交叉"的第一种形式。

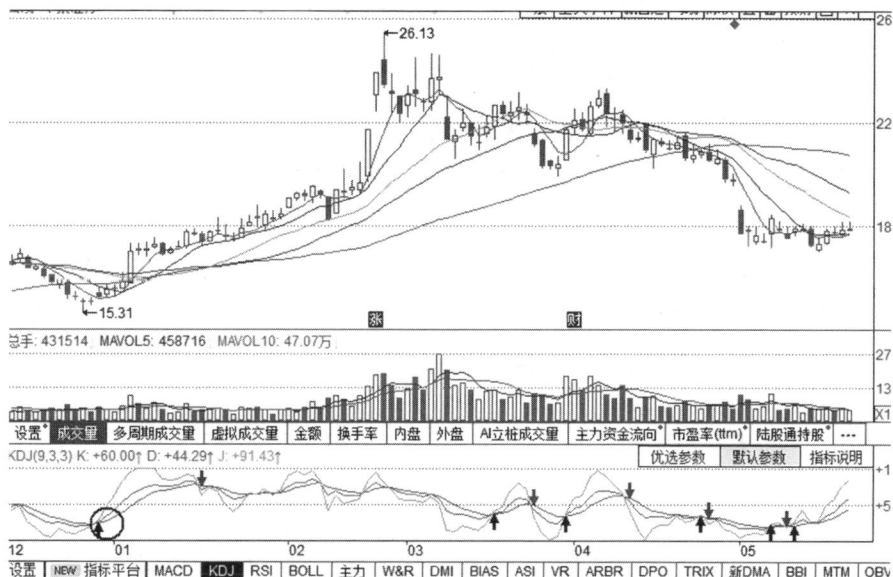

图3-21　黄金交叉

（2）KDJ 再次黄金交叉

一般而言，在一个股票的完整的升势中，KDJ 指标中的 K、D、J 线会出现两次或以上的"黄金交叉"情况。当股价经过一段盘整时期，其 K、D、J 线都在 50 轴附近盘整，一旦 J 线和 K 线几乎同时再次向上突破 D 线，成交量再度放出时，如图 3-22 所示，表明股价将上涨，投资者可以择机进入。这是 KDJ 指标"黄金交叉"的第二种形式。

（3）K、D 多头排列

K、D 多头排列一般出现在上升趋势中，涨幅不大时，股价的每次回调都是买入良机，并且 K、D 死叉后迅速黄金交叉时，更是买入良机，如图 3-23 所示的股票在当年 3 月呈现 K、D 多头排列的状态，后市走出一波迅猛的升势。

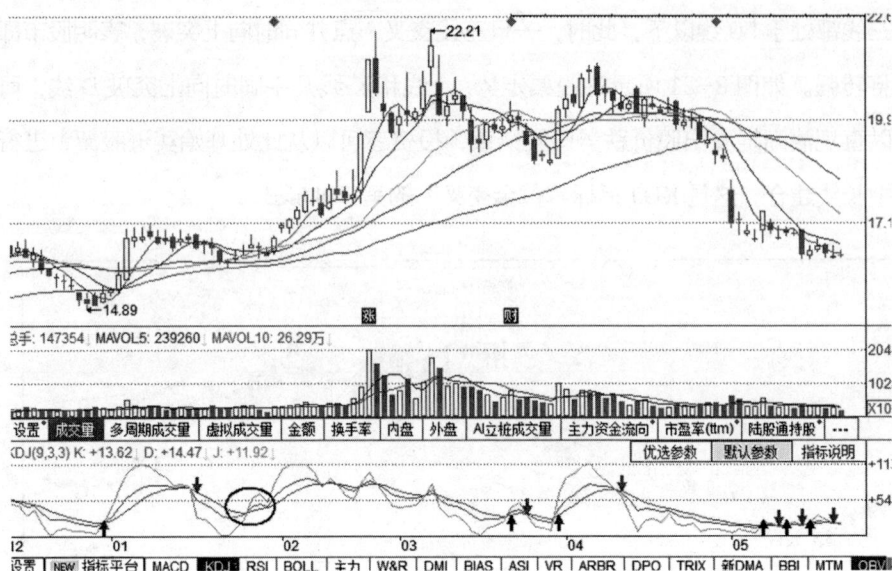

图3-22　再次黄金交叉

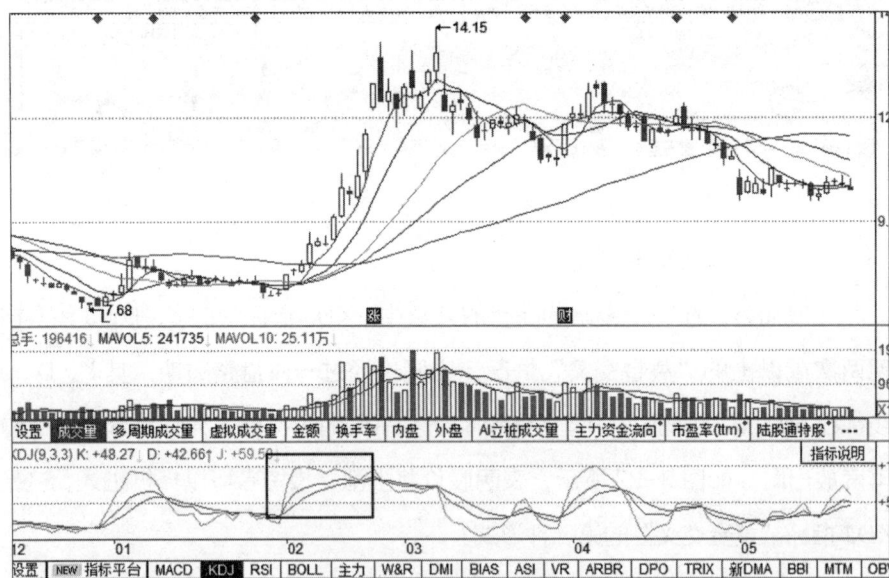

图3-23　K、D多头排列

（4）KDJ 高位死亡交叉

当股价经过很长一段时间的上升之后，一旦 J 线和 K 线在 80 以上几乎同时向下突破 D 线时，如图 3-24 所示的股票在当年 2 月 27 日出现死亡交叉的形态，J 值是 82.43，K 值是 85.83，这表明股市即将由强势转为弱势，股价将大跌，这时应卖出大部分股票。这是 KDJ 指标"死亡交叉"的第一种形式。

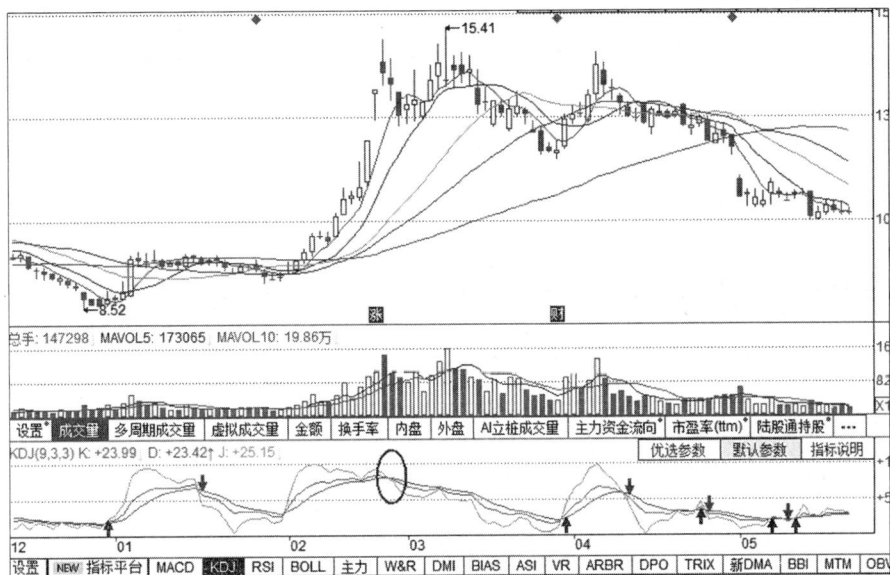

图3-24　高位死亡交叉

（5）KDJ 再次死亡交叉

一般而言，在一个股票的完整跌势过程中，KDJ 指标中的 K、D、J 线会出现两次或以上的"死亡交叉"情况。具体表现为，当股价经过一段时间下跌之后，无力向上反弹，各种均线对股价形成较强的压力，KDJ 曲线反弹到 80 线附近，但无力重返 80 线以上，一旦 J 线和 K 线再次向下突破 D 线，如图 3-25 所示的股票在当年 4 月 11 日再次出现死亡交叉的形态，J 值是 47.65，K 值是 57.72。表明股市将再次进入极度弱市中，股价还将下跌，可以再卖出股票或观望。这是 KDJ 指标"死亡交叉"的第二种形式。

（6）K、D 空头排列

K、D 空头排列一般出现在下降趋势中，跌幅不大时，股价的每次反弹都是卖出良机，并且 K、D 黄金交叉后迅速死叉时，更是卖出良机，如图 3-26 所示的股票在当年 9 月呈 K、D 空头排列的状态，后市走出下跌趋势。

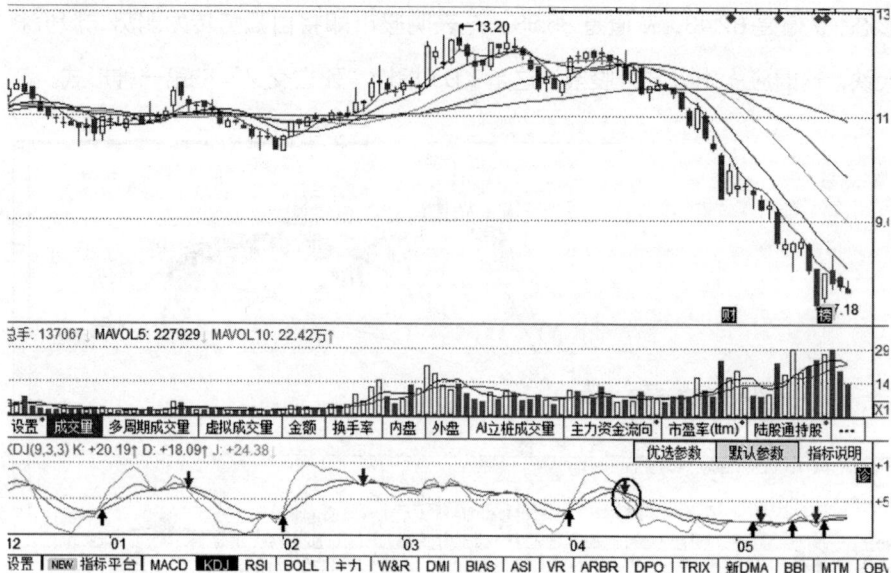

图3-25　再次死亡交叉

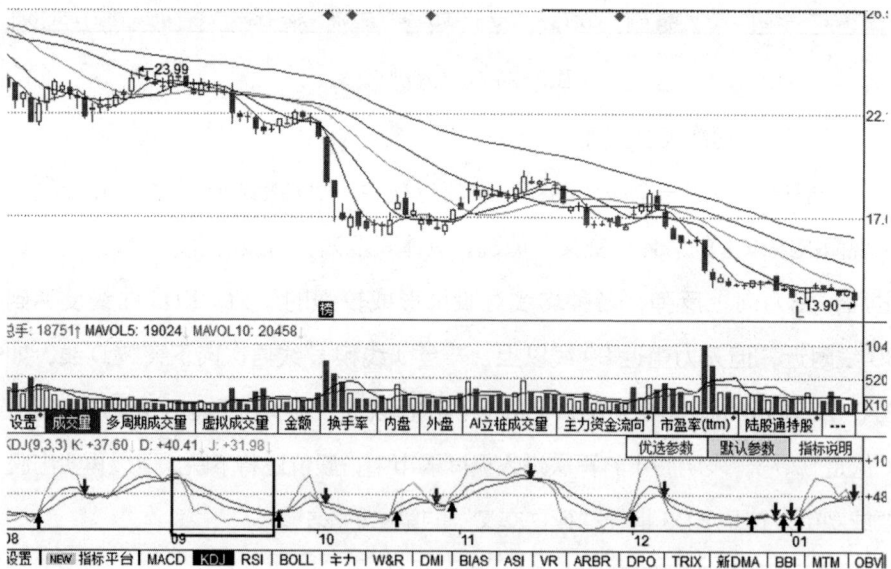

图3-26　K、D空头排列

（7）使用 KDJ 判别大牛股

大牛股具有上涨速度快，上涨幅度大，调整幅度小的特点。这类个股的

KDJ 指标中的 K 值、D 值和 J 值几乎一直都在 80~100 波动，只有 J 值会偶

尔下探至 50 区域。当这类个股的 KDJ 指标的各个数值下探至 50 区域以下时，通常意味着这类个股的走势已经接近尾声。如图 3-27 所示，浙江龙盛在当年 3 月 25 日开始 KDJ 指标中的 K 值、D 值和 J 值几乎一直都在 80~100 波动，一直到 4 月 16 日 KDJ 指标的各个数值下探至 50 区域以下，该股后面也是走出了下跌的趋势。

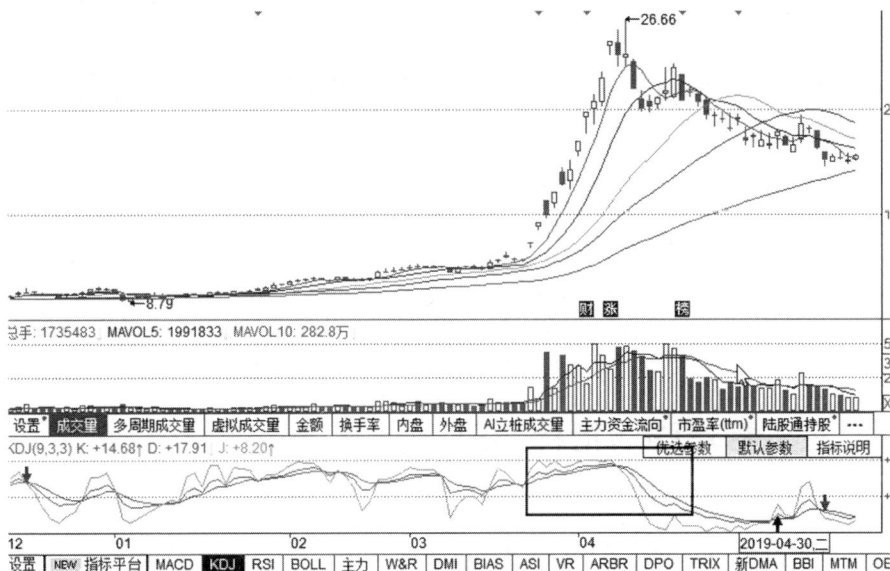

图3-27　浙江龙盛K线图

（8）KDJ 判别大熊股

大熊股的特点主要是股价总是运行在下跌通道中，中间几乎没有出现任何反弹现象。这类个股的 KDJ 指标的 K 值、D 值和 J 值几乎一直都在 20 以下，但是股价总是达不到见底回升。例如，太极实业从上一年的 12 月 14 日开始，KDJ 指标中的 K 值、D 值和 J 值几乎一直都在 20 以下，一直到下一年的 1 月 3 日 KDJ 指标的各个数值上升到 20 以上，才逐渐开始缓慢回升，如图 3-28 所示。

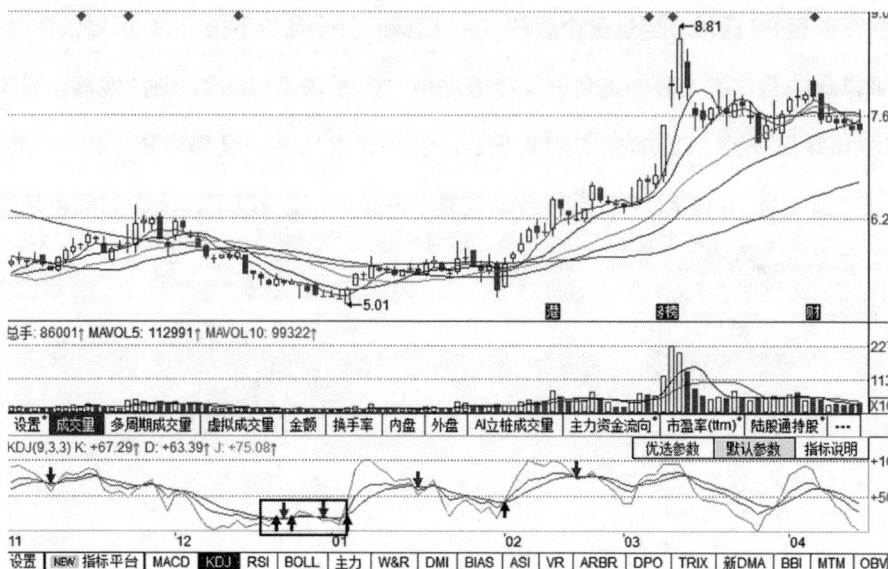

图3-28　太极实业K线图

# 三、相对强弱指标 RSI

相对强弱指标 RSI 又称力度指标，是目前流行最广、使用最多的技术指标之一，是由威尔斯·威尔德（Welles Wilder）创造的，是目前股市技术分析中比较常用的中短线指标。相对强弱指标 RSI 是根据一定时期内上涨和下跌幅度之和的比率制作出的一种技术曲线，能够反映出市场在一定时期内的景气程度。其最早被用于期货交易中，后来人们发现用该指标来指导股票市场投资效果也十分不错，并对该指标的特点不断进行归纳总结。

## 1. RSI 指标的原理

投资理论认为，投资者的买卖行为是各种因素综合作用的结果，供求关系会影响行情的变化。RSI 指标就是根据供求平衡的原理，通过测量一段时间内股价上涨总幅度占股价变化总幅度平均值的百分比，从而评估多空力量的强弱程度，然后提示投资者如何操作。

从它的构造原理来看，与 MACD 等趋向类指标相同的是，RSI 指标也是对单只股票或整个市场指数的基本变化趋势做出分析；而与 MACD 等指标不同的是，RSI 指标先求出单只股票若干时刻的收盘价或整个指数若干时刻收盘指数的强弱，而不是直接对股票的收盘价或股票市场指数进行平滑处理。

RSI 指标理论认为，任何市价的大涨或大跌，均在 0 ～ 100 变动。根据常态分配，认为 RSI 值多在 30 ～ 70 变动，通常在 80 甚至 90 时被认为市场已到达超买状态，至此股价自然会回落调整。当价格跌至 30 以下即被认为是超卖，股价将出现反弹回升。

**2. *RSI* 指标的计算方法**

相对强弱指标 *RSI* 的计算公式有以下两种。

（1）假设 *A* 为 *N* 日内收盘价的正数之和，*B* 为 *N* 日内收盘价的负数之和乘以（-1），这样 *A* 和 *B* 均为正，将 *A*、*B* 代入 *RSI* 计算公式，则

*RSI*（*N*）=*A*÷（*A* + *B*）×100

（2）RS（相对强度）=*N* 日内收盘价涨数和之均值 ÷*N* 日内收盘价跌数和之均值

*RSI*（相对强弱指标）=100−100÷（1+*RS*）

这两个公式虽然有些不同，但计算的结果一样。

*RSI* 的计算公式实际上就是反映了某一阶段价格上涨所产生的波动占总的波动的百分比率，百分比越大，强势越明显；百分比越小，弱势越明显。*RSI* 的取值为 0 ～ 100。在计算出某一日的 *RSI* 值以后，可采用平滑运算法计算以后的 *RSI* 值，根据 *RSI* 值在坐标图上连成的曲线，即为 RSI 线。

以日为计算周期为例，计算 *RSI* 值一般是以 5 日、10 日、14 日为一周期。另外也有以 6 日、12 日、24 日为计算周期。一般而言，若采用的周期的日数短，RSI 指标反应可能比较敏感；日数较长，可能反应迟钝。目前，沪深股市中 *RSI* 所选用的基准周期为 6 日和 12 日。

**3. 应用法则**

*RSI* 的研判主要是围绕 *RSI* 的取值、长期 *RSI* 和短期 *RSI* 的交叉状况及 *RSI*

的曲线形状等展开的。一般分析方法主要包括 *RSI* 数值的买卖情况、长短期 *RSI* 线的位置及交叉和曲线的背离等方面。

（1）*RSI* 数值的买卖情况

*RSI* 的变动范围在 0~100，强弱指标值一般分布在 20~80，*RSI* 的数值在 80 以上和 20 以下为超买超卖区的分界线。

①当 *RSI* 值低于 20 时，表明市场上空方力量强于多方力量，市场下跌的幅度已经过大，处于超卖状态，股价可能出现反弹或转势，投资者可适量建仓、买入股票。

②当 *RSI* 值处于 20~50 时，表明市场处于整理状态，投资者可观望。

③当 *RSI* 值处于 50~80 时，表明市场处于多方力量强于空方力量，投资者可买入股票。

④当 *RSI* 值超过 80 时，表示整个市场力度非常强，多方力量远远大于空方力量，市场处于超买状态，后市极有可能出现回调或转势，此时，投资者可提前卖出股票。

一般而言，*RSI* 的数值 80 和 20 为超买和超卖的分界线。但是在具体应用中超买和超卖范围的确定还取决于两个因素：一是市场的特性，如果是比较稳定的市场，可以规定 70 以上为超买，30 以下为超卖；如果是变化比较剧烈的市场，则可以规定 80 以上为超买，20 以下为超卖。二是计算 RSI 时的时间参数，如果是 9 日 RSI，可以规定 80 以上为超买，20 以下为超卖；如果是 24 日 RSI，则可以规定 70 以上为超买，30 以下为超卖。

（2）长短期 RSI 线的交叉情况

短期 RSI 是指参数相对小的 RSI，长期 RSI 是指参数相对较长的 RSI。比如，6 日 RSI 和 12 日 RSI 中，6 日 RSI 即为短期 RSI，12 日 RSI 即为长期 RSI。长短期 RSI 线的交叉情况可以作为投资者研判行情的方法。

①当短期 RSI> 长期 RSI 时，说明市场属于多头市场；

②当短期 RSI< 长期 RSI 时，说明市场属于空头市场；

③当短期 RSI 线在低位向上突破长期 RSI 线时，为买入信号；

④当短期 RSI 线在高位向下突破长期 RSI 线时，为卖出信号。

（3）RSI 曲线的形态

当 *RSI* 指标在高位盘整或低位横盘时所出现的各种形态也是判断行情，决定买卖行动的一种分析方法。

（1）当 RSI 曲线在高位（50 以上）形成 M 头或三重顶等高位反转形态时，表明股价可能出现长期反转行情，投资者应及时卖出股票。如果股价走势也先后出现同样形态可以更加确认卖出信号的成立。

例如，该股票的走势图，在图形上显示出 RSI 曲线在 50 以上，形成 M 头形态，表明目前趋势是向下的，后市股价可能会有相当大的跌幅，为卖出的信号，如图 3-29 所示。

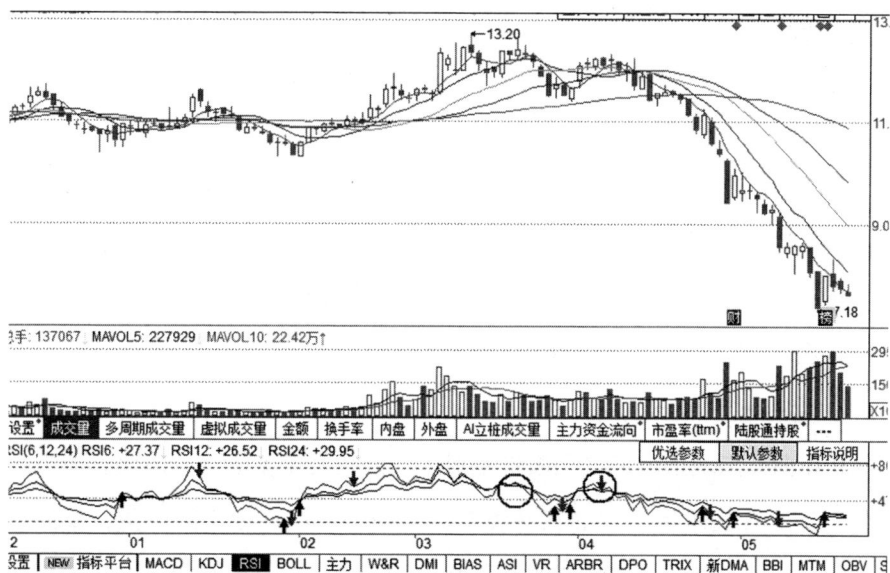

图3-29　藏格矿业K线图

（2）当 RSI 曲线在低位（50 以下）形成 W 底或三重底等低位反转形态时，表明股价可能构筑中长期底部，投资者可逢低分批建仓。如果股价走势也先后出现同样形态可以更加确认买入信号的成立。

例如，该股票的走势图，在图形上显示出 RSI 曲线在 50 以下，形成 W 底形态，表明目前趋势是向上的，后市股价可能会有相当大的涨幅，为买进的信号，如图 3-30 所示。

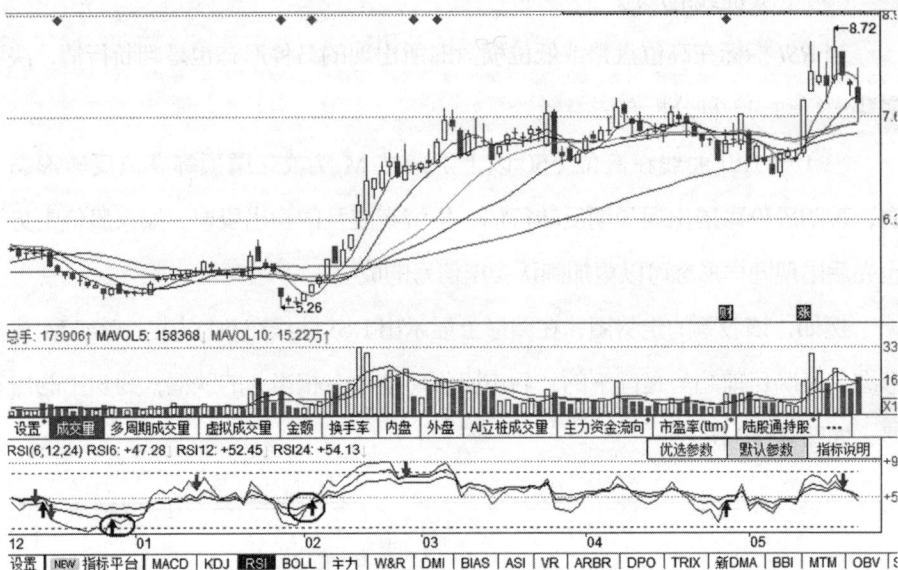

图3-30　广日股份K线图

（3）RSI 曲线顶部反转形态对行情判断的准确性要高于底部形态。

（4）RSI 曲线的背离

RSI 指标的背离是指 RSI 指标的曲线走势和股价 K 线走势方向正好相反。RSI 指标的背离可以分为顶背离和底背离两种。

①顶背离

RSI 指标出现顶背离是指股价在进入拉升过程中，形成一波比一波高的走势，而 RSI 技术指标的曲线并没有突破前一个波峰创出的高位，反而形成一波比一波低的走势，这就是顶背离。顶背离现象一般是股价在高位即将反转的信号，表明股价短期内即将下跌，为典型的卖出信号，投资者应尽快离场。

如图 3-31 所示，该股在持续上涨的高位区，出现了顶背离的形态，这种形态预示着股价将在不久出现掉头下行，是趋势反转的信号，后期果然走出了大幅下跌的趋势。

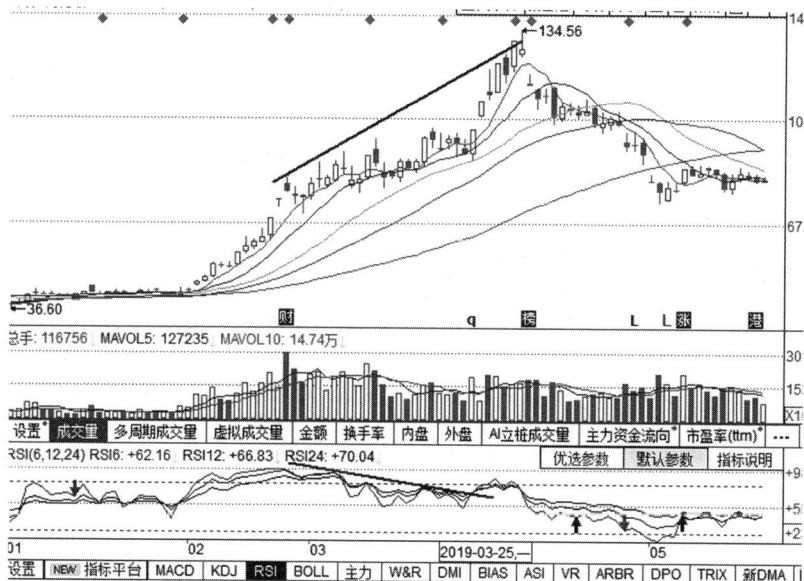

图3-31　同花顺K线图

②底背离

RSI 的底背离是指当股价一路下跌，形成一波比一波低的走势，而 *RSI* 技术指标的曲线并没有创出新低，反而形成一波比一波高的走势。底背离现象一般出现在低位区（20 以下），预示着股价短期内可能将反弹，是短期买入的信号。投资者可以考虑开始建仓。

例如，该股在持续下跌的低位区，出现了底背离的形态，RSI 指标出现了明显的底部抬高特征，说明从指标上来说，已经不再支持股价下跌，反弹即将开始，1 月 8 日股价放量上攻，突破了近期小平台，走出了一波上涨的趋势，如图 3-32 所示。

**4. 实战运用**

*RSI* 指标实用性很强，可以领先其他技术指标提前发出买入或卖出信号，因此，深受广大投资者的喜爱。

（1）RSI 曲线大于 50 为强势市场，RSI 曲线原本处于 50 以下，然后向上扭转突破 50 分界，代表股价已转强，表示多头力量开始占主导地位，股价将展开新一轮的上升行情。

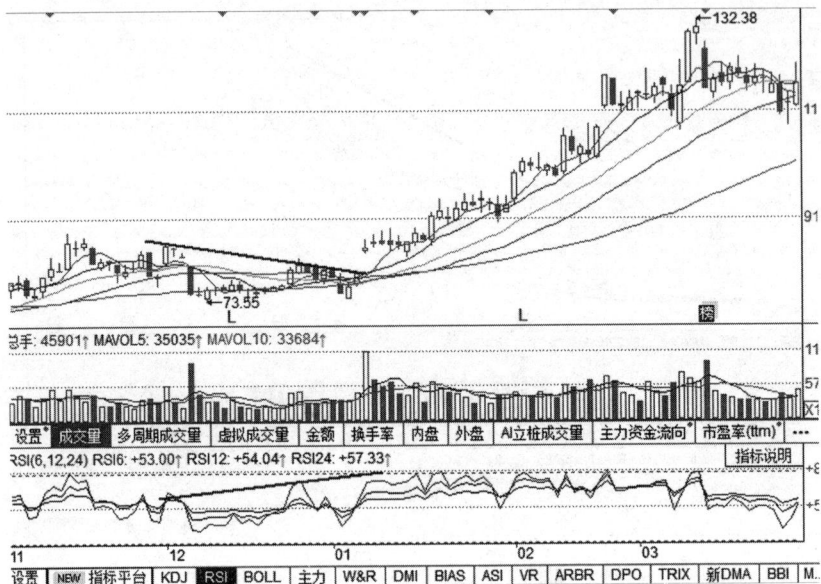

图3-32　深南电路K线图

如图 3-33 所示，该股票在 A 点向上突破 50 数值，这是比较明显的持股待涨信号。此时，投资者应及时买入股票。

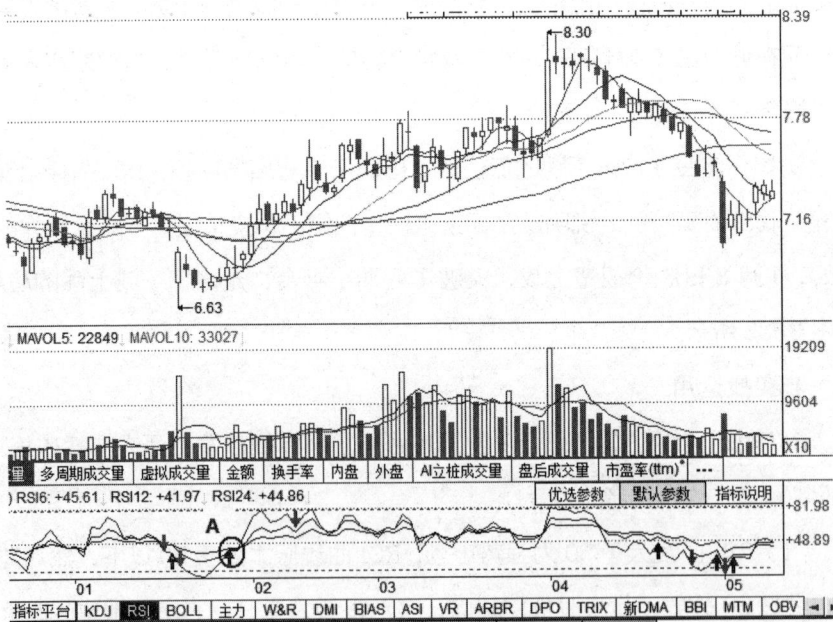

图3-33　向上突破50数值

（2）RSI＜50为弱势市场，RSI原本处于50以上然后向下扭转跌破50数值，代表股价已转弱。此时表明空头力量开始强大，股价将面临大幅下跌的可能。

例如，该股票在A点向下跌破50数值，这是比较明显的卖出信号，如图3-34所示。此时，投资者应及时离场。

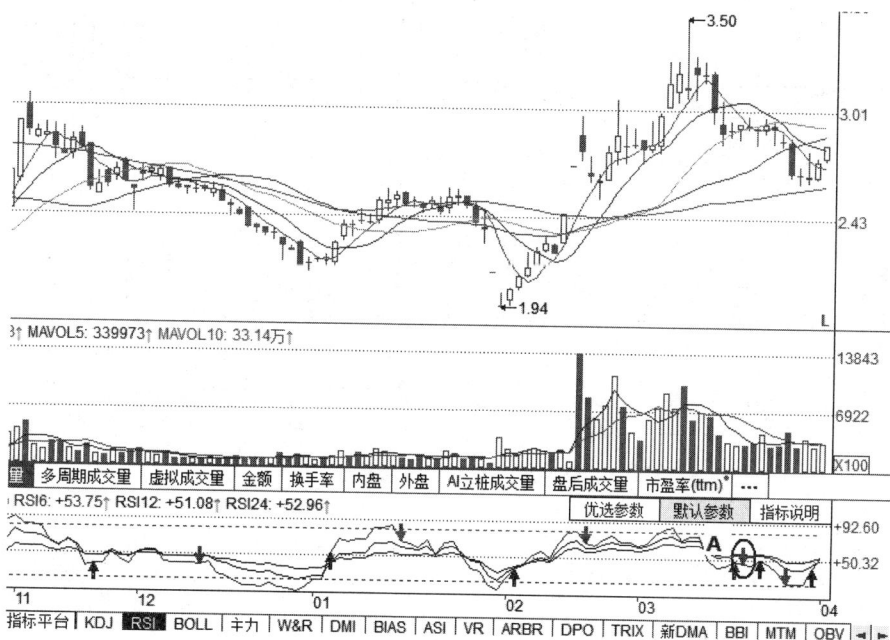

图3-34　向下跌破50数值

（3）RSI曲线在80数值上方，向下跌破80数值时，表明股票的多头力量开始衰弱，股价将向下调整，是短线卖出信号。特别是对于那些短期涨幅较大的股票，这种卖出信号更加强烈。此时，投资者应及时离场观望。

如图3-35所示，该股票在A点向下跌破80数值，这是比较明显的卖出信号。此时，投资者应及时离场。

（4）当短期RSI线在低位向上突破长期RSI线时，一般为RSI指标的黄金交叉，为买入信号，特别是当RSI值处于50~80时，市场上多方力量强于空方力量，投资者买入股票上涨的概率更大。

例如，该股票经过长期盘整之后，在A点其6日RSI曲线在50数值附近向上突破12日RSI曲线形成金叉，表明股票多头力量开始强于空头力量，股价将大幅上升，后市果然走出一波上升趋势，如图 3-36 所示。

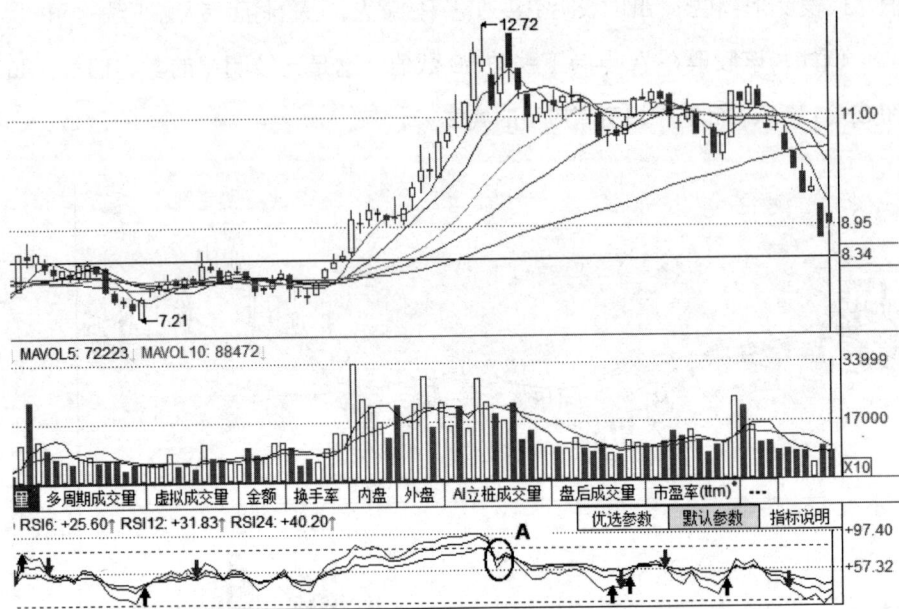

图3-35　向下跌破80数值

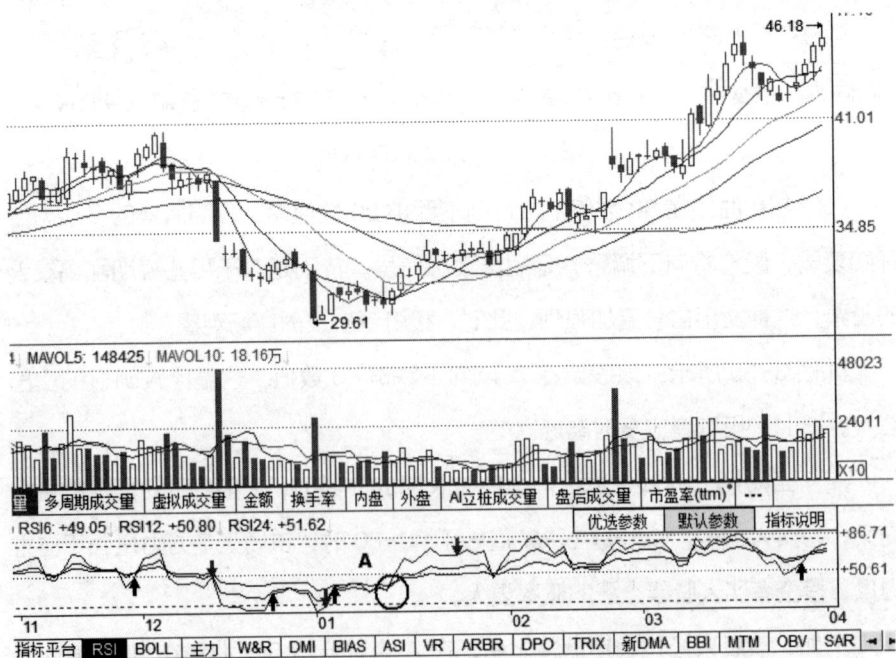

图3-36　形成金叉

（5）当短期 RSI 线在高位向下突破长期 RSI 线时，一般为 RSI 指标的死亡交叉，为卖出信号。

例如，如图 3-37 所示，该股票经过一段时间的持续上升，RSI 曲线在 70 数值上方运行较长一段时间之后，在 A 点 6 日 RSI 曲线向下突破 12 日曲线，形成死叉，表明空头力量逐渐增大，股价将开始下跌，是短线卖出信号。

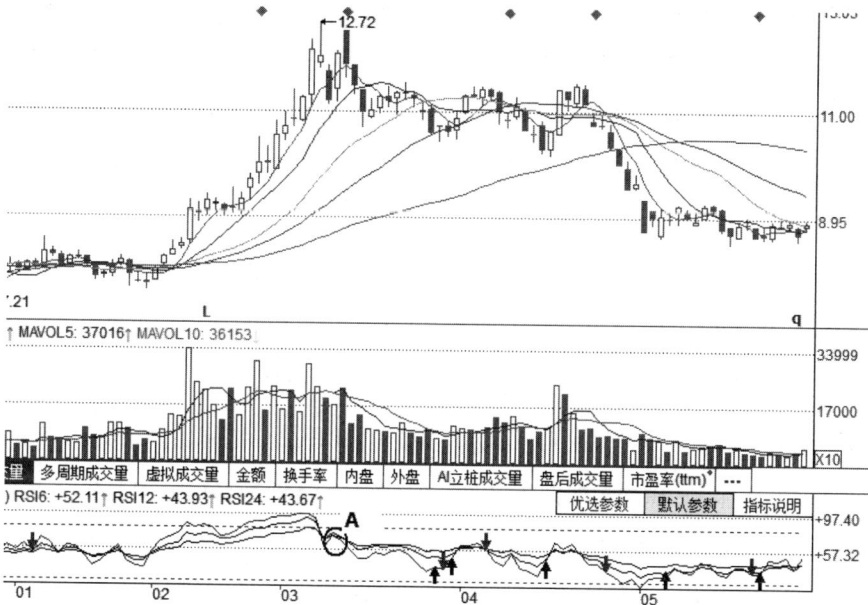

图3-37　形成死叉

# 四、布林线指标 BOLL

BOLL 指标又称布林线指标（Bollinger Bands），是约翰·布林格（John Bollinger）设计出来的，是研判股价运动趋势的一种中长期技术分析工具。由于其具有灵活性、直观性和趋势性等特点，被投资者广为应用。

### 1. BOLL 指标的原理

BOLL 指标是根据统计学中的标准差原理设计出来的一种非常简单实用的技术分析指标。它由 3 条线表示价格范围，中间的叫作中轨线，它通常是 20

日均线，上下两条线分别是上轨线和下轨线，也可以被看成股价的压力线和支撑线。

一般而言，股价的运动总是围绕某一价值中枢（如均线、成本线等）在一定的范围内变动，布林线指标正是在上述条件的基础上，引进了"股价通道"的概念，利用"股价通道"来显示股价的各种价位，股价通道的宽窄随着股价波动幅度的大小而变化。当股价波动很小，处于盘整时，股价通道就会变窄，这可能预示着股价的波动处于暂时的平静期；当股价波动超出狭窄的股价通道的上轨时，预示着股价的异常激烈地向上波动即将开始；当股价波动超出狭窄的股价通道的下轨时，同样也预示着股价的异常激烈地向下波动将开始。

### 2. BOLL 指标的计算方法

在所有的指标计算中，BOLL 指标的计算方法是最复杂的之一，其中引进了统计学中的标准差概念，涉及中轨线（MID）、上轨线（UPPER）和下轨线（LOWER）的计算。另外，和其他指标的计算一样，由于选用的计算周期的不同，BOLL 指标也包括分钟 BOLL 指标、日 BOLL 指标、周 BOLL 指标、月 BOLL 指标和年 BOLL 指标等各种类型。经常使用的是日 BOLL 指标和周 BOLL 指标。虽然它们计算时的取值有所不同，但基本的计算方法一样。

以日 BOLL 指标计算为例，其计算方法如下：

计算公式为：中轨线 =N 日的移动平均线，上轨线 = 中轨线＋两倍的标准差，下轨线 = 中轨线—两倍的标准差。

计算过程为：

（1）计算 MA，MA=N 日内的收盘价之和 ÷N

（2）计算标准差 MD，MD= 平方根 N 日的（C－MA）的两次方之和除以 N

（3）计算 MID、UPPER、LOWER 线，MID=（N－1）日的 MA，UPPER=MID＋2×MD，LOWER=MID－2×MD

在股市分析软件中，BOLL 指标一共由四条线组成，即上轨线 UPPER、中轨线 MID、下轨线 LOWER 和价格线。其中上轨线 UPPER 是 UPPER 数值的连线，用黄色线表示；中轨线 MID 是 MID 数值的连线，用白色线表示；下轨线 LOWER 是 LOWER 数值的连线，用紫色线表示；价格线是以美国线表示，颜色为浅蓝色。和其他技术指标一样，在实战中，投资者不需要进行 BOLL 指标的计算，主要是了解 BOLL 的计算方法和过程，以便更加深入地掌握 BOLL 指标的实质，为运用指标打下基础。

**3. 应用法则**

BOLL 线是一个比较常用的指标，在实践中得到广泛运用，要想掌握 BOLL 的应用法则，首先要了解这三条线的意义和它们之间的关系，还有股价与上、中、下轨线之间的关系、K 线与中轨的关系以及布林线"喇叭口"的应用。

（1）BOLL 指标中的上、中、下轨线的意义

BOLL 指标中的上、中、下轨线所形成的股价通道的移动范围是不确定的，通道的上下限随着股价的上下波动而变化。股价通道的上下轨是显示股价安全运行的最高价位和最低价位。一般情况下，股价应始终处于股价通道内运行。上轨线、中轨线和下轨线对股价的运行起到支撑作用，上轨线和中轨线有时也会对股价的运行起到压力作用。如果股价脱离股价信道运行，则意味着行情处于极端的状态下。

（2）BOLL 指标中的上、中、下轨线之间的关系

当布林线的上、中、下轨线同时向上运行时，表明股价将继续上涨，投资者可以逢低买入。当布林线的上、中、下轨线同时向下运行时，表明股价将继续下跌，投资者应逢高卖出。当布林线的上轨线向下运行，而中轨线和下轨线向上运行时，表明股价处于整理状态。

（3）K 线与上、中、下轨的关系

①当 K 线向上穿越布林线下轨时，表明多方力量占优势，市场开始回暖，投资者可以酌情进场。

②当 K 线向上突破布林线中轨时，如果此时股票价格也突破中期均线，表明市场中短期向上拉升趋势已经形成，股价处于强势趋势。

③当 K 线向下跌破布林线上轨时，表明空方力量开始占主导，股价开始下跌趋势，投资者见机离场。

④当 K 线向下突破布林线中轨时，如果此时股票价格也先后跌破中短期均线，表明市场的中短期向下阴跌趋势开始形成，股价处于弱势趋势。

### 4. 布林线"喇叭口"的应用

布林线"喇叭口"是 BOLL 指标独有的研判手段。所谓布林线"喇叭口"是指在股价运行的过程中，布林线的上轨线和下轨线分别从两个相反的方向与中轨线大幅扩张或靠拢而形成的类似于喇叭口的特殊形状。

（1）当股价经过数浪大幅下跌，布林线的上轨线和下轨线的开口不能继续放大，上轨线提前由上向下缩口，等到下轨线随后由下向上缩口时，一轮跌势将告结束。

例如，如图 3-38 所示，股票超图软件经过一段时间的持续下跌，于 2 月 15 日布林线的上轨线和下轨线的开口开始收缩，表明多头力量逐渐增大，股价将开始上升。

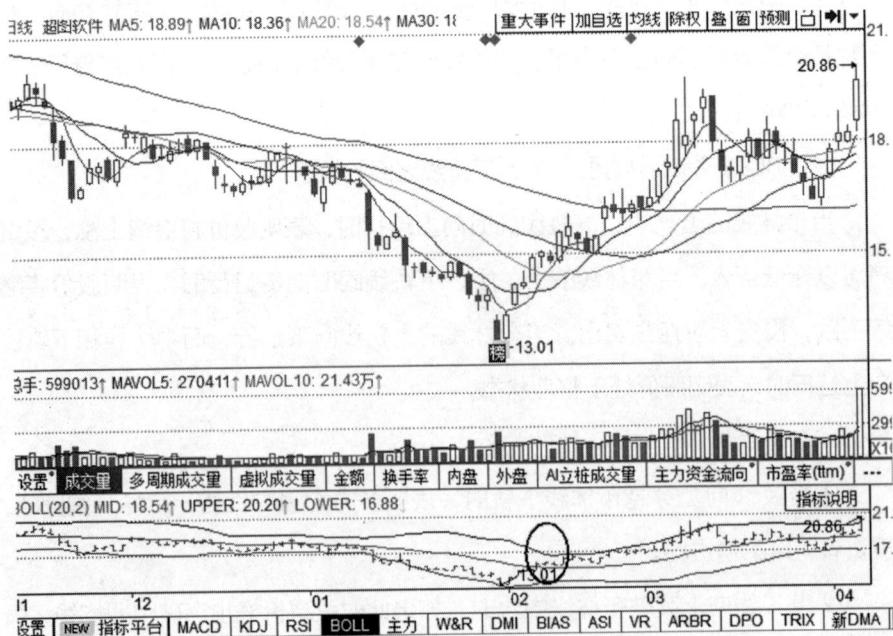

图3-38  超图软件K线图

（2）当股价由低位向高位经过数浪上升后，布林线上轨线和下轨线开口达到了极大程度，并开口不能继续放大转为收缩时，此时是卖出信号，通常股价紧跟着是一轮大幅下跌或调整行情。如图3-39所示，岱美股份经过一段时间的持续上涨，于3月15日布林线的上轨线和下轨线的开口开始收缩，表明空头力量逐渐增大，股价将开始下跌。

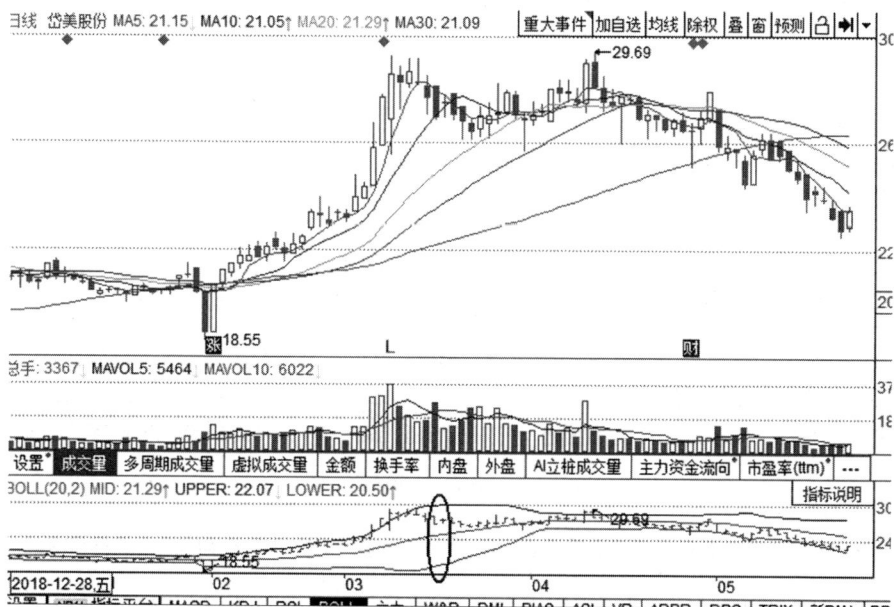

图3-39　岱美股份K线图

（3）股价在底部经过长期整理之后，布林线的上轨线和下轨线逐渐收缩，伴随着成交量的放大，股价开始上涨，此时，上轨线向上扬升，而下轨线向下运动，上下轨之间形成了一个类似大喇叭的形态，表明多头力量逐渐强大，股价将处于短期大幅拉升行情之中。

例如，广电运通经过一段时间的盘整，于2月21日布林线的上轨线和下轨线的开口开始扩大，表明多头力量逐渐增大，股价将大幅向上突破的形态，如下页图3-40所示。

（4）股价经过大幅拉升之后，布林线的上轨线和下轨线逐渐扩张，伴随着成交量的下降，股价在高位出现急速下跌的行情，此时布林线的上轨线开始向下，而下轨线上升，这样上下轨之间就形成了一个类似于倒置大喇叭的形态。

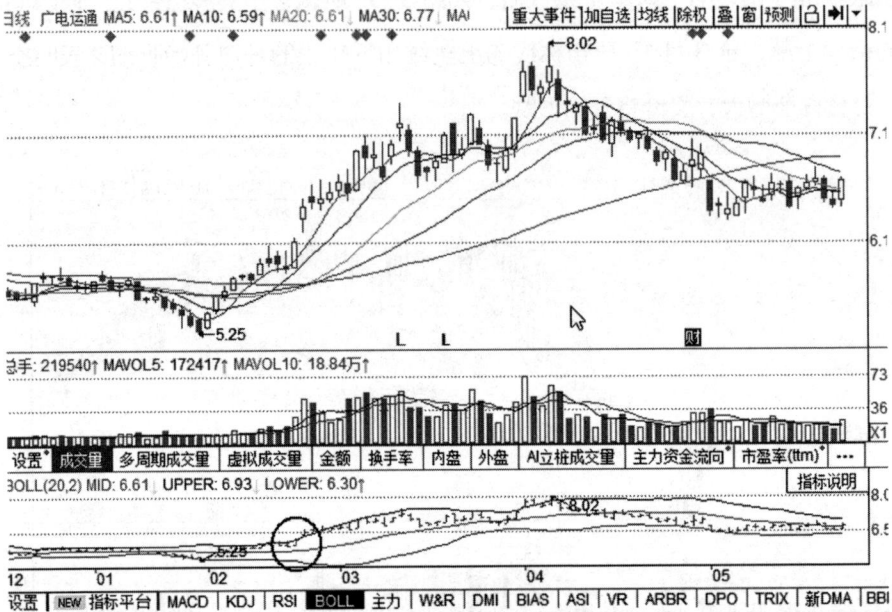

图3-40　广电运通K线图

如图 3-41 所示，乐凯新材经过一段时间的上升，于 4 月 4 日布林线的上轨线和下轨线的开口收缩，表明空头力量逐渐增大，股价将处于大幅下跌的行情之中。

（5）股价经过长期下跌后，布林线的上下轨都向中轨靠拢，伴随着成交量的变小，股价在低位反复振荡，此时布林线的上轨向下运动，而下轨线开始缓慢上升，布林线的上轨和下轨越来越窄、越来越近，盘中显示股价的最高价和最低价差价极小。

如图 3-42 所示，天邑股份经过一段时间的下跌，于 11 月 7 日布林线的上轨线和下轨线的开口收缩，表明多空双方的力量逐步趋于平衡，股价将处于长期横盘整理的行情中。

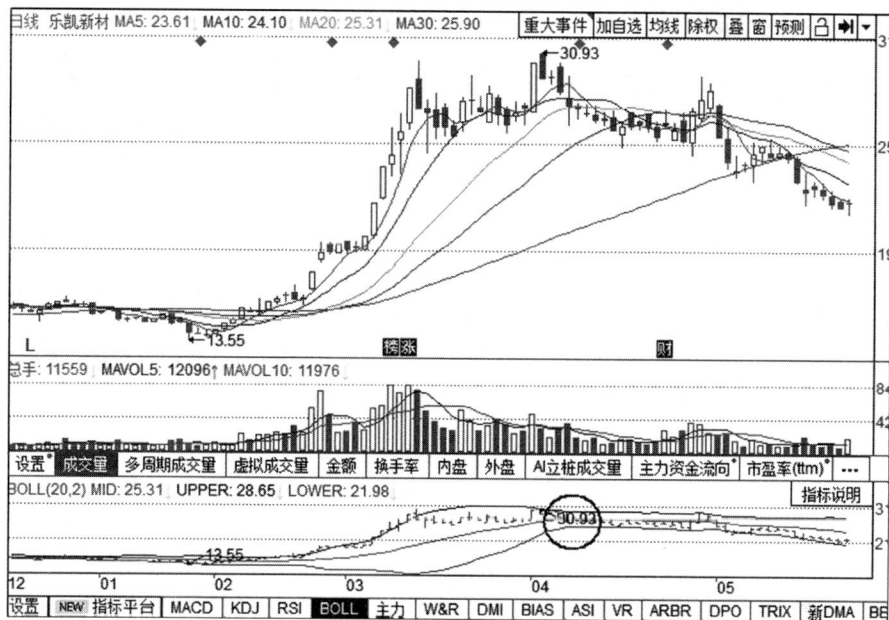

图3-41　乐凯新材K线图

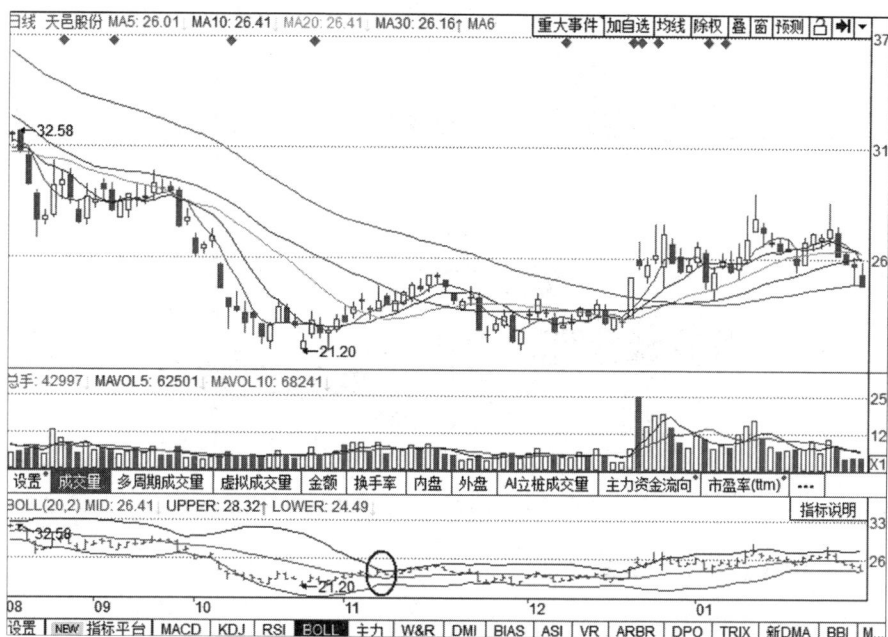

图3-42　天邑股份K线图

### 5. 实战运用

BOLL 指标的实战技巧主要集中在股价与 BOLL 指标的上、中、下轨之间的关系及布林线的开口和收口的状况等方面。下面以 20 日 BOLL 指标为例，来揭示 BOLL 指标的买入和卖出信号。

为了取得更好的观察效果，最好将 BOLL 轨道线叠加在主图（K 线图）上，在同花顺软件中，只需单击鼠标右键，从弹出的快捷菜单中选择"叠加指标"选项，如图 3-43 所示，即可打开"请选择指标"对话框，在其中选中"布林带"指标，即可将该指标叠加在主图上。

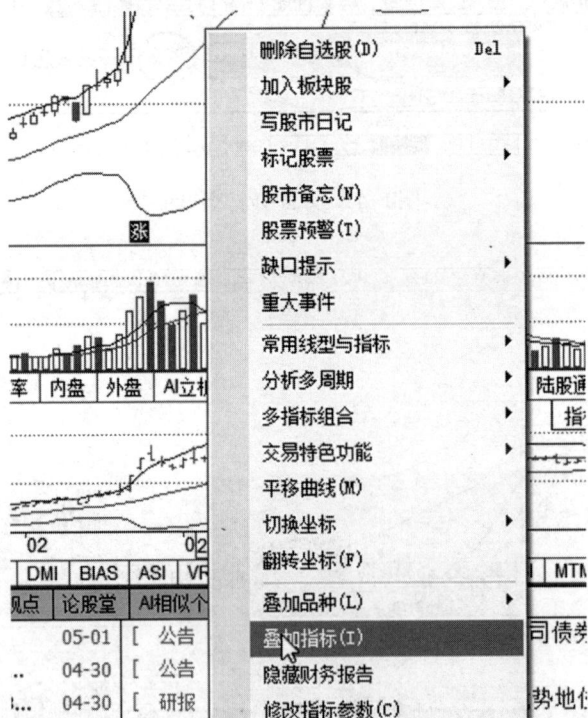

图3-43 选择"叠加指标"选项

### 6. BOLL 指标的买入信号

（1）当布林线轨道经过很长一段时间的底位窄幅水平运动后，股价 K 线带量向上突破布林线的中轨时，表明该股的股价即将进入一个中短期上升通道之中，是买入信号，见图 3-44。

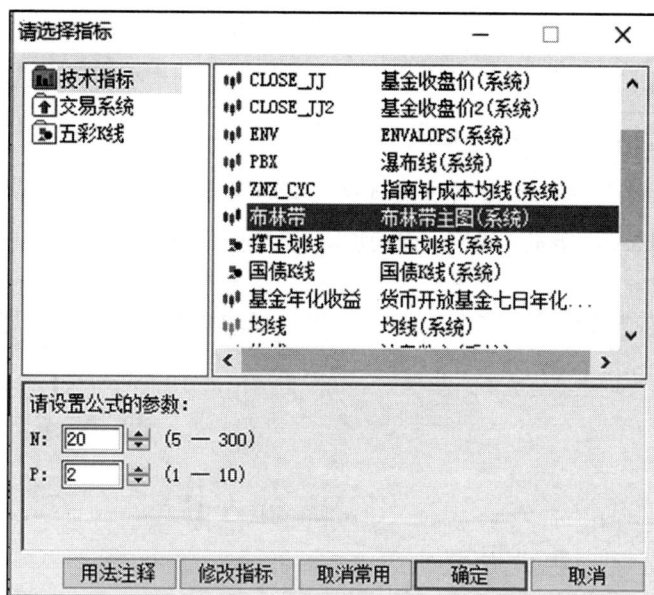

图3-44　选中"布林带"指标

　　例如，特变电工在 2020 年 12 月 15 日的走势，股价带量向上突破布林线的中轨，如图 3-45 所示，此时，投资者应及时买入股票，后期该股走出一波上升趋势。

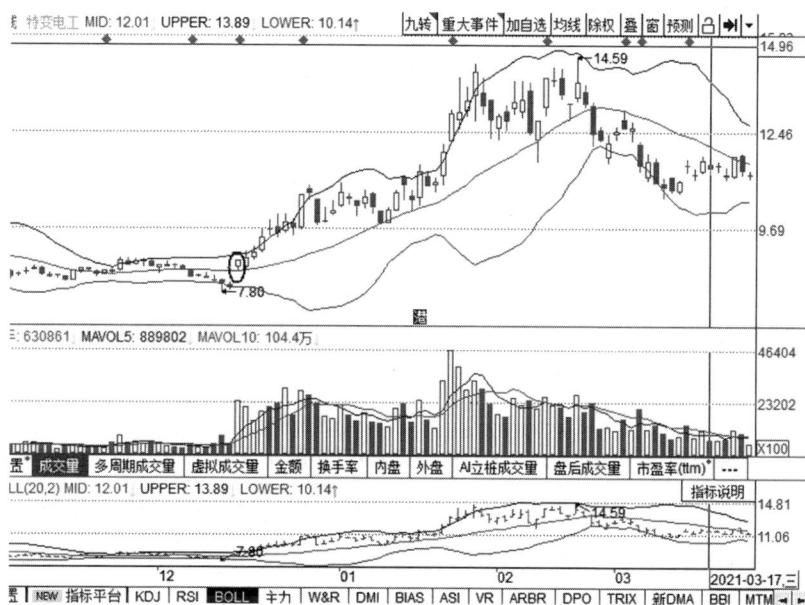

图3-45　特变电工K线图

（2）当股价 K 线带量向上突破布林线的上轨，同时原本狭窄的布林线通道突然开口向上时，表明该股票的股价即将脱离原来的水平运行通道、进入新的上升通道之中，股价将加速上扬，是买进信号。

例如，太极集团在 2021 年 5 月 20 日的走势，股价带量向上突破布林线的上轨，如图 3-46 所示，投资者可择机买入股票，该股处于上升趋势中。

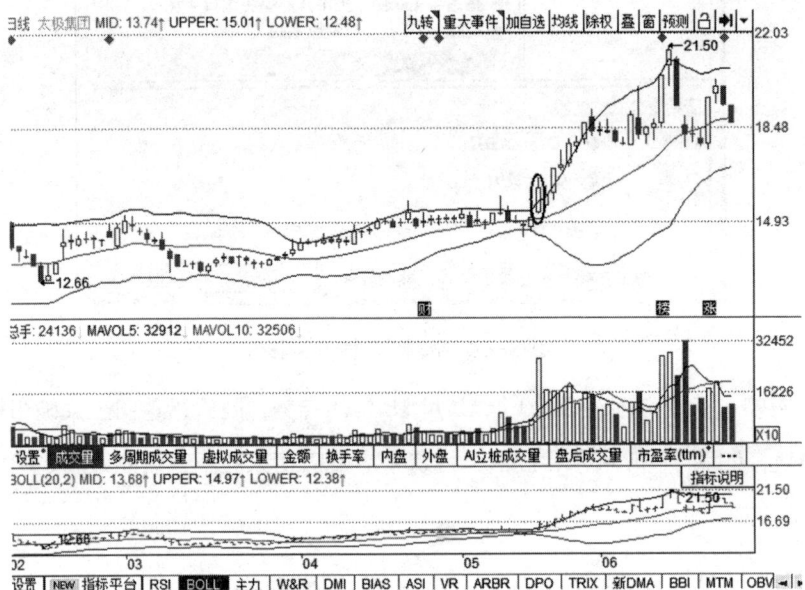

图3-46  太极集团K线

### 7. BOLL 指标的卖出信号

（1）股价 K 线向下跌破布林线的中轨，表明股价即将进入一个中长期下降通道之中，是卖出信号。

例如，当代文体经过一段时间的盘整，于 2020 年 12 月 10 日，股价向下跌破布林线的中轨，是卖出信号，如图 3-47 所示。此时，投资者应尽早离场。

（2）当布林线轨道很长一段时间的高位窄幅水平运动后，一旦股价 K 线向下跌破布林线的下轨，同时原本狭窄的布林线通道突然开口向下时，说明该股股价即将脱离原来的水平运行通道、进入新的下降通道之中，这是卖出信号。

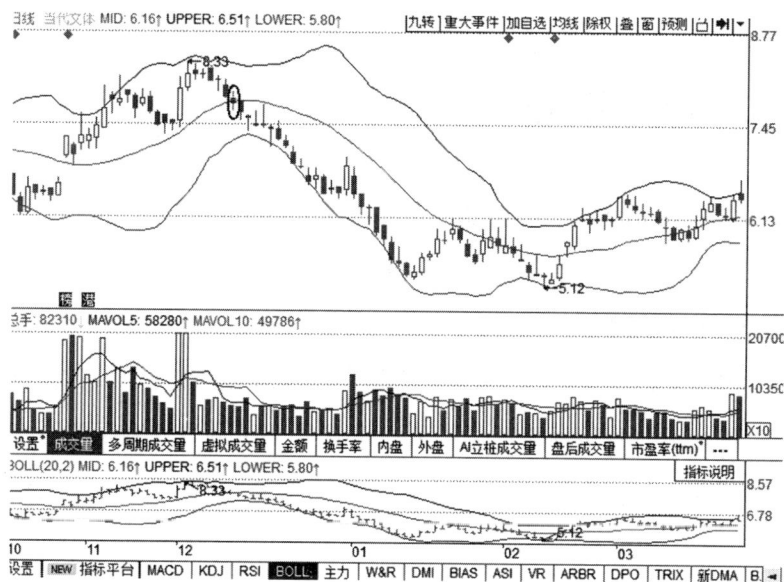

图3-47　当代文体K线图

例如，香江控股经过一段时间的盘整，于 2020 年 12 月 9 日，股价向下跌破布林线的下轨，是卖出信号，如图 3-48 所示。此时，投资者应尽快离场。

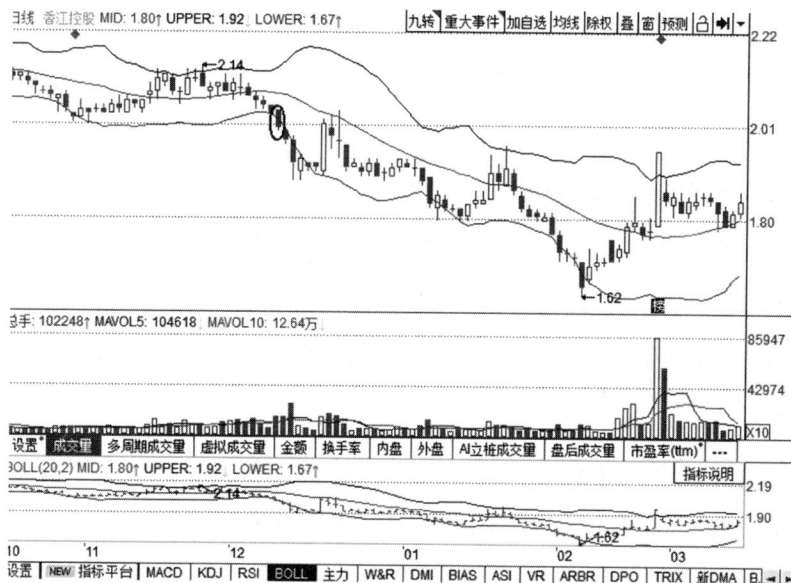

图3-48　香江控股K线图

# 五、DMI（趋向指标）

DMI 指标又叫动向指标或趋向指标，是由美国技术分析大师威尔斯·威尔德（Welles Wilder）所创造的，是一种中长期股市技术分析方法。

## 1. DMI 指标的原理

在股市中，买卖双方的力量变化会影响股价指数的变化，双方在资金量等实力上的较量会直接反映在价格上。DMI 指标是通过分析股票价格在涨跌过程中买卖双方力量均衡点的变化情况，即多空双方的力量变化受价格波动的影响而发生由均衡到失衡的循环过程，从而提供趋势判断依据的一种技术指标。

在大多数指标中，都是以每一日收盘价走势及涨跌幅的累计数来计算出不同的分析数据，其不足之处在于忽略了每日的高低之间的波动幅度。比如，某只股票的两日收盘价可能是一样的，但其中一天上下波动的幅度不大，而另一天股价的振幅却在 10% 以上，那么这两日的行情走势的分析意义截然不同，这点在其他大多数指标中很难表现出来。而 DMI 指标则是把每日的高低波动的幅度因素计算在内，从而更加准确地反映行情的走势及更好地预测行情未来的发展变化。

## 2. DMI 指标的计算方法

DMI 指标的计算方法和过程比较复杂，它涉及 DM、TR、DX 等几个计算指标和 +DI、–DI、ADX 与 ADXR 四个研判指标的运算。+DI 线在有的软件上是用 PDI、DI1 线表示，意为上升方向线；–DI 线是用 MDI、DI2 表示，意为下降方向线。

（1）计算的基本程序

以计算日 DMI 指标为例，其运算的基本程序主要如下。

① 按一定规则比较每日股价波动产生的最高价、最低价和收市价，计算出每日股价波动的真实波幅（$TR$）、上升动向（$+DM$）和下降动向（$-DM$），

在运算基础上按一定天数将其累加，以求 N 日的真实波幅、上升动向和下降动
向值。

② 将 N 日的上升动向值和下降动向值分别除以 N 日的真实波幅值，从而
求出 N 日的上升指标（+DI）和下降指标（-DI）。

③ 通过 N 日的上升指标（+DI）和下降指标（-DI）之间的差和之比，计
算出每日动向指数（DX）。

④ 按一定天数将 DX 累加后平均，求得 N 日的平均动向指数 ADX。

⑤ 再通过当日的 ADX 与前面某一日的 ADX 相比较，计算出 ADX 的评
估数值 ADXR。

（2）计算的具体过程

① 计算真实波幅（TR）。

动向指数中的真实波幅是通过比较下列三种股价差额的绝对值，取其中最
大的价差绝对值作为股价的每日真实波幅。

● 当日最高价与当日最低价之间的价差。

● 当日最低价与上日收市价之间的价差。

● 当日最高价与上日收市价之间的价差。

② 计算当日动向值（DM）。

当日动向值分上升动向（+DM）、下降动向（-DM）和无动向（ZDM）
三种情况，每天的当日动向值只能是三种情况中的一种。

● 上升动向（+DM）。

+DM 代表正趋向变动值，即上升动向值，其数值等于当日的最高价减去
上日的最高价。上升动向值必须大于当日最低价减去上日最低价的绝对值，否
则 +DM=0。

● 下降动向（-DM）。

-DM 代表负趋向变动值，即下降动向值，其数值等于当日的最低价减去
上日的最低价。下降动向值必须大于当日的最高价减去上日最高价的绝对值，
否则 -DM=0。

股票趋势操盘术

● 无动向（Zero Directional Movement）。

无动向代表当日动向值为"零"时的情况，即当日的 +DM=0。

有两种股价波动情况可能出现无动向。当日最高价低于上日最高价并且当日最低价高于上日最低价时；当上升动向值正好与下降动向值相等时；这两种情况下的 ±DM 值均为零。

③ 计算 14 日的真实波幅（TR）、上升动向（+DM）和下降动向（-DM）。

动向指数是一种对股价趋势的分析工具，因此采集一定天数的平均指标更能反映市场趋势。平均指标的采样天数过多，指数摆动较为平滑；采样天数过少，指数摆动又过于敏感，一般是以 14 日采样作为运算的基础天数；14 日的真实波幅即 $TR_{14}$ 为 14 天的 TR 之和。同理，14 日 $\pm DM$ 即 $\pm DM_{14}$ 为 14 天的 $\pm DM$ 之和。

为简化计算过程，在第一个 $TR_{14}$ 计算出来之后，其他 $TR_{14}$ 的计算方法可改为：

当日 $TR_{14}$= 上日 $TR_{14}$ － 上日 $TR_{14}$/14 + 当日 TR。

+DM$_{14}$ 和 -DM$_{14}$ 的简化方法以此类推。

④ 计算上升指标（+DI）和下降指标（-DI）。

上升指标和下降指标的计算方法，分别为将其上升动向值和下降动向值除以真实波幅值。即：

+DI$_{14}$= +DM$_{14}$/ TR$_{14}$；

-DI$_{14}$= -DM$_{14}$/ TR$_{14}$；

⑤ 计算动向指数（DX）。

动向指数是上升指标与下降指标之间的差和之比。其计算公式如下：

$$DX = [ ( +DI_{14} ) - ( -DI_{14} ) ]/ [ ( +DI_{14} ) - ( -DI_{14} ) ] \times 100\%$$

⑥ 计算平均动向指数（ADX）。

由于每日的动向指数值跟随每日股价波幅上落，上下起伏较大，为使动向指数表现得比较平滑，一般以平均动向指数作为最终的分析指标。平均动向指数仍按 14 天作为运算基础，它的计算公式为：$ADX= ( DX_1 + DX_2 + \cdots + DX_{14} ) /14$。

. 138 .

同样，为运算能够简化，在计算出第一个 $ADX$ 后，平均动向指数的计算公式可改为：

当日 $ADX$ =（上日 $ADX$×13＋当日 $DX$）/14

⑦计算评估数值 ADXR

在 DMI 指标中还可以添加 ADXR 指标，以便更有利于行情的研判。

ADXR 的计算公式为：$ADXR=$（当日的 $ADX$＋前一日的 $ADX$）÷2

**3. 运用法则**

动向指数在应用时，主要是分析上升指标（+DI），下降指标（−DI）和平均动向指数（ADX）三条曲线的关系，其中 +DI 和 −DI 两条曲线的走势关系是判断出入市的信号，ADX 则是对行情趋势的判断信号。

（1）多空指标的应用

+DI 在 −DI 上方，股票行情以上涨为主；+DI 在 −DI 下方，股票行情以下跌为主。

在股票价格上涨行情中，当 +DI 向上交叉 −DI，是买进信号；相反，当 +DI 向下交叉 −DI，是卖出信号。

$−DI$ 从 20 以下上升到 50 以上，股票价格很有可能会有一波中级下跌行情。

$+DI$ 从 20 以下上升到 50 以上，股票价格很有可能会有一波中级上涨行情。

$+DI$ 和 $−DI$ 以 20 为基准线上下波动时，该股票多空双方拉锯战，股票价格以箱体整理为主。

（2）平均动向指标 ADX 的研判功能

$ADX$ 为动向值 $DX$ 的平均数，而 DX 是根据 $+DI$ 和 $−DI$ 两数值的差和对比计算出来的百分比，因此，利用 ADX 指标将更有效地判断市场行情的发展趋势。

●判断行情趋势

当行情走势朝单一方向发展时，无论是涨势或跌势，$ADX$ 值都会不断递增。因此，当 $ADX$ 值高于上日时，可以断定当前市场行情仍在维持原有趋势，即股价会继续上涨，或继续下跌。特别是，如果 +DI 和 −DI 同时增加，则表明当前上升趋势将十分强劲。如果 +DI 和 −DI 同时减少，则表示当前的跌势将延续。

● 牛皮市判断

当市场行情在一定区域内小幅横盘整理时，*ADX* 值会出现递减情况。当 *ADX* 值降至 20 以下，且呈横向窄幅移动时，可以判断行情为牛皮盘整，上升或下跌趋势不明朗，投资者应以观望为主，不可依据 +DI 和 −DI 的交叉出现的买卖信号来买卖股票。

● 判断行情是否转势

当 *ADX* 值在高点由升转跌时，预示行情即将反转。在涨势中的 ADX 在高点由升转跌，预示涨势即将告一段落；在跌势中的 ADX 值从高位回落，预示跌势可停止。

（3）ADXR 的研判功能

ADXR 的波动一般较 ADX 平缓，当 ±DI 相交，发出买卖信号后，ADXR 又与 ADX 相交，则是最后的出入市机会，随后而来的行情较急，因此应立即采取行动。ADXR 还是市场的评估指标，当 ADXR 处于高位时，显示行情波动较大，当 ADXR 处于低位，则表明行情较为牛皮。

（4）四线交叉原则

①当 +DI 线同时在 ADX 线和 ADXR 线及 −DI 线以下（特别是在 50 线以下的位置时），说明市场处于弱市之中，股市向下运行的趋势还没有改变，股价可能还要下跌，投资者应持币观望或逢高卖出股票为主，不可轻易买入股票。

例如，长荣股份在 3 月 28 日至 5 月 22 日的走势，其中 +DI 线同时在 ADX 线和 ADXR 线及 −DI 线以下，如图 3-49 所示，说明股票市场一直处于弱势的状态。

②当 +DI 线和 −DI 线同处 50 线以下时，如果 +DI 线快速向上突破 −DI 线，预示股价短期内将大涨。如果伴随大的成交量放出，更能确认行情将向上，投资者应迅速短线买入股票。

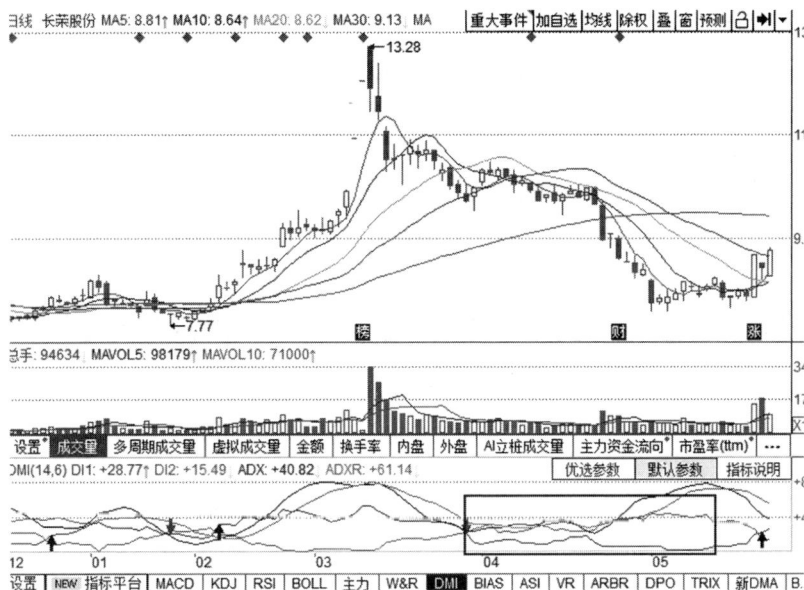

图3-49　长荣股份K线图

例如，兴业科技在2019年1月2日的DMI指标，+DI线快速向上突破-DI线，如图3-50所示，后期该股票果然大涨。

图3-50　兴业科技K线图

③当 +DI 线、−DI 线、ADX 线和 ADXR 线等四线同时在 50 线以下绞合在一起窄幅横向运动，说明市场处于波澜不兴，股价处于横向整理之中，此时投资者应以持币观望为主。

例如，吴通控股的 DMI 指标在 1 月 7 日至 2 月 26 日，四线绞合在一起，如图 3-51 所示，说明市场一直处于整理状态。

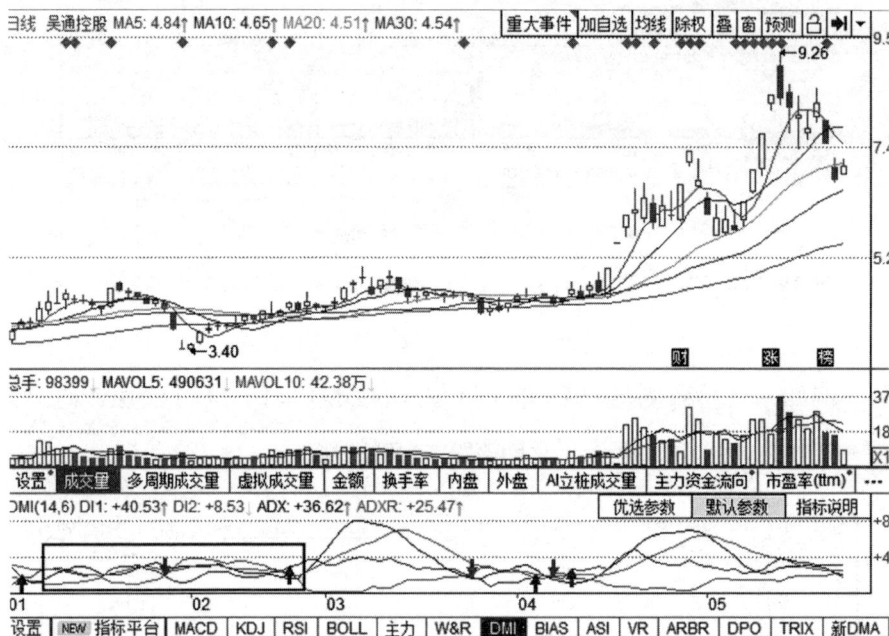

图3-51　吴通控股K线图

④当 +DI 线、ADX 线和 ADXR 线等三线同时在 50 线以下的位置，而此时三条线都快速向上发散，说明市场人气旺盛，股价处在上涨走势之中，投资者可逢低买入或持股待涨（这里因为 −DI 线是下降方向线，其对上涨走势反应不灵，故不予以考虑）。

例如，方盛制药的 DMI 指标在 2019 年 2 月 21 日至 3 月 21 日，+DI线、ADX 线和 ADXR 线三线向上发散，如图 3-52 所示，后期该股涨势喜人。

**4. 实战运用**

DMI 指标的实战技巧主要集中在股价与 DMI 指标的 DI1、DI2、ADX

和 ADXR 这四条曲线的交叉情况以及 DI1 曲线所处的位置和运行方向两个
方面。

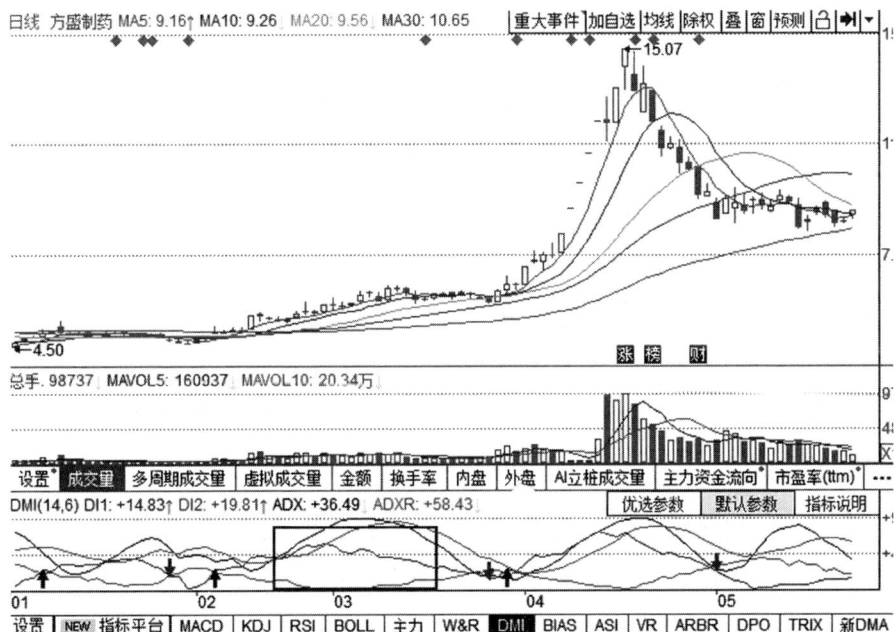

图3-52　方盛制药K线图

（1）当 DMI 指标中的 DI1、DI2、ADX 和 ADXR 这四条曲线在 20 附
近一段狭小的区域内作窄幅盘整，如果 DI1 曲线先后向上突破 DI2、ADX、
ADXR 曲线，同时股价也带量向上突破中长期均线时，说明多方力量强大，股
价短期内将进入拉升阶段。

例如，万讯自控的 DMI 指标在 2019 年 2 月 13 日，DI1 曲线先后向上突
破 DI2、ADX、ADXR 曲线，同时成交量也随之放大，如图 3-53 所示，后期
该股走出一波上升趋势。

（2）当 DMI 指标中的 DI1、DI2、ADX 和 ADXR 这四条曲线在 20~40
这段区域内作宽幅整理，如果 DI1 曲线先后向下跌破 ADX 和 ADXR 曲线
时，投资者应密切注意行情会不会反转向下，一旦 DI1 曲线又向下跌破 DI2
曲线，同时股价也向下突破中长期均线，说明空头力量强大，股价短期内还
将下跌。

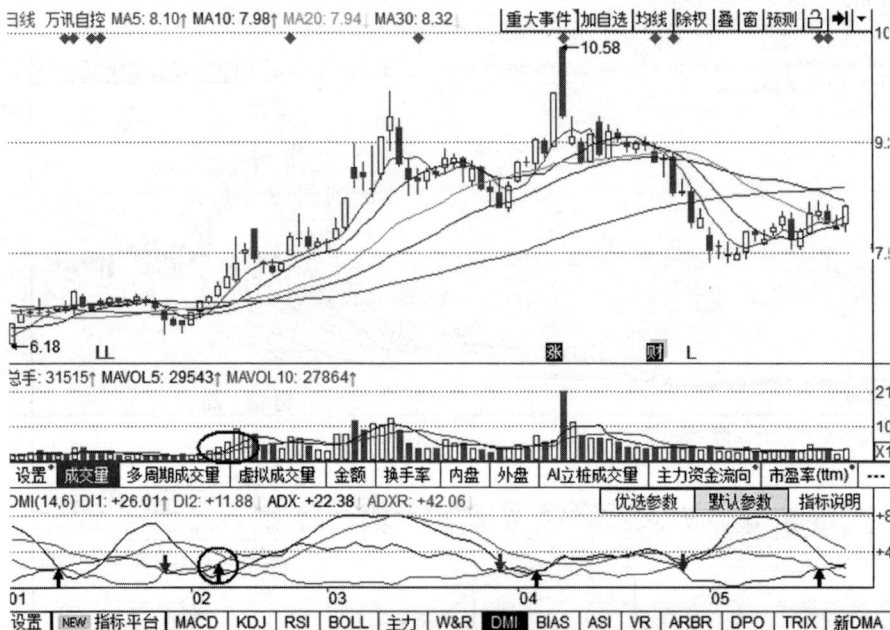

图3-53　万讯自控K线图

例如，沧州大化的 DMI 指标在 4 月 23 日，DI1 曲线先后向下跌破 ADX、ADXR 曲线，几日后又向下跌破 DI2，如图 3-54 所示，后期该股进入快速下跌趋势。

（3）当 DMI 指标中的 DI1 曲线向下跌破 DI2、ADX、ADXR 后，如果 DI1 曲线一直运行在这三条线下方，并且在 20 以下区域做水平或向下运动，同时股价也被中长期均线压制下行时，说明空头力量占绝对优势，股价将继续下跌，只要 DI1 曲线没有向上突破这三条曲线中的任何一条，投资者就应坚决持币观望。

例如，得润电子的 DMI 指标在 3 月 27 日，DI1 曲线先后向下跌破 DI2、ADX、ADXR 曲线，并一直没有突破，如图 3-55 所示，该股进入下跌趋势。

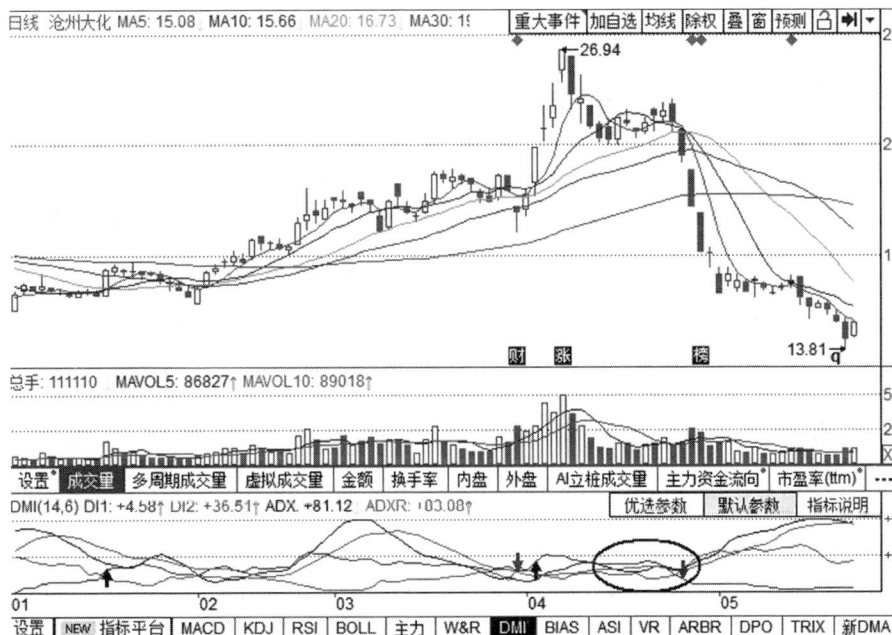

图3-54　沧州大化K线图

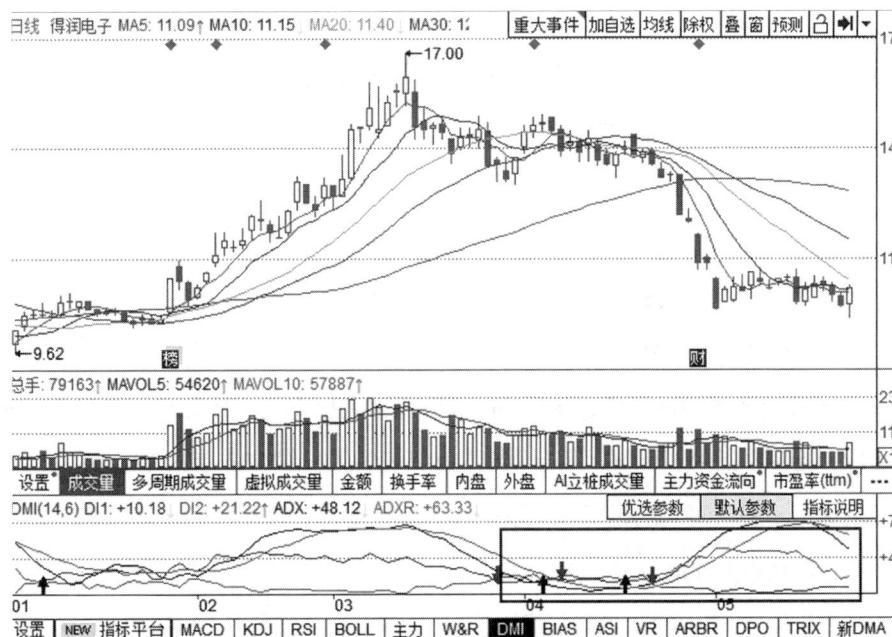

图3-55　得润电子K线图

# 六、VR（买卖气势指标）

成交量比率 $VR$，主要的作用在于以成交量的角度测量和观察股价的热度，表现股市的买卖气势，以利于投资者掌握股价可能的趋势走向，进一步辨认头部及底部的形成。

**1.VR 指标的原理**

成交量比率 VR 指标，是一项通过分析股价上升日成交额（或成交量）与股价下降日成交额比值，从而掌握市场买卖气势的技术指标。它的理论基础是"量价理论"和"反市场操作理论"，VR 指标认为，由于量涨价增、量跌价缩、量价同步、量价背离等成交量的基本原则在市场上恒久不变，因此，观察上涨与下跌的成交量变化，以成交量的变化确认低价和高价，可作为判断市场行情的一个依据。同时，VR 指标又认为，当市场上人气开始凝聚，股价刚开始上涨和在上涨途中的时候，投资者应顺势操作，而当市场上人气极度旺盛或极度悲观，股价暴涨暴跌时，投资者应果断离场或进场，因此，反市场操作也是 VR 指标所显示的一项功能。

一般而言，低价区和高价区出现的买卖盘行为均可以通过成交量表现出来，因此。VR 指标又带有超买超卖的研判功能。同时，VR 指标是用上涨时期的量除以下跌时期的量，因此，VR 指标又带有一种相对强弱概念。

**2.VR 指标的计算方法**

和其他技术指标一样，由于选用的计算周期不同，VR 指标也包括日 VR 指标、周 VR 指标、月 VR 指标、年 VR 指标以及分钟 VR 指标等很多种类型，经常被用于股市研判的是日 VR 指标和周 VR 指标，虽然它们计算时取值有所不同，但基本的计算方法一样。

下面以日 VR 指标计算为例进行介绍，其具体计算方法如下。

（1）计算公式

$VR$（$N$ 日）= $N$ 日内上升日成交量总和 ÷ $N$ 日内下降日成交量总和

其中，$N$ 为计算周期，一般起始周期为 12。

（2）计算过程

① $N$ 日以来股价上涨的那一日的成交量都称为 $AV$，将 $N$ 天内的 $AV$ 总和相加后称为 $AVS$。

② $N$ 天以来凡是股价下跌那一天的成交量都称为 $BV$，将 $N$ 天内的 $BV$ 总和相加后称为 $BVS$。

③ $N$ 天以来凡是股价不涨不跌，则那一天的成交量都称为 $CV$，将 $N$ 天内的 $CV$ 总和相加后称为 $CVS$。

④后 $N$ 天开始计算：

$$VR（N）=（AVS+1/2CVS）÷（BVS+1/2CVS）$$

⑤计算例参数可以修改，但是周期不宜小于 12，否则，采样天数不足，容易造成偏差。

**3. 应用法则**

VR 指标的一般判断标准在于 $VR$ 数值区域的划分和 $VR$ 曲线与股价运行趋势的配合分析等方面。以 26 日 VR 指标为例，具体分析如下。

（1）VR 指标的 4 个区域

按照市场上通行的标准，VR 指标的数值可以划分为以下 4 个区域。

① $VR$ 值在 40~70 时，为低价区域，股票的买卖盘少，人气比较稀薄，但某些个股投资的价值已经显现，可以少量建仓。

② $VR$ 值在 80~150 时，为安全区域，股票的买卖盘开始增多，人气开始积聚，一般可以持股待涨或追加建仓。

③ $VR$ 值在 160~450 时，为获利区域，股价也不断上涨时，应把握出货时机，获利出场。

④ $VR$ 值在 450 以上时，为警戒区域，股价的上涨已经出现超买的现象，股价随时可能下跌，应果断地卖出股票，持币观望。

一般情况下，VR 指标在低价区域准确度较高，当 $VR>160$ 时有失真可能，特别是在 350~400 高拉区，有时会发生将股票卖出后股价仍续涨的现象，在确定卖出之前，可以和其他指标一起进行判断。

（2）VR 曲线与股价曲线的配合

①当 VR 曲线在低价区向上攀升，如果股价也是小幅上升，说明行情开始发动，投资者可以开始买进。

②当 VR 曲线突破低价区时，如果股价也同步向上，说明股价的涨势已经开始，投资者可加大买入力度。

③当 VR 曲线在安全区内继续上升，如果股价在牛皮盘整时，说明可能正在酝酿拉升行情，投资者应持股待涨。

④当 VR 曲线在警戒区域内开始掉头向下，而股价还在向上攀升时，说明股价出现了超买现象，投资者应密切留意股价的动向，一旦股价也开始向下，则需要及时卖出股票。

（3）VR 曲线的背离

VR 曲线的背离是指 VR 指标的曲线图的走势正好和 K 线图的走势相反。VR 指标的背离有顶背离和底背离两种。

①顶背离

当股价 K 线图上的股价一直向上涨，走势是一峰比一峰高，而 VR 曲线图上的 VR 指标不是同步上升，而是逐波下降，走势一峰比一峰低，这叫顶背离现象。顶背离现象一般是股价将高位反转的信号，表明股价中短期内即将下跌，是卖出的信号。

例如，如图 3-56 所示，中远海控在 1 月 10 日至 3 月 25 日，该股的走势出现了顶背离的形态，是趋势反转的信号，后期果然走出了下跌的趋势。

②底背离

当股价 K 线图上的股价一直向下跌，走势是一峰比一峰低，而 VR 曲线图上的 VR 指标不是同步下跌，而是逐波上涨，走势一峰比一峰高，这叫底背离现象。底背离现象一般是股价将低位反转的信号，表明股价中短期内即将上涨，是买入的信号。

例如，中科三环在 7 月 28 日至 9 月 28 日，该股的走势出现了底背离的形态，是趋势反转的信号，后期经过一段时间的盘整之后，走出了上升趋势，如图 3-57 所示。

图3-56　中远海控K线图

图3-57　中科三环K线图

与其他技术指标的背离现象研判一样，在 VR 的背离中，顶背离的判断准确性要高于底背离。当股价在高位，VR 也在高位出现顶背离时，可以认为股价即将反转向下，投资者可以及时卖出股票。

（4）VR 曲线的形态

VR 曲线出现的各种形态也是判断行情走势、决定买卖时机的一种分析方法。

①如果 VR 曲线在低位出现 W 底或三重底等底部反转形态，这就预示着股价由弱势转为强势，股价即将反弹向上，可以逢低少量吸纳股票。如果股价曲线也出现同样形态更可确认，其涨幅可以用 W 底或三重底形态理论来判断。

例如，鸿达兴业在 12 月 18 日至 2019 年 1 月 8 日，该股的走势出现了 W 底形态，是趋势反转的信号，后期走出了一波迅猛的上升趋势，如图 3-58 所示。

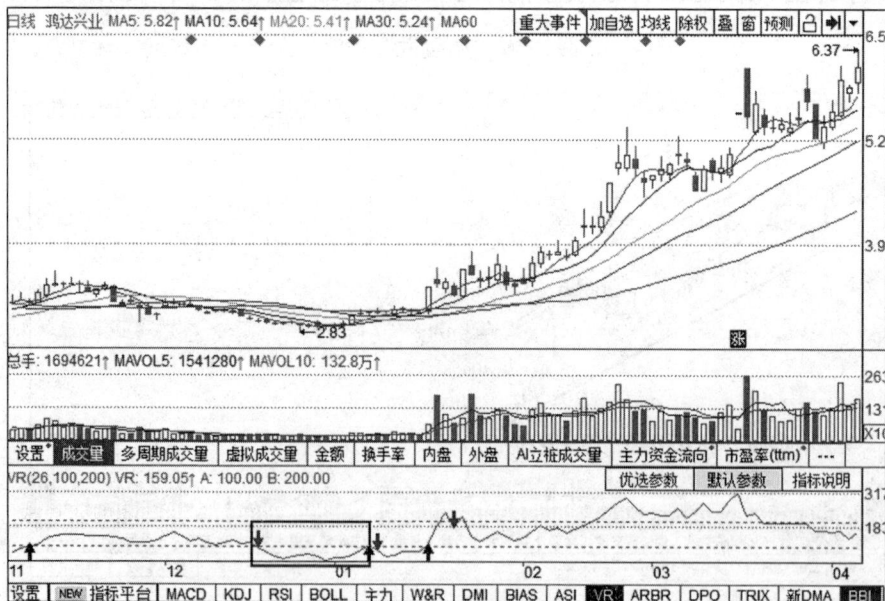

图3-58　鸿达兴业K线图

②如果 VR 曲线在高位形成 M 头或三重顶等顶部反转形态时，这就预

示着股价由强势转为弱势，股价即将大跌，应及时卖出股票。如果股价的曲线也出现同样形态则更可确认，其跌幅可以用 M 头或三重顶等形态理论来判断。

例如，ST 中基在 3 月 07 日至 3 月 15 日，该股的走势出现了 M 头的形态，是趋势反转的信号，后期经过一段时间的盘整之后，进入了下跌趋势，如图 3-59 所示。

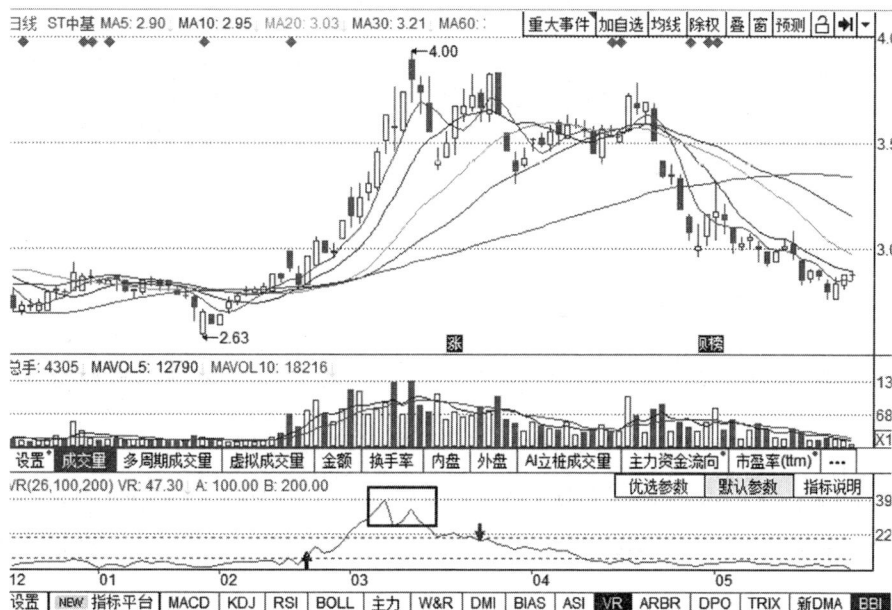

图3-59　ST中基K线图

③ VR 曲线的形态中 M 头和三重顶形态的准确性要高于 W 底和三重底。

**4. 实战运用**

VR 指标的构造比较简单，其实战技巧主要集中在 VR 曲线的运行方向上。为了更准确地研判行情，这里可以采用 VR 指标和 OBV 指标相结合来判断行情。

（1）如果 VR 曲线和 OBV 曲线从高位一起向下滑落时，股价也被中短期均线压制下行，那么就意味着股价的中短期下降趋势已经形成，这时投资者应该持币观望。

例如，多喜爱在 12 月 4 日至次年 2 月 1 日，一直处于下降态势中，如图 3-60 所示。

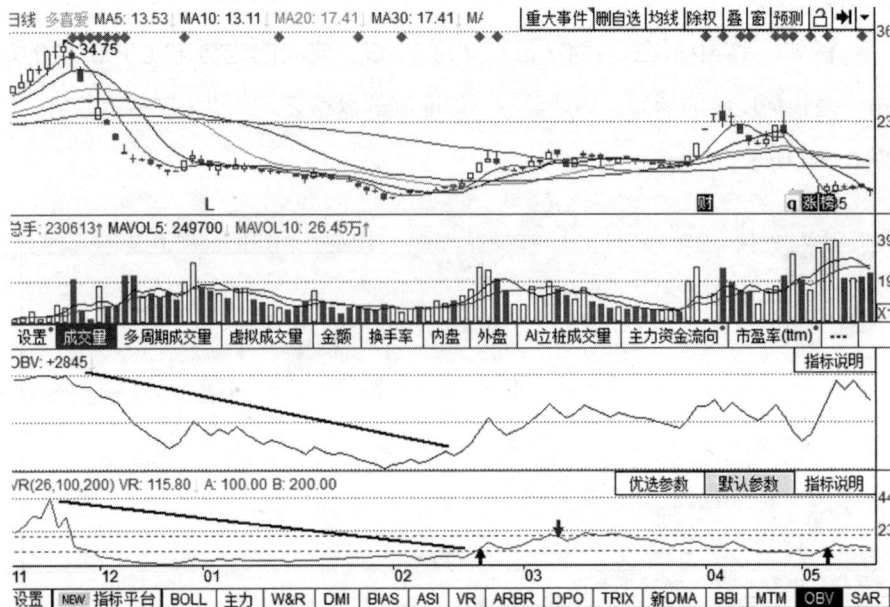

图3-60　多喜爱K线图

（2）当 VR 曲线在低价区开始向上扬升，并且成交量开始慢慢放大时，如果股价是小幅上升，表明市场上的主力资金开始介入，同时 OBV 曲线摆脱低位盘整格局，向上快速扬升时，说明多方开始占据优势，这时投资者应该持股待涨。

例如，如图 3-61 所示，海鸥股份在 2 月 22 日，VR 曲线和 OBV 曲线同时开始上升，并配有成交量放大，该股票后期该股步入上升趋势。

（3）如果 VR 曲线的运行形态一顶比一顶低，OBV 曲线的运行形态一顶比一顶高，而股价也向下突破短期均线时，那么这就表明 VR 指标和 OBV 指标出现了顶背离走势，这是 VR 指标发出的短线卖出信号。

例如，新奥股份在 2 月 22 日至 4 月 8 日，VR 曲线和 OBV 曲线呈顶背离走势，如图 3-62 所示，后期该股开始进入下跌趋势。

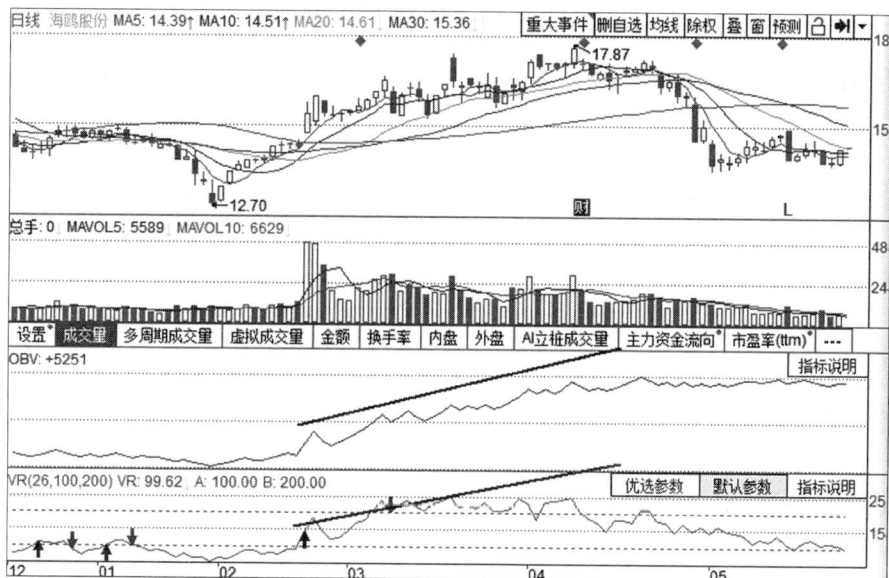

图3-61 海鸥股份K线图

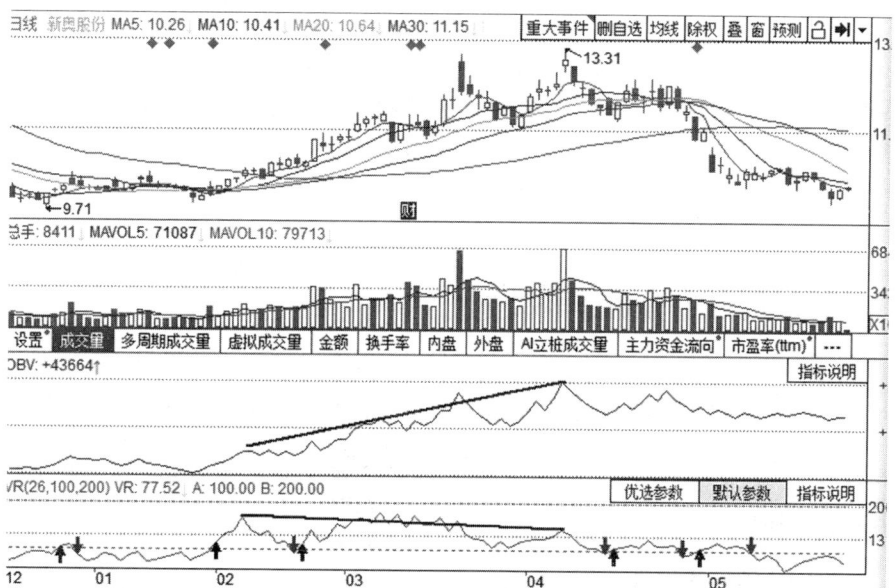

图3-62 新奥股份K线图

（4）如果 VR 曲线的运行形态一底比一底低，OBV 曲线的运行形态一底比一底高，股价也同时突破中短期均线，那么就表明 VR 指标和 OBV 指标出现了底背离走势，这是 VR 指标发出的短线买入信号。

例如，冠昊生物在3月4日至5月6日，VR曲线和OBV曲线呈底背离走势，并配有成交量放大，如图3-63所示，该股票后期走出一波不错的上升行情。

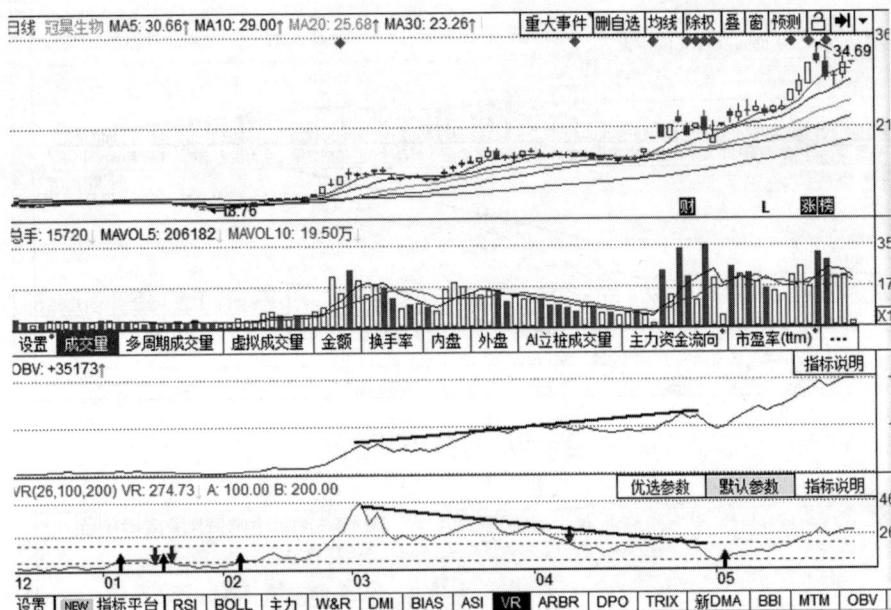

图3-63　冠昊生物K线图

# 七、BBI（多空指标）

BBI指标又称为多空指标，是用来判断目前的行情市场是处于多头市场还是空头市场的分析工具。通过借助这种工具的分析，投资者可以决定是应该买进还是卖出股票。

## 1. BBI 指标的原理

BBI指标是通过将几条不同天数移动平均线用加权平均方法计算出一条移动平均线的综合指标，属于均线型指标。其设计原理就是综合多个移动平均线的数值后，将它们进行平均处理，从而得出更直观、更形象的数值。BBI指标本身就是针对普通移动平均线MA指标的一种改进，在使用移动平均线时，投资者往往对参数值选择有不同的偏好，而多空指数恰好解决了中短期移动平均线的期间长短合理性问题。

**2. BBI 指标的计算方法**

长期以来，由于没有一条公认的使用法则，理论界一直为中短期的移动平均线究竟采用多少天数更为合理争论不休，而多空指数则通过将几条不同日数移动平均线加权平均的方法解决了这个问题。一般将 3 日、6 日、12 日和 24 日的四种平均股价（或指数）作为计算的参数。

BBI 指标计算方法比较简单，其计算公式如下：

BBI=（3 日均价 +6 日均价 +12 日均价 +24 日均价）÷4

从多空指数的计算公式可以看出，多空指数的数值分别包含了不同日数移动平均线的部分权值，这是一种将不同日数的移动平均值再平均的数值，从而分别代表了各条平均线的特性。

**3. 应用原则**

BBI 指标的使用方法很简单，它只有一条参考线，当股价在 BBI 指标线的上方时，说明是多头市场。如果股价在 BBI 指标线的下方时，说明是空头市场。当一只股票的股价向上穿过 BBI 指标参考线的时候，股价在多空线上方，表明多头势强，可以继续持股。当一只股票的股价向下穿过 BBI 指标参考线的时候，股价在多空线下方，表明空头势强，一般不宜买入。

**4. 实战运用**

（1）当股价位于 BBI 指标线的上方时，说明这只股票正处于多头市场。例如，创兴资源在 2021 年 2 月 1 日至 2021 年 4 月 27 日，一直处于上涨态势中，并且涨势比较稳定。与其配套的 BBI 指标，一直在股价下方潜水，虽偶有波动，但不影响大局，股价一直是稳稳上升的状态，如图 3-64 所示。

（2）在某一段时间周期内，当股价在 BBI 指标线的下方时，说明该股票已经进入了空头市场。

如图 3-65 所示，多喜爱在 11 月 30 日，跌破到 BBI 指标之下，之后一直处于跌势之中，并且股价下跌的持续时间比较长，这充分说明了市场已经进入了空头行情。

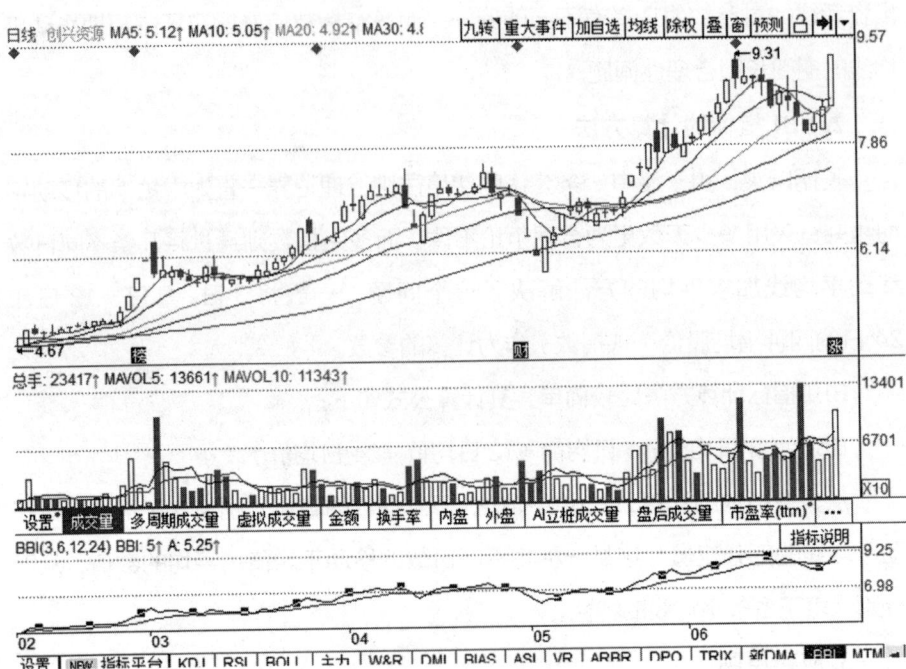

图3-64　创兴资源K线图

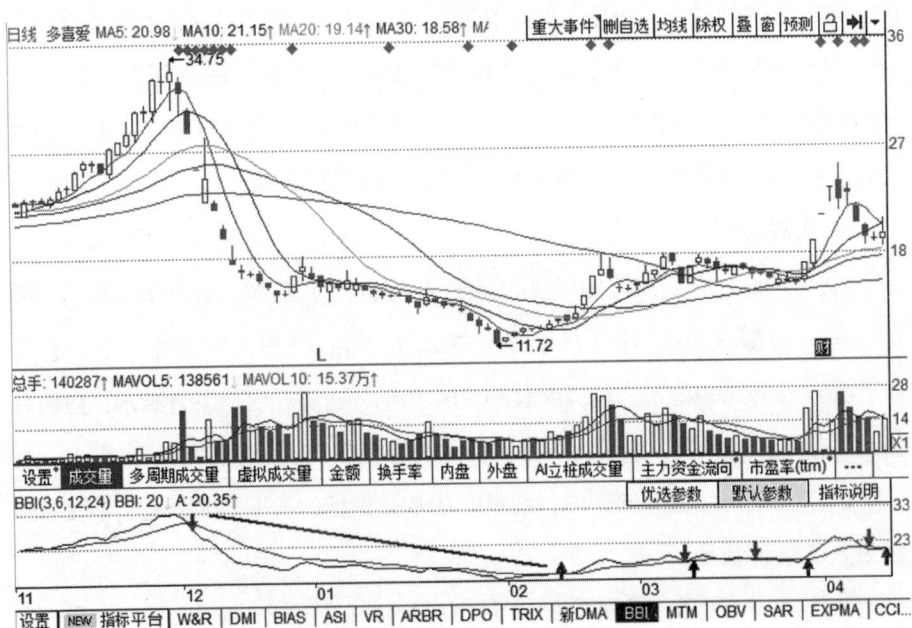

图3-65　多喜爱K线图

（3）当股价日 K 线在 BBI 曲线的下方，运行了比较长的一段时间。同时，该股前期累计跌幅较大，或中低位置盘整时间较长，如果当日 K 线向上突破 BBI 曲线，说明股价下跌或盘整趋势已经结束，中短线上升行情即将展开，这是日 BBI 指标显示的买入信号。

例如，东方证券在 2019 年 2 月 1 日，股价向上突破 BBI 曲线，该股下跌和盘整趋势结束，走出一波上升的行情，如图 3-66 所示。

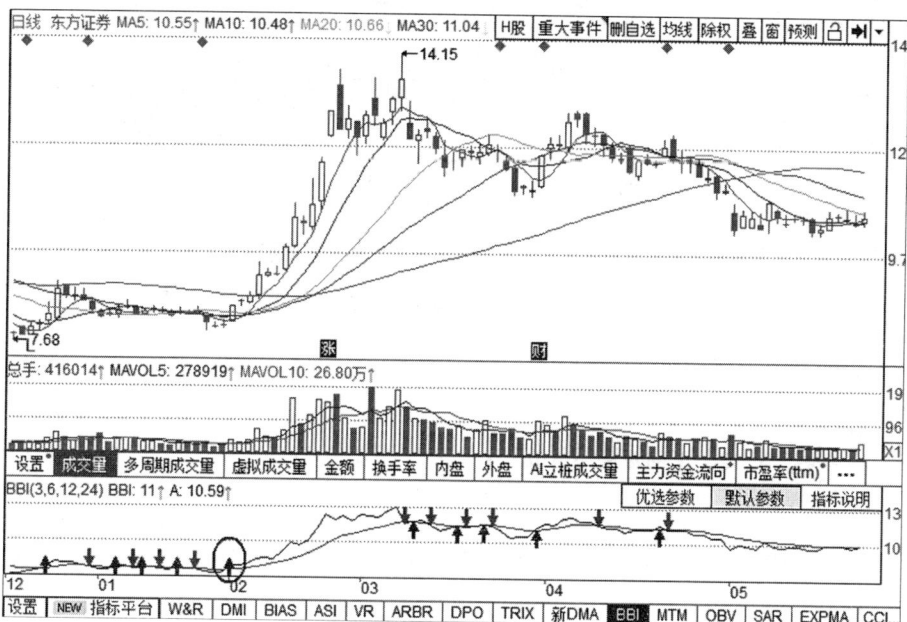

图3-66 东方证券K线图

（4）下跌行情中，若当日股价在 BBI 曲线下横着走一段时间之后，放量突破 BBI 指标线，第一次向下回抽股价不跌破 BBI 指标线，并放出巨大成交量的时候可以大胆介入，此时市场为多头市场，股价自然也就稳定上涨。

例如，光大证券在 2019 年 2 月 1 日，股价向上突破 BBI 曲线，并在 2019 年 2 月 15 日回抽股价，同时放出巨大成交量，如图 3-67 所示，投资者此时进场可以获得不菲的收益。

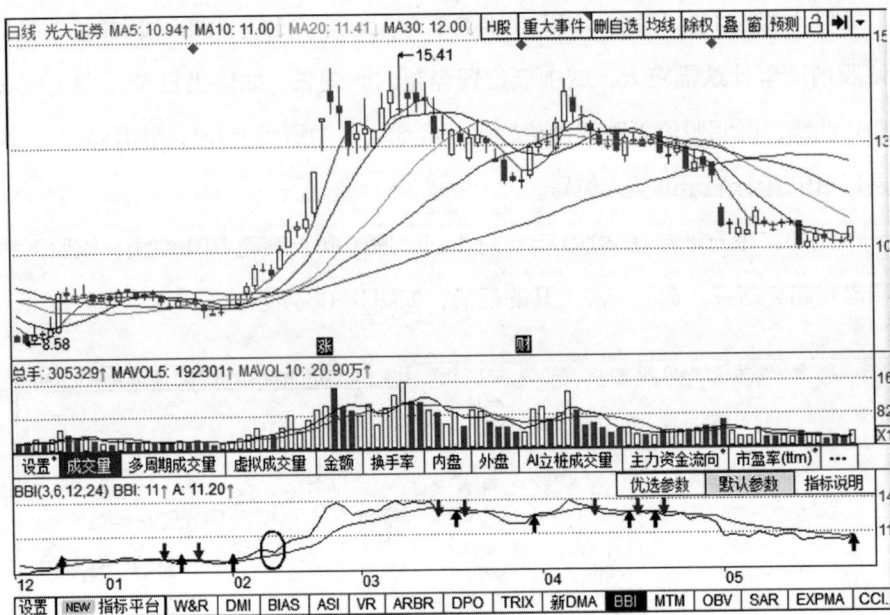

图3-67　光大证券K线图

# 八、CCI（顺势指标）

CCI指标又称顺势指标，是由美国股市分析家唐纳德·兰伯特于20世纪80年代创造的，是指导股市投资的一种中短线指标。它最早是用于期货市场的判断，后运用于股票市场的研判，并被广泛使用。

## 1. CCI 指标的原理

CCI指标与大多数单一利用股票的收盘价、开盘价、最高价或最低价而发明出的各种技术分析指标不同，CCI指标是根据统计学原理，引进价格与固定期间的股价平均区间的偏离程度的概念，强调股价平均绝对偏差在股市技术分析中的重要性，是一种比较独特的技术分析指标。

CCI指标可以用来衡量股价是否超出常态分布范围，属于超买超卖类指标的一种，但它与其他超买超卖型指标比又有自己比较独特之处。像KDJ、RSI等大多数超买超卖型指标都有"0~100"的上下界限，它们对一般常态行情的判断比较适用。但是，当出现暴涨暴跌的股票价格走势时，这些指标就可能会发生指标钝化的现象。而 CCI 指标却是波动于正无穷大到负无穷大，不会出现指标钝化现象，有利于投资者更好地研判行情。

**2. CCI 指标的计算方法**

和其他技术分析指标一样，由于选用的计算周期不同，顺势指标 CCI 也包括分钟 CCI 指标、日 CCI 指标、周 CCI 指标和年 CCI 指标等多种类型。经常被用到的是日 CCI 指标和周 CCI 指标。虽然它们计算时取值有所不同，但基本方法一样。

下面以日 CCI 计算为例，介绍其具体的计算方法。

CCI（$N$ 日）=（TP － MA）÷MD÷0.015

其中，TP=（最高价 + 最低价 + 收盘价）÷3

MA= 最近 $N$ 日收盘价的累计之和 ÷$N$

MD= 最近 $N$ 日（MA －收盘价）的累计之和 ÷$N$，0.015 为计算系数，$N$ 为计算周期。

**3. 应用法则**

（1）CCI 指标区间的判断

CCI 指标可以在正无穷和负无穷之间变化，但是，它也有一个相对的技术参照区域，就是在 −100 和 +100 之间。

①CCI 指标在 −100 以下为超卖区，当 CCI 指标从上向下突破 −100 线时，意味着股价将进入探底阶段，应以持币观望为主。

②CCI 指标在 +100 以上为超买区，当 CCI 指标从下向上突破 +100 线时，意味着股价处于强势上升状态。此时如果成交量也逐渐增大，则买入的信号更加明确。

③在 −100 到 +100 之间为常态区，当 CCI 指标在 −100 线和 +100 线之间运行时，投资者可以参考 KDJ、RSI 等其他超买超卖指标进行判断。

（2）CCI 曲线的形状

CCI 曲线的形状可以分为以下几种情况。

①当 CCI 曲线在远离 -100 线下方的低位时，如果 CCI 曲线的走势出现 W 底或头肩底等底部反转形态，表明股价由弱势转为强势，股价即将反转向上，投资者可以择机买入。

例如，如图 3-68 所示，该股票的走势图，在图形上显示出 CCI 曲线在 -200 线以下的低位，形成 W 底形态，表明目前股价由弱转强，后市股价可能会有相当大的涨幅，为买进的信号。

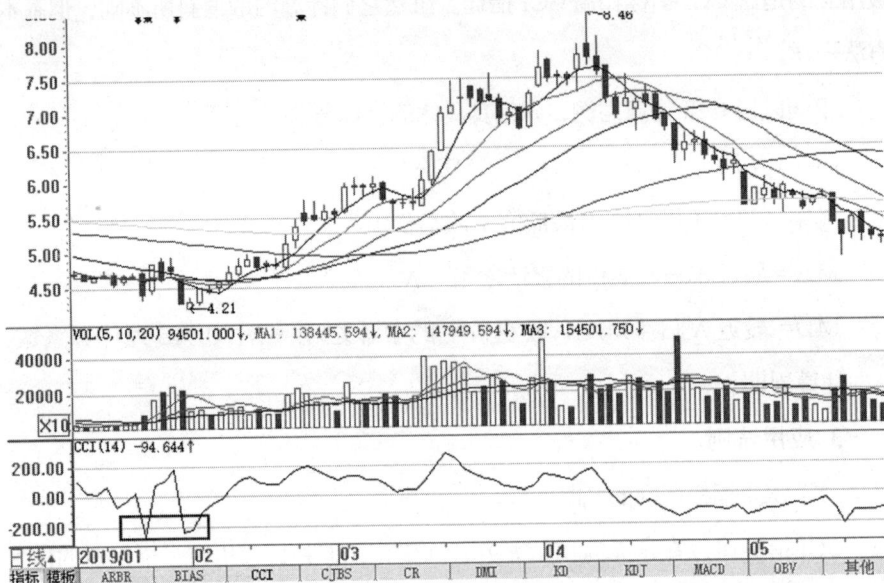

图3-68　我爱我家K线图

②当 CCI 曲线在远离 +100 线上方的高位时，形成 M 头或头肩顶等顶部反转形态，表明股价由强势转为弱势，股价可能大跌，投资者应及时卖出股票。如果股价走势也先后出现同样形态则可以更加明确卖出信号。

例如，如图 3-69 所示，该股票的走势图，在图形上显示出 CCI 曲线在 200 线附近的高位，形成 M 头形态，表明目前趋势是向下的，后市股价可能会有相当大的跌幅，为卖出的信号。

（3）CCI 指标的背离

CCI 指标的背离是指 CCI 指标的曲线的走势和股价 K 线图的走势方向正好相反。CCI 指标的背离分为顶背离和底背离两种。

图3-69　阳光股份K线图

①顶背离

顶背离现象是指当 K 线图上的股价走势上升并创出新高，并且一波比一波高，股价一直向上涨的时候，CCI 曲线在创出近期新高后，反而形成一波比一波低的走势，该现象说明买方力量已经逐渐减弱，一般是股价将在高位进行反转的信号，表明股价中短期内即将下跌。此时投资者不应追买，反而应择机尽快地抛售手中的股票。

例如，该股票的走势，在持续上涨的过程中，CCI 曲线出现了顶背离的形态，这种形态预示着股价将在不久出现掉头下行，是趋势反转的信号，后期果然走出了大幅下跌的趋势，如图 3-70 所示。

②底背离

底背离现象是指 K 线图上的股价走势下跌并且不断创新低，走势一波比一波低，而 CCI 曲线在低位却率先止跌企稳，并形成一波比一波高的走势，该现象说明卖方力量逐渐减弱，一般是股价将低位反转的信号，行情反弹可能不太远了。此时不应抛售，而应加紧买入。

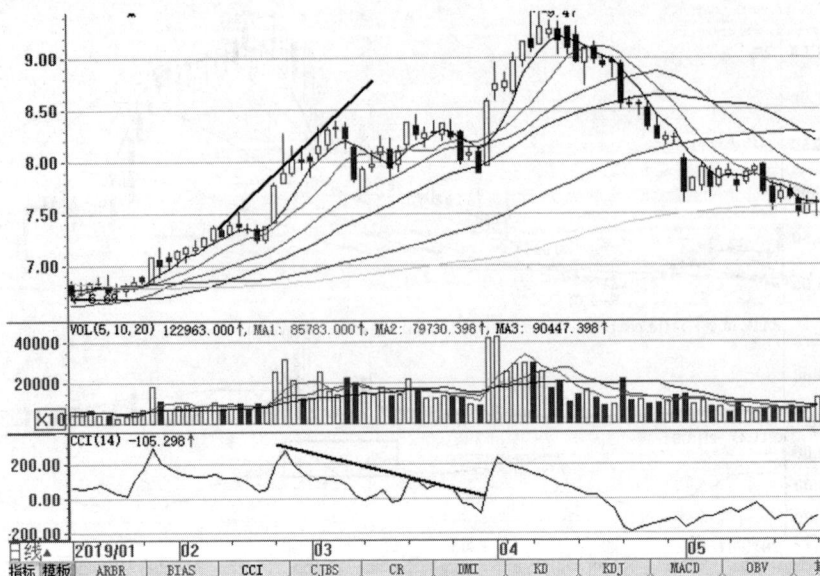

图3-70　金融街K线图

　　例如，该股票的走势，在持续下跌的过程中，CCI 曲线在 −100 线以下的低位出现了底背离的形态，这种形态预示着股价趋势将要出现反转，该股后期果然走出了一波上涨的趋势，如图 3-71 所示。

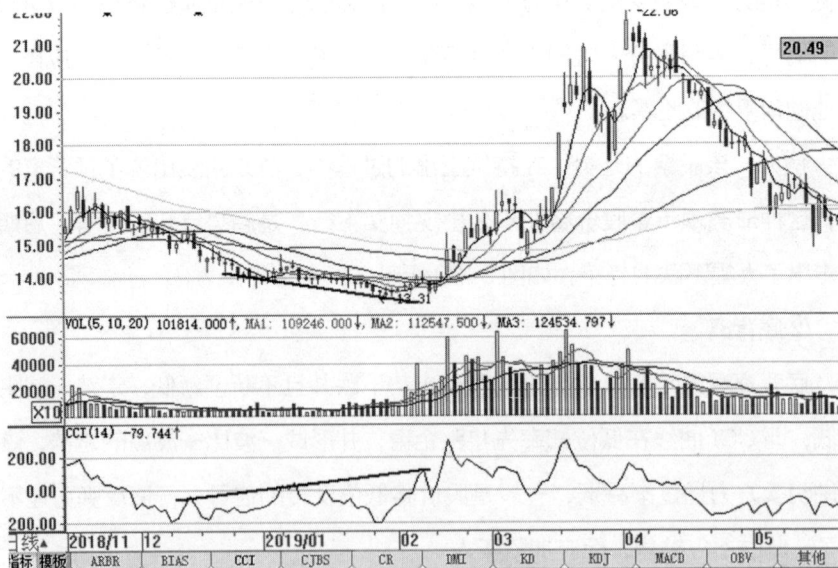

图3-71　泰禾集团K线图

**4. 实战应用**

和其他指标相比，CCI 指标的构造比较简单，它的研判主要是集中在 CCI 曲线所处的位置及运行方向上。下面以 14 日 CCI 指标为例，来揭示 CCI 指标的买入和卖出信号。

（1）CCI 指标的买入信号

①当 14 日 *CCI* 曲线向上突破 −100 线而进入常态区间时，表明股价的探底阶段可能结束，将进入一个盘整阶段，投资者可以逢低少量买入股票。

例如，该股票在 1 月 4 日向上突破 −100 线，表明该股趋势将要反转，后期果然进行盘整后走出了上涨趋势，如图 3-72 所示。

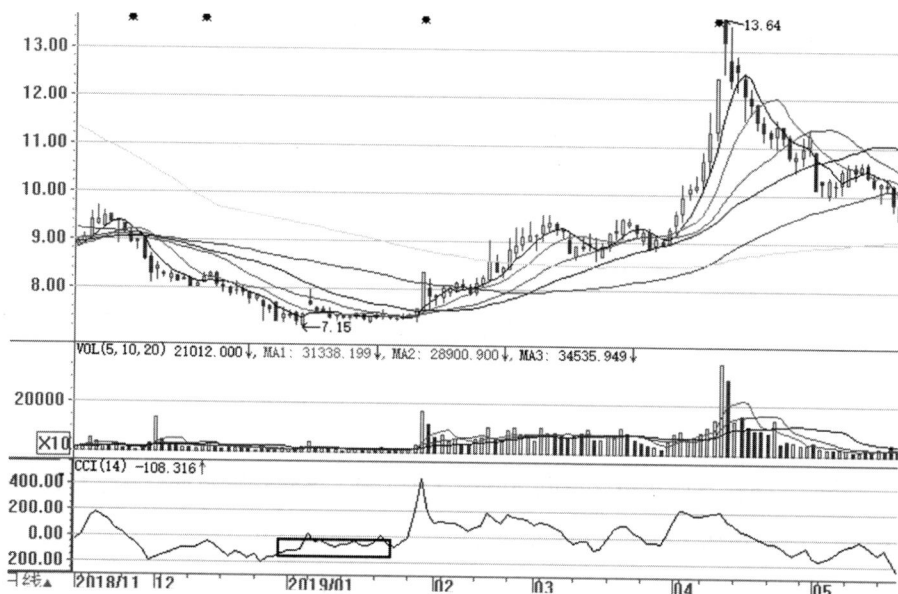

图3-72　向上突破-100线

②当 14 日 CCI 曲线向上突破 +100 线进入非常态区间时，表明股价开始进入强势拉升状态，这是 CCI 指标发出的买入信号，此时，投资者应及时买入股票，特别是对于那些股价带量突破中长期均线的股票，这种买入信号更加准确。

例如，某股票在 2 月 22 日向上突破 +100 线，同时成交量快速增加，该股后期进入了急速上涨的趋势，如图 3-73 所示。

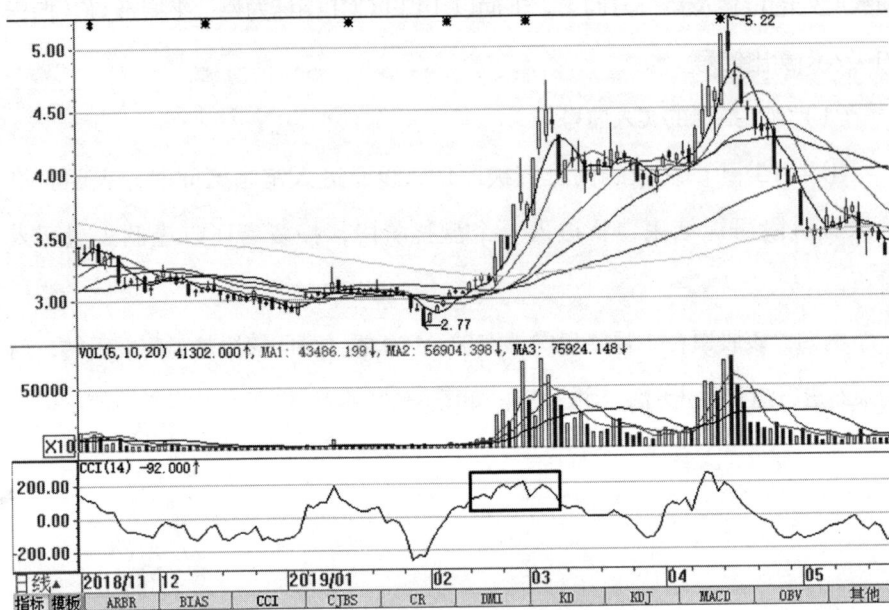

图3-73　向上突破+100线

（2）CCI 指标的卖出信号

①当 14 日 CCI 曲线从上向下跌破 +100 线而重新进入常态区间时，表明股价的上涨阶段可能结束，将进入一个盘整或下跌阶段。投资者应及时逢高卖出股票。

例如，该股票在 4 月 2 日向下跌破 +100 线，该股趋势将要反转，后期果然进入了下跌趋势，如图 3-74 所示。

②当 14 日 CCI 曲线从上下滑并跌破 −100 线，表明股价即将进入加速下跌阶段，这是 CCI 指标发出的中线卖出信号。此时，投资者应及时清仓离场。

例如，某股票在 4 月 19 日向下跌破 −100 线，该股后期进入了急速下跌的趋势，如图 3-75 所示。

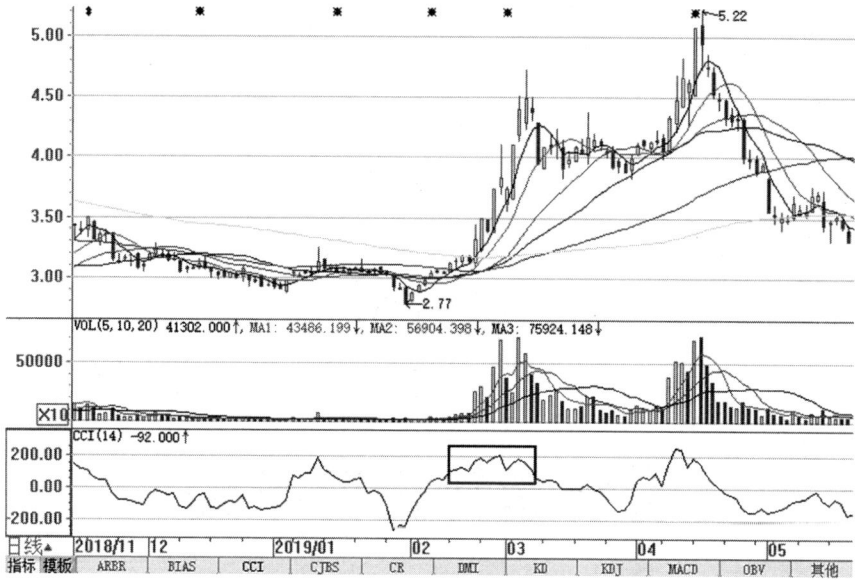

图3-74　向下跌破+100线

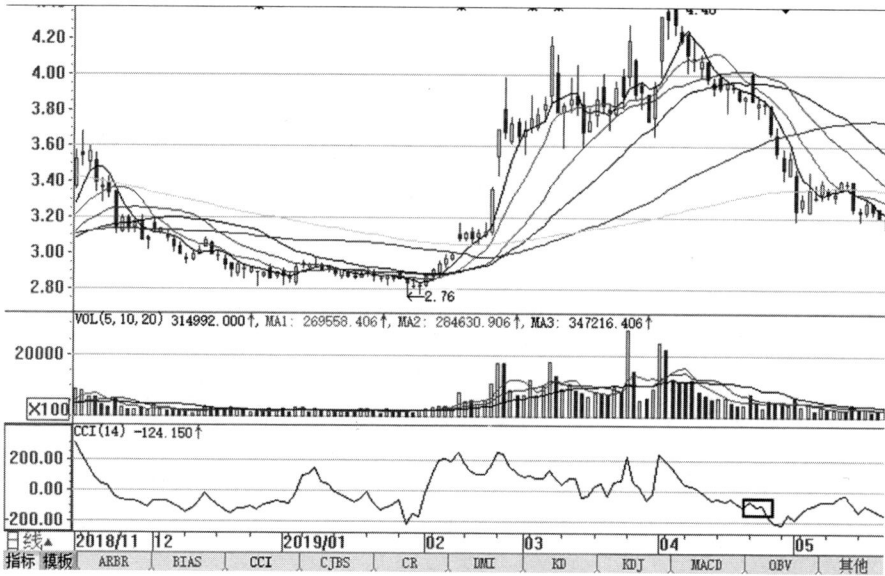

图3-75　跌破-100线

第四章

# 看准趋势提前布局

在股市里，投资成功与失败在很大程度上取决于对大盘走势的正确判断。趋势按照方向进行划分，可以分为上升趋势、下降趋势和震荡趋势 3 种类型。如果是上升趋势，股价将持续而全面地涨升，此时积极买进股票，必能得到丰厚的回报。如果是下降趋势，股价会一波比一波低。如果投资者没有及时卖出股票，则必然亏损累累。投资者只有对大势判断准确了，操作起来才能得心应手。

# 一、上升趋势的实战技法

上升趋势也称为牛市行情，在一波行情中，如果股价整体重心不断上移，就可以称为上升趋势。一般来讲，在上升趋势中以持股为主，波段操作为辅。在上升趋势中，如果出现这些类型的 K 线组合形态，预示着股价会进一步上升，即后市看涨。

下面进行具体的分析介绍。

## 1. 上升三法

上升三法出现在上升途中，是指一根长阳线之后接 3 根较小的阴线，然后再接一根长阳线的 K 线组合。其中 3 根小阴线均处于第 1 根阳线的价格范围之内。其走势有点类似于英文字母的"N"，如图 4-1 所示。该组合形态表明，连接数个阴线都无法将股价推到第 1 根 K 线的开盘价之下，接下来出现的一根大阳线，意味着行情的涨势开始。

例如，某股票的 K 线走势图中，就出现了典型的上升三法组合形态，如图 4-2 所示，随后出现了一波上涨的行情，投资者见到这种 K 线组合之后，不要被中间的三连阴 K 线迷惑，而要注意观察股价的下一步走势，只要发现股价向上运行并伴随成交量的放大就要积极跟进。

## 2. 下降阴线

在上升的途中，出现三条连续下跌阴线，为逢低承接的大好时机。当第四天阳线超越前一天的开盘价时，表示买盘强于卖盘，后市将会上涨，如图 4-3 所示。

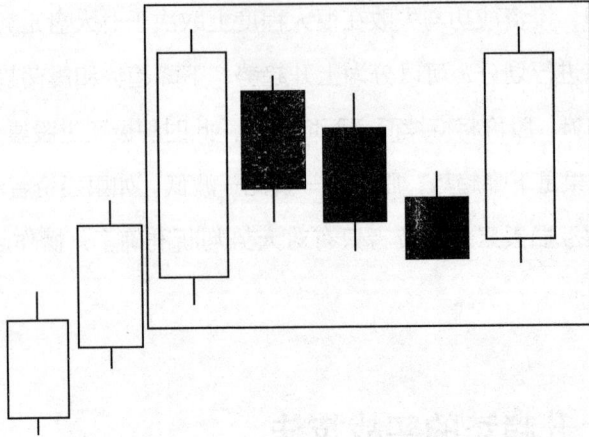

图4-1　上升三法简化图形

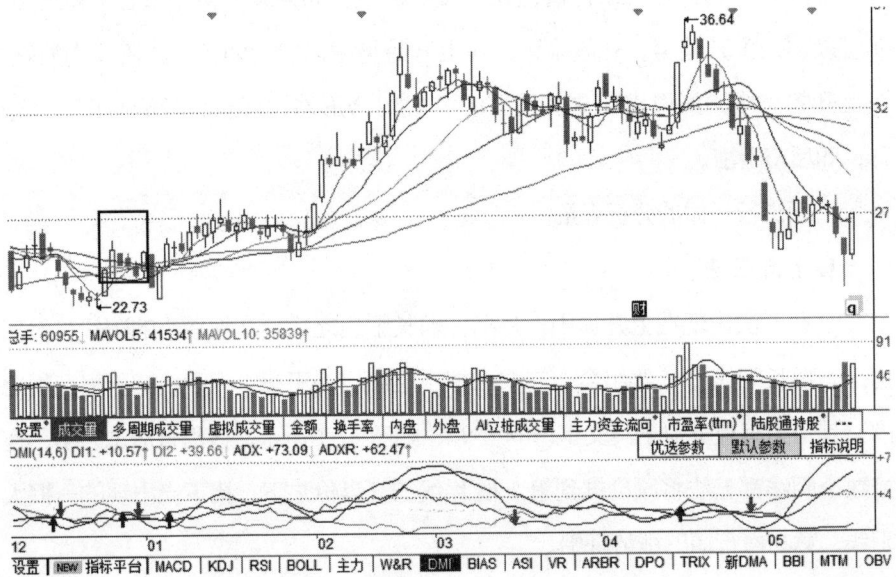

图4-2　上升三法

　　例如，某股票的 K 线走势图，上升趋势中出现了三条连续下跌的阴线，随后出现了一根光头光脚长阳线，如图 4-4 所示。随后走出一波不错的上升行情。

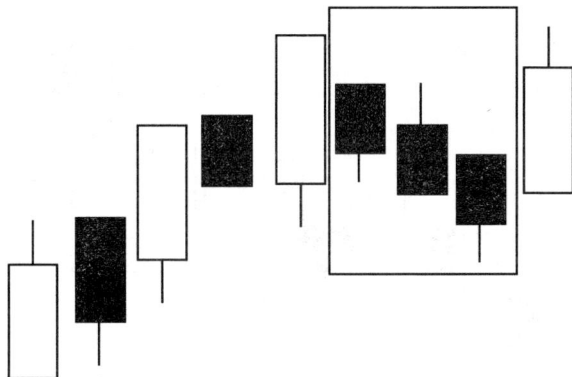

图4-3　下降阴线简化图形

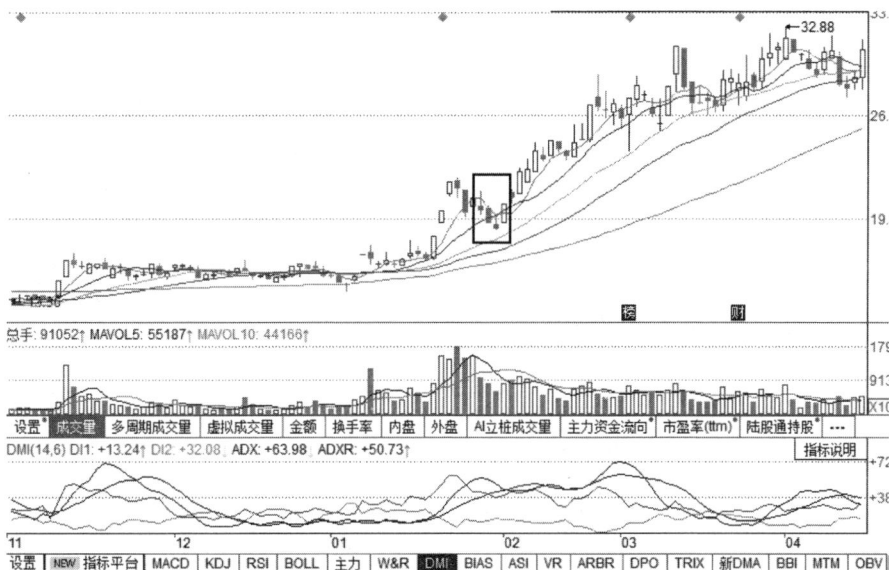

图4-4　下降阴线

## 3. 太阳升

太阳升出现在上升趋势中，是指在 K 线图中至少出现 5 根连续阳线的形态，可以看到阳线量特别大，阴线量小，阳多阴少，并且阳线的成交量数倍于阴线成交量，特别醒目，如图 4-5 所示。说明买入意愿十分强烈而卖压极轻，股价不断上行而成交量递减，并且越推高成交量越小。特别是均线经过长期的空头排列后，股价后势将看涨。

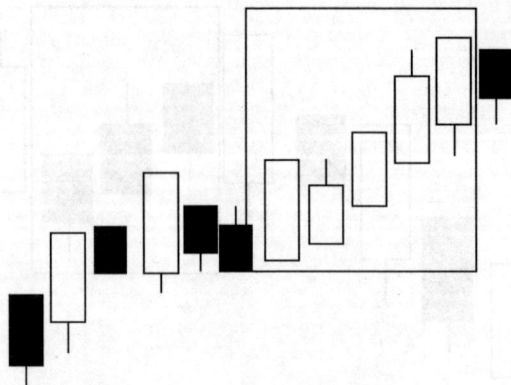

图4-5　太阳升简化图形

　　例如，某股票的 K 线走势图，在上升趋势中出现了 5 根连续阳线，并伴随着大量的成交量，随着股票价格的不断增长，成交量不增反降，随后走出一波不错的上升行情，如图 4-6 所示。

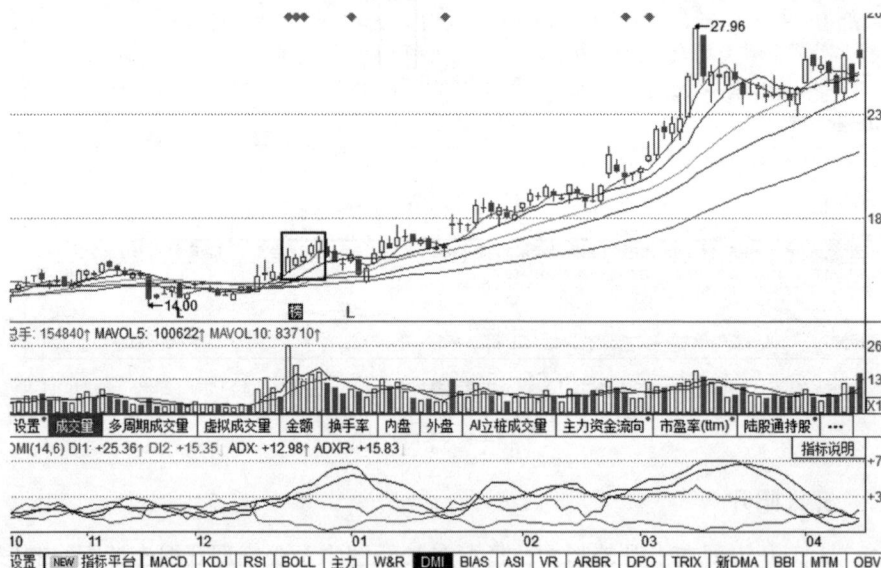

图4-6　太阳升

### 4. 双阳夹双阴

　　在上升途中，多方发力向上，但遇到空方的抵抗，连收两根小阴线，但是，多方力量比较大，再次发力，一举吞并两根阴线，后市看涨，投资者可在股价超过两根阴线的高点时放心进入，如图 4-7 所示。

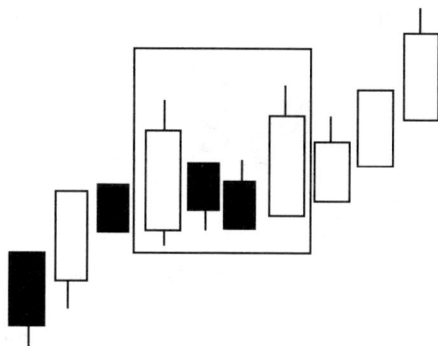

图4-7　双阳夹双阴简化图形

例如，某股票的 K 线走势图，在上升趋势中出现了双阳夹双阴的形态，说明多方力量占据优势，随后果然走出一波不错的上升行情，如图 4-8 所示。

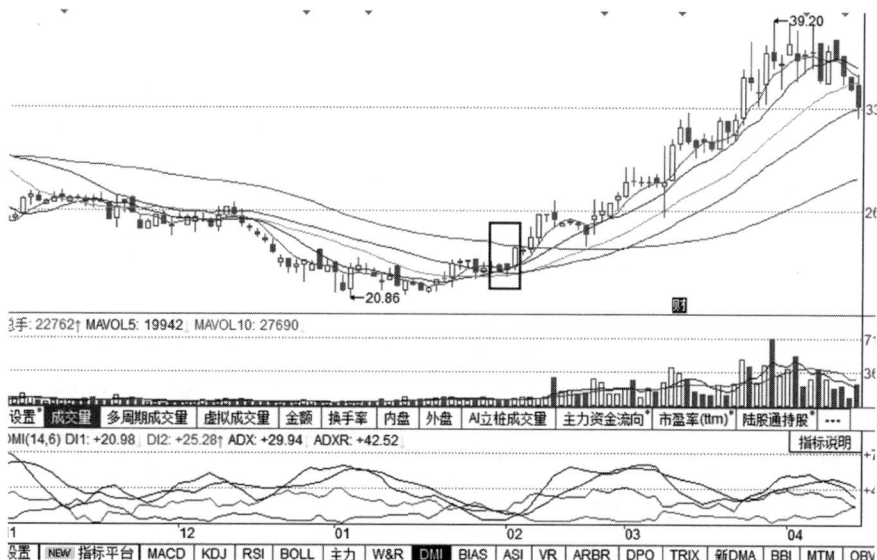

图4-8　双阳夹双阴

### 5. 低价位五阳线

在低价区连续出现 5 条或 5 条以上的小阳线，说明逢低吸纳者众多，买方力量比较大，底部已经形成，多方蓄积的能量即将爆发，后市上涨的可能性极大，如图 4-9 所示。

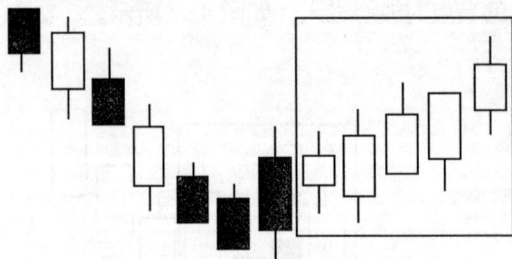

图4-9　低价位五阳线简化图形

例如，如图 4-10 所示，该股票经过漫长的盘整期之后，K 线走势图中出现了低位五阳线的形态，说明多方力量占据优势，随后进入快速拉升阶段。

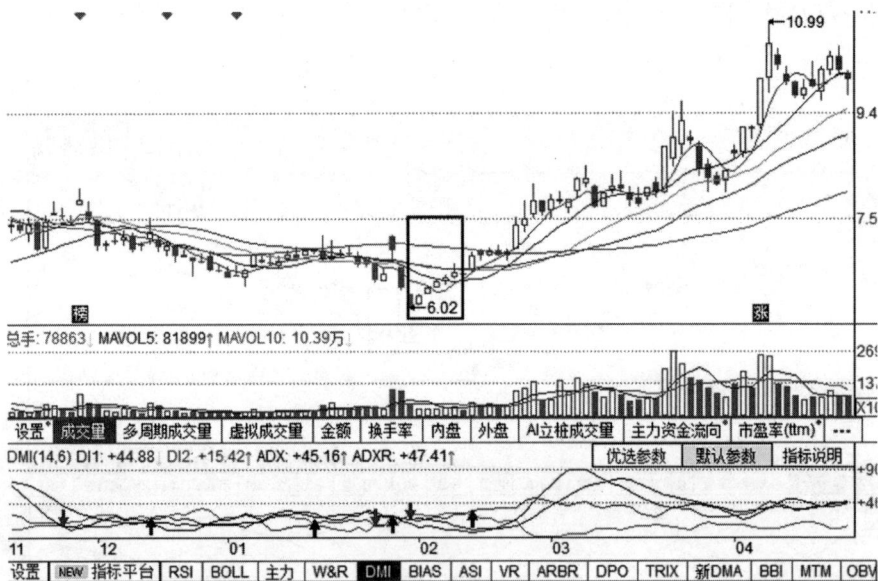

图4-10　低价位五阳线

# 二、下降趋势的实战技法

在一波行情中，只要整体股价重心在不断下移，就可以称为下降趋势。

在下降趋势中，市场往往不以人的意志为转移，投资者心目中各种底部经常被击穿，投资者更要注意风险。在下降趋势中，也有一些典型的K线组合形态，预示着股价会进一步下跌，即后市看跌。下面进行具体的分析介绍。

**1. 下降三法**

下降三法往往出现在下降途中，是一根大阴线或中阴线之后接3根向上攀升，但是实体较小的阳线，再接一根大阴线或中阴线的组合。其中的3根小阳线均处于第1根阴线的价格范围之内，后面出现的一根大阴线或中阴线把前面3根小阳线全部或大部分都吞吃掉了，如图4-11所示。这种形态一般不会特别标准地出现，有时候中间的阳线不一定是三根，但都意味着多方已经无法战胜空方，股价将进一步下滑。

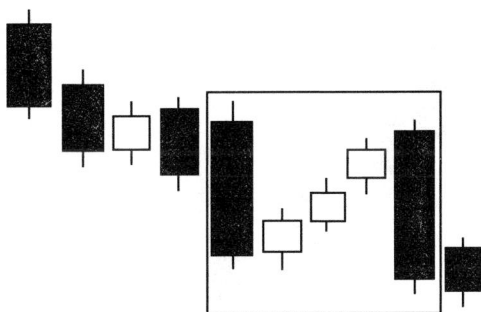

图4-11　下降三法简化图形

例如，某股票的K线走势图中，就出现了典型的下跌三法组合形态，随后股价进一步向下滑落，投资者最好是减仓操作或者空仓观望，如图4-12所示。

**2. 阴后双阴阳**

阴后双阴阳是指一根阴线之后出现反弹的两根阳线，但随后又出现一根阴线，表明空头力量仍然比较强大，如图4-13所示。

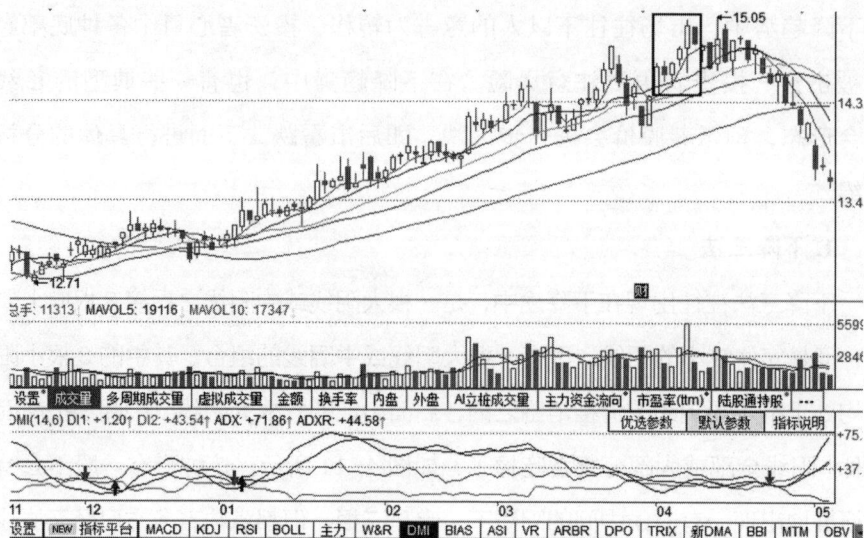

图4-12　下降三法

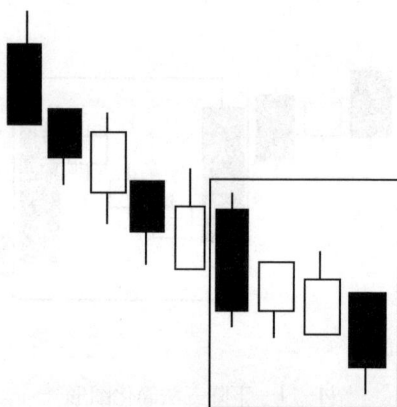

图4-13　阴后双阴阳简化图形

　　例如，某股票的 K 线走势图中，就出现了典型的阴后双阴阳的组合形态，随后股价进一步向下滑落，如图 4-14 所示，投资者最好是减仓操作或者空仓观望。

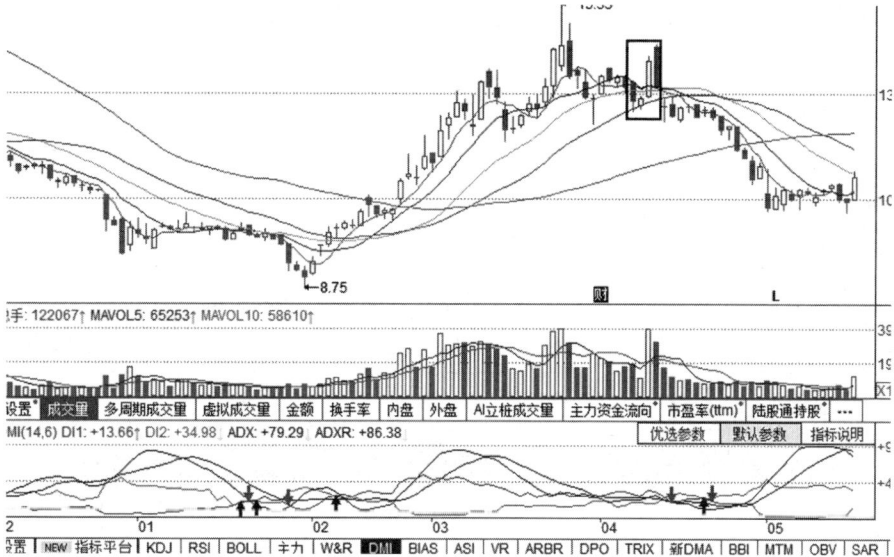

图4-14 阴后双阴阳

## 3. 倒三阳

在行情持续下跌中，出现了一条阴线，次日起连续出现三根阳线，此时并不能说明行情将反转，倒三阳的形态如图 4-15 所示。这种形态一般会出现在有主力的股票中，主力为了能够成功出逃而故意制造假象，有的投资者看到连续收阳时就会积极买入，往往成为主力收割的对象。

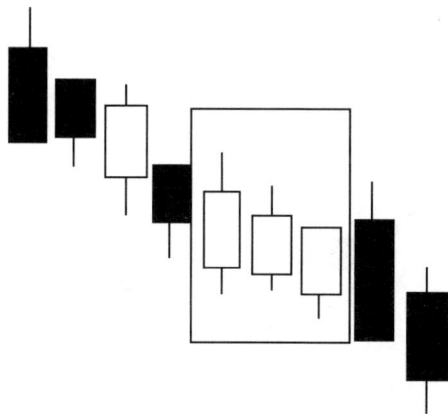

图4-15 倒三阳简化图形

例如，某股票的 K 线走势图中，出现了三条连续上升的阳线，随后出现了一根阴线，如图 4-16 所示。随后进入加速下跌的趋势。

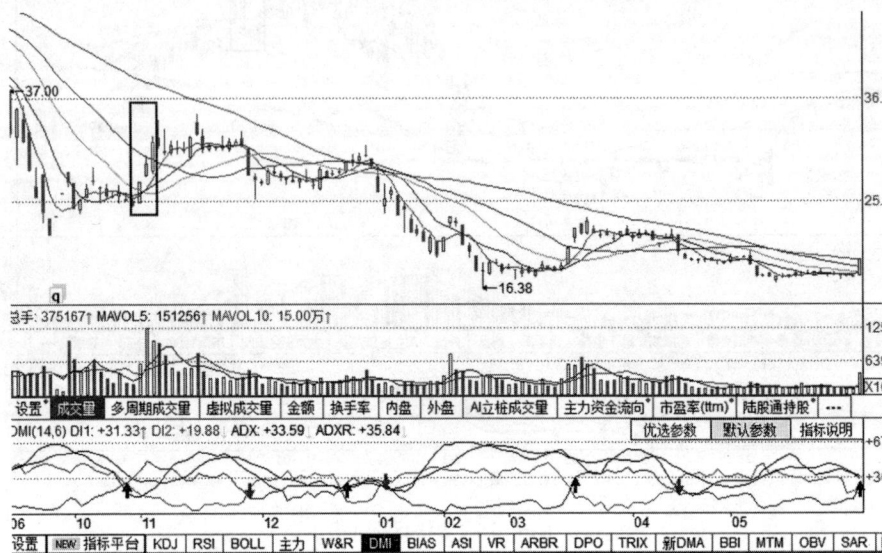

图4-16　倒三阳

### 4. 底部大阴线

底部大阴线往往出现在跌势漫长、跌幅巨大的下降趋势之末尾加速下跌期。此形态要求是跌幅在 6% 以上的大阴线，当天开盘价在前一根 K 线下部或小幅低开，次日的 K 线最好是在此大阴线中上部开盘，如果跳空高开更理想。一般底部大阴线并不单独作为判断底部的依据，最好得到下一根 K 线的确认，如图 4-17 所示。

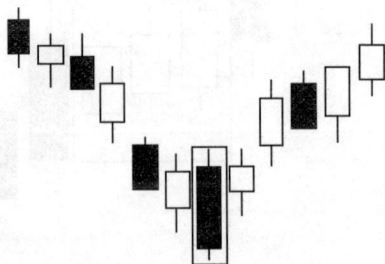

图4-17　底部大阴线简化图形

例如，某股票的 K 线走势图中出现了一根跌幅高达 -9.95% 的大阴线，当天的开盘价小幅低开，如图 4-18 所示，随后进入上升趋势。

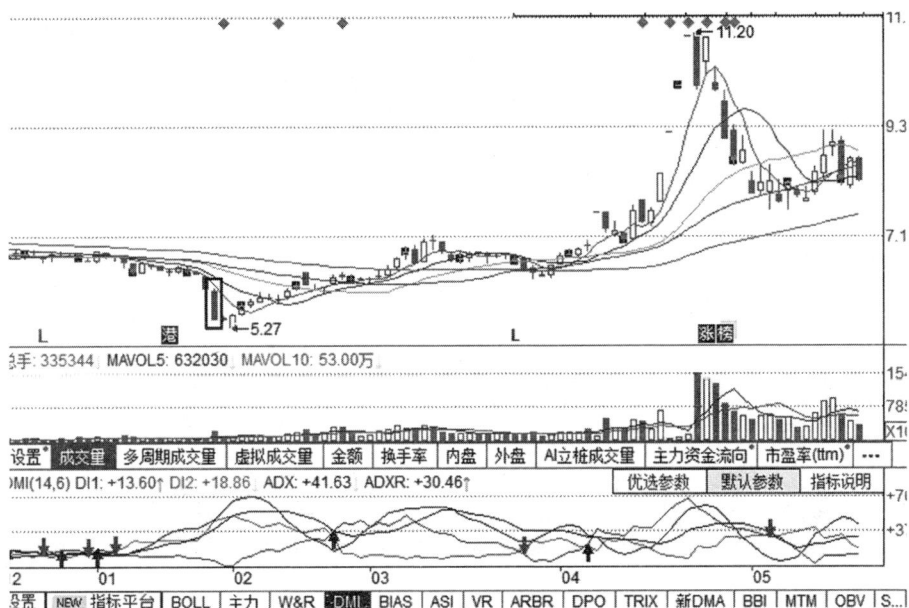

图4-18　底部大阴线

## 5. 同位大阴线

股价位于相对高位，短期内在相同的价位上出现了两根大阴线，说明在该压力位受到了较大的阻挡，很难突破，表明后市很可能再次下跌，投资者应该到此价位的时候退场观望，同位大阴线的形态显示，如图 4-19 所示。

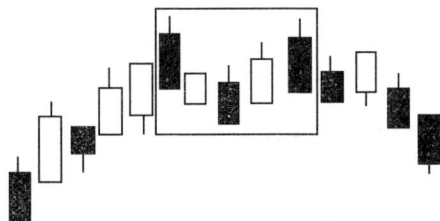

图4-19　同位大阴线简化图形

例如，该股票在下降趋势中，在相同的价位上出现了两根大阴线，如

图 4-20 所示，随后股价进入下跌的趋势。

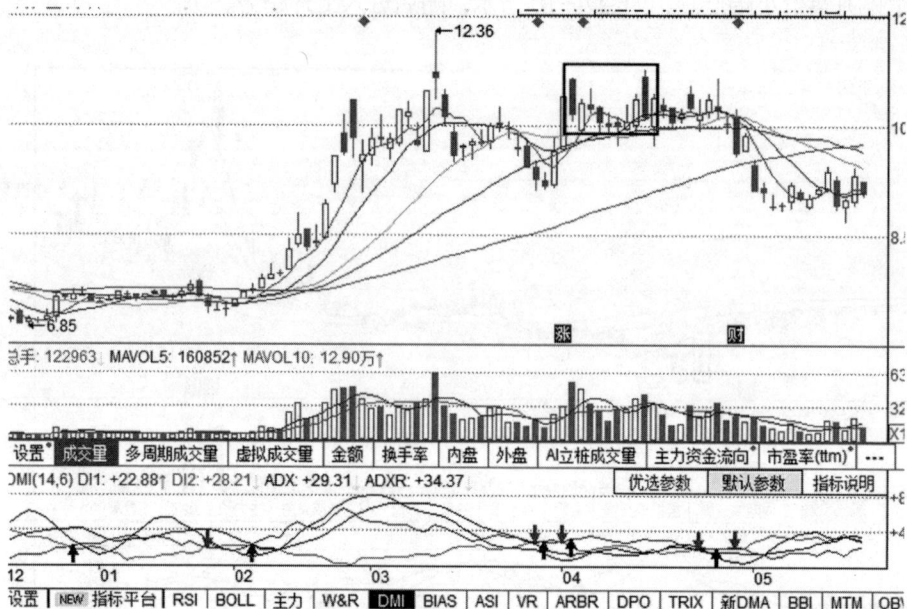

图4-20　同位大阴线

# 三、转向形态的实战技法

在股票市场上，几乎没有只涨不跌的股票，一只上市时间较长的股票通常都会包含上涨和下降趋势。也就是说，股价经过一轮较大幅度的上升或者下跌之后都会发生逆转，形成股价向另一个方向运动的过程。那么，对于这种转向形态，投资者应该如何操盘呢？

## 1. 谷底大阳线

谷底大阳线通常发生在大盘或个股阶段性见底或熊市的末期。谷底大阳线出现的背景一般都是市场极度悲观的时候，就在大多数投资者对后市绝望之时，突然出现了一根大阳线，如图 4-21 所示。有人形容它就像一根股市中的定海神针。谷底大阳线的出现，对趋势的改变起到重要的作用，如果谷底大阳线出现的同时，能够伴随着成交量的显著增加，有非常大的可能会出现行情的逆转。

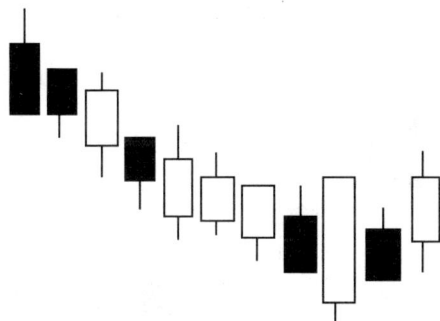

图4-21　谷底大阳线简化图形

例如，某股票在下降趋势中，K线走势图中出现了谷底大阳线的形态，伴随着成交量的增大，如图4-22所示，随后走出上涨的趋势。

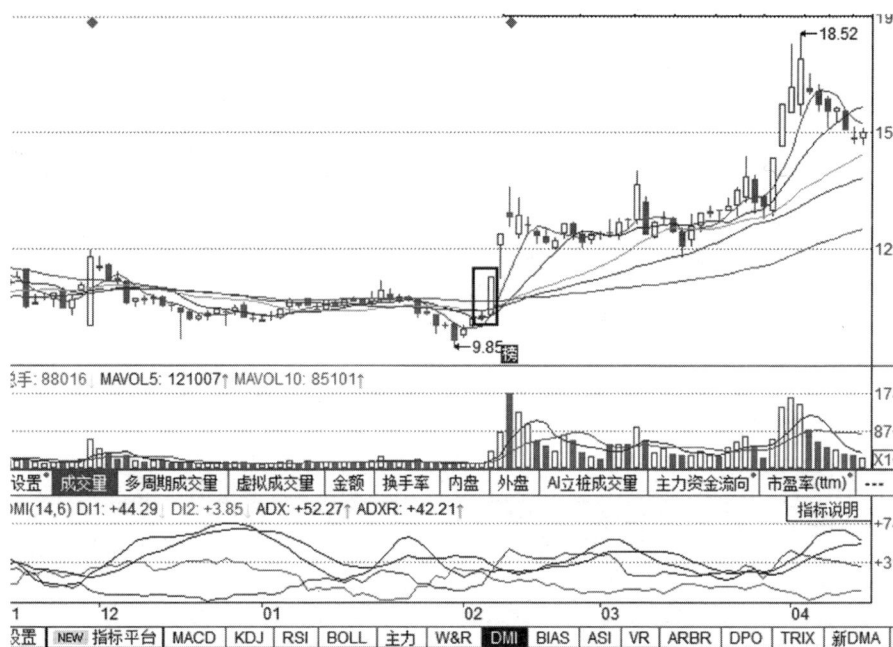

图4-22　谷底大阳线

## 2. 好友反攻

好友反攻一般出现在股价的下跌途中，即第1天是一根长阴线，第2天是一根低开的阳线，股价在当日又急速上扬，显示了较强的反弹能力，随后第3天仍继续保持着上升趋势。出现此种K线组合形态一般预示股价跌势已尽，将要展开一段反弹行情。好友反攻形态如图 4-23 所示。

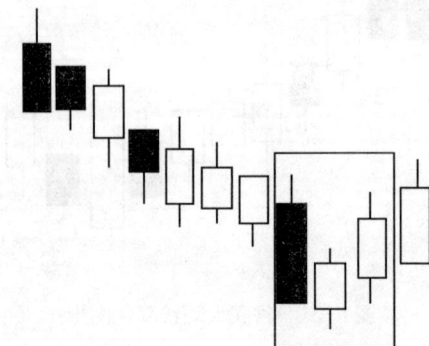

图4-23　好友反攻简化图形

例如，某股票在一波涨势之后，出现一根长阴线，第 2 天是一根低开的阳线，第 3 天跳空高开收阳线，如图 4-24 所示，股价又开始大幅拉升。

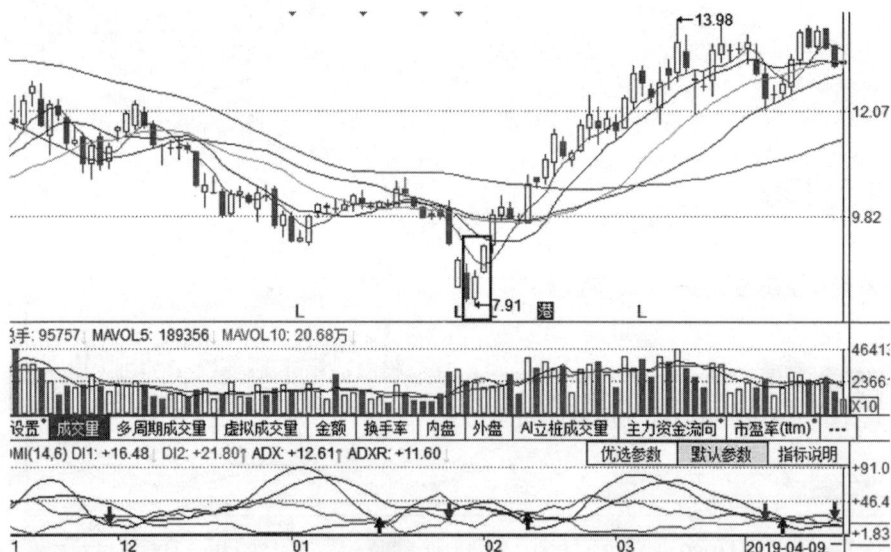

图4-24　好友反攻

### 3. 三川破晓

三川破晓是指股价经过调整之后在低价位出现一条大阴线，次日，向下跳空收小图线（阴阳均可），在 3 天之内在该向下跳空缺口中出现中阳线，该线的出现表示阶段性底部已经出现，是强烈的见底信号。三川破晓形态如图 4-25 所示。

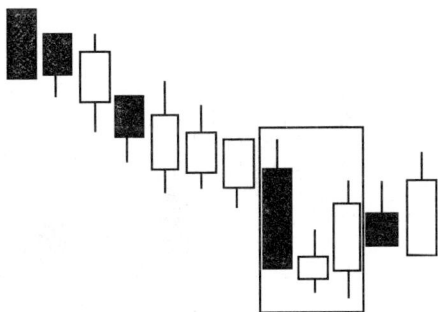

图4-25　三川破晓简化图形

　　例如，如图4-26所示，该股票在下降趋势中，出现了一根大阴线，次日跳空低开收阴线，第3日跳空高开收阳线，出现了三川破晓的形态，伴随着成交量的逐渐增大，随后走出上涨的趋势。

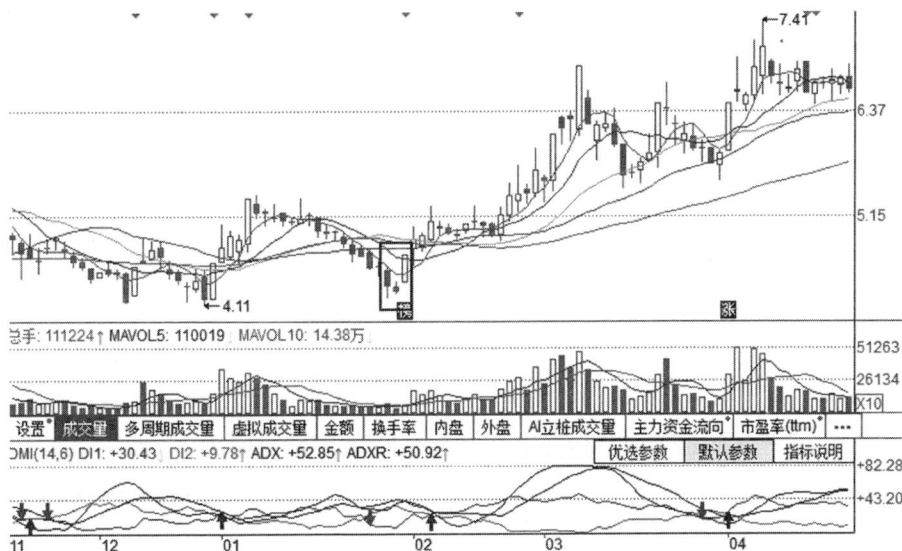

图4-26　三川破晓

### 4. 启明星

　　启明星属于底部反转形态，一般出现在股价下跌行情末端。它由3根K线组成，其中第1根K线是一根阴线，延续前市的下跌趋势；第2根K线是一颗跳空低开的十字星，实体很小，意味着卖方失去了进一步控制市场的力量；第3根K线是一根阳线，表示买方夺回了市场，后市看涨，如图4-27所示。

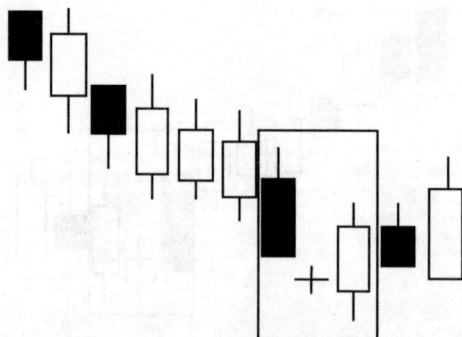

图4-27　启明星简化图形

　　例如，如图 4-28 所示，该股票在下降趋势中，于 1 月 3 日出现了一根阴线，次日跳空低开收十字星，第 3 日跳空高开收阳线，出现了启明星的形态。后市走出一波不小的行情。

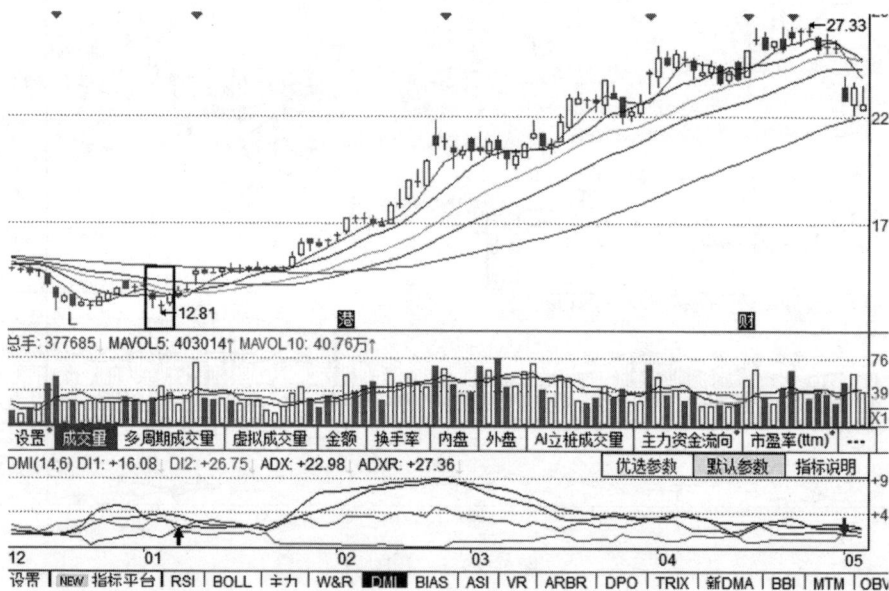

图4-28　启明星

### 5. 三杆通底

　　三杆通底是指股价经过阶段性调整已经有了较大的跌幅，某日出现了一根中阴线，接下来的两天出现了两根大阴线，接连出现三根下降的中大阴线的 K 线形态。该形态中要求三根大阴线的跌幅都不小于 3%，三根阴线的总跌幅不小于10%。如果第3根阴线是3根阴线中跌幅最大的一根阴线，后市见底的可能就更大一些，如图4-29所示。通常情况下，该形态出现后，反弹的力度会比较大，在第3根阴线的收盘价附近买入，后市一般均可获利，是短线博取差价的较好机会。

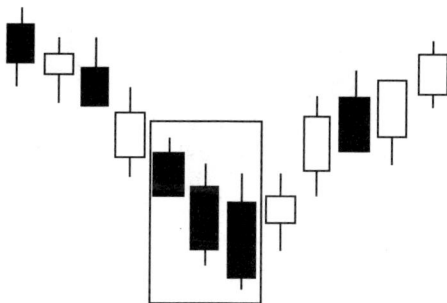

图4-29　三杆通底简化图形

例如，如图4-30所示，该股票在下降趋势中，于1月24日出现了一根中阴线，跌幅为-3.87%，次日的大阴线跌幅为-5.75%，第3日大阴线的跌幅为-6.10%，出现了三杆通底的形态，后市走出一波不小的行情。

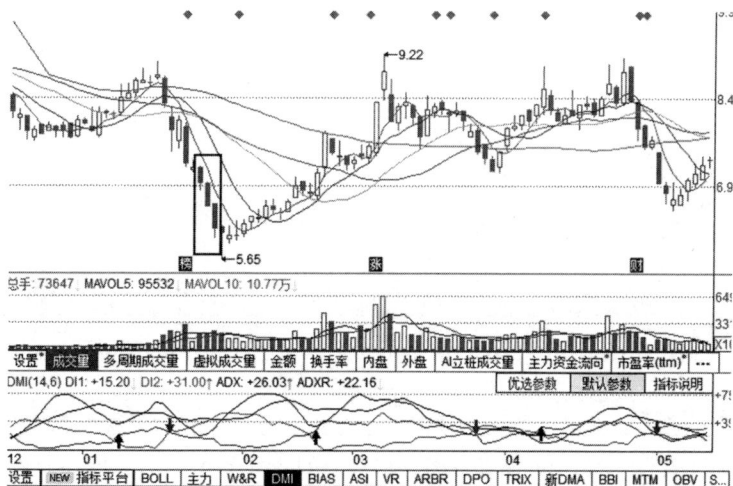

图4-30　吉艾科技K线图

## 6. 五阴带一长阴线

在短期内阴阳交错地拉出五条阴线后，又出现一条长长的大阴线，基本

上可以判断底部的成立，如果隔日高开，即可视为反弹的开始，如图4-31
所示。

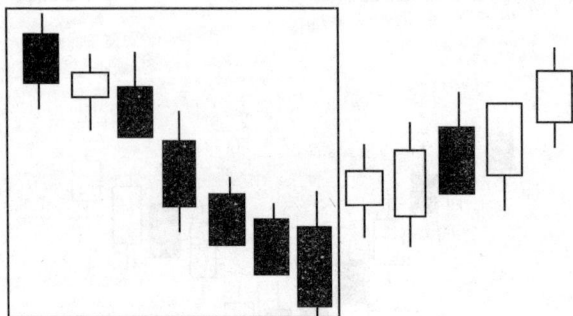

图4-31　五阴带一长阴线简化图形

例如，如图4-32所示，该股票在下降趋势中，于1月24日至1月30
日接连出现了五根阴线，1月31日出现一条长阴线。后市走出一波不小的
行情。

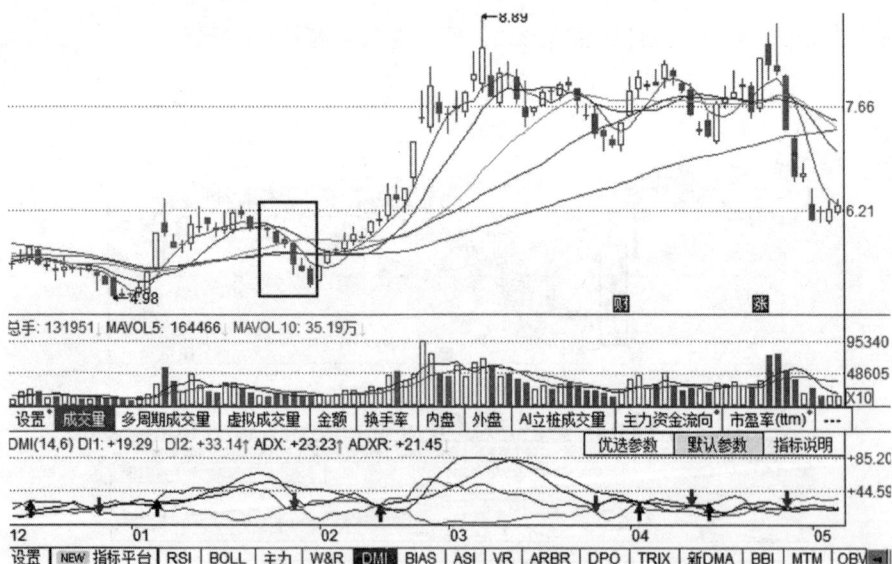

图4-32　云南锗业K线图

# 四、底部的实战技法

股价经过长时间的大幅下跌之后，通常会形成底部。如果运用趋势线或均线等分析手段来研判底部，往往会产生延误。而通过底部反转形态来进行确认，会更加方便快捷。因此，了解底部反转形态，并通过这些形态来辅助判断底部非常有必要。

### 1. 圆弧底

圆弧底通常出现在股价深幅下跌之后，是一种极具上涨能力的底部形态，是底部常见的图形之一。圆弧底的形成过程中，多空双方的争夺比较缓和，因此股价是缓慢下滑，在跌势趋缓并止跌之后，多空达到平衡，在底部横盘少许时日后，股价又缓慢回升，整个形态就像一个圆弧，所以被称为圆弧底或圆底，其简化图形如图 4-33 所示。

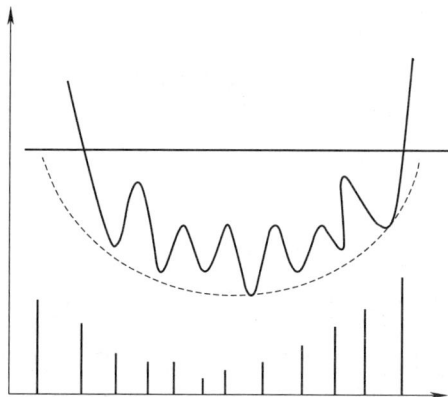

图4-33　圆弧底简化图形

圆弧底形态成交量的特征为两头多、中间少。越靠近底成交量越少，到达底时成交量达到最少。在突破后的一段，都有相当大的成交量。圆弧形态形成所花费的时间越长，今后反转的力度就越强。圆弧底的形成过程中如果有一些不规则的形态，往往更加可信一点，如果圆弧底的形态过于完美，反而可能是主力资金刻意做出的形态，投资者一定要谨慎对待。

例如，某股票的日 K 线形成了一个圆弧底，从图 4-34 中可以看出，该股股价在 9.72~13.46 元的区域形成了底部，且形态内的成交量两头多、中间少，圆弧底形态确立，形态成立后，股价趋势反转。

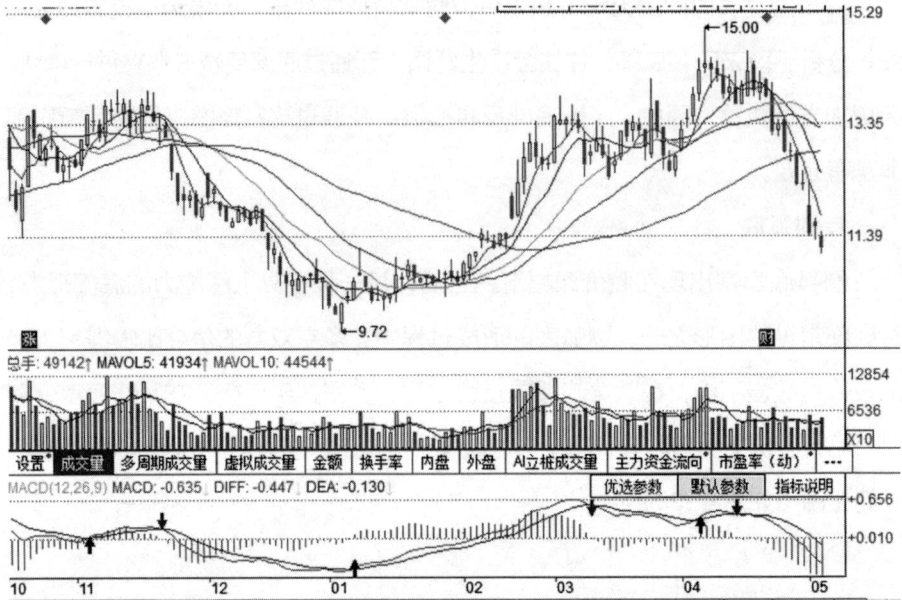

图4-34　蓝焰控股K线图

## 2.V 形底

V 形底是一种比较常见并且力度和爆发力大的反转形态，它往往出现在市场剧烈的波动之中。股价先大幅度下跌，在股价下跌最猛烈的时候，却突然触底反弹，然后一路上扬。其走势像英文字母"V"，故被称为"V 形底"，如图 4-35 所示。

V 形底在转势时成交量会特别大，且反转势力强劲，反转后的上涨持续时间较长。反转形态形成时间较短，是研判困难、参与风险比较大的一种形态。

在出现 V 形反转形态后，还要注意整体市场是否配合，如果整个市场疲软或继续下跌，某只股即使形成 V 形反转，也容易夭折，如果大盘也同时由弱转强，则可靠性高得多。

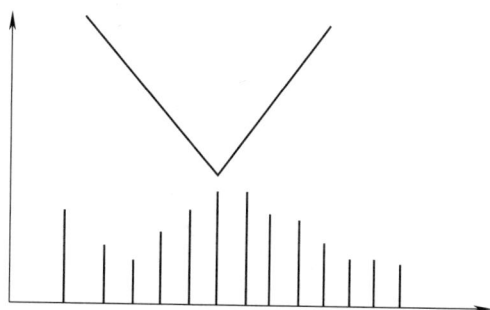

图4-35 V形底简化图形

例如，某股票在一波较大幅度的下跌之后开始横盘整理，然后继续加速下跌，但是在出现一根丁字线之后，股价就开始一路上扬，形成 V 形反转，如图 4-36 所示。

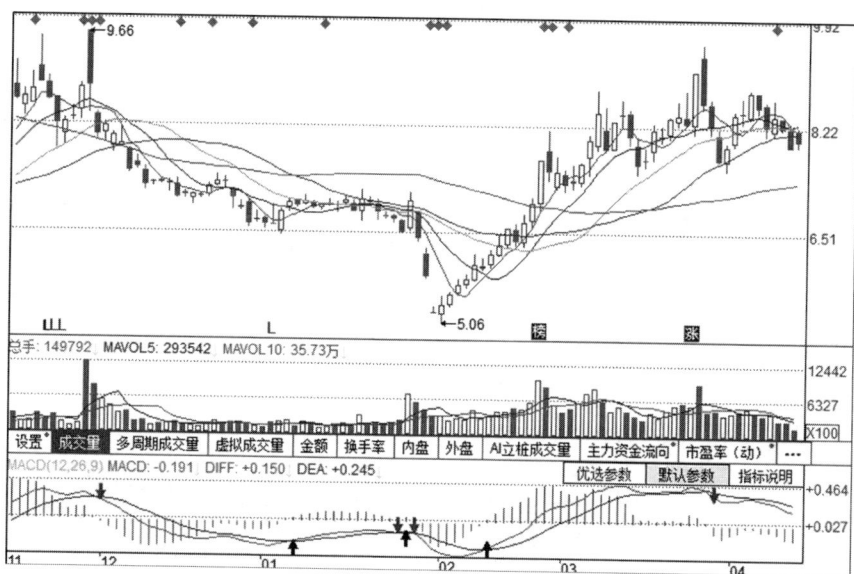

图4-36 V形底

### 3. 延伸 V 形

延伸 V 形是 V 形走势的一种变形，在形成 V 形走势期间，在下跌的过程中，出现了一段横向走势，之后股价打破这种横向僵局，继续完成整个形态，如图 4-37 所示。

通常延伸 V 形与 V 形走势作用一样，股价在突破延伸 V 形的底部区域时，也必须要有成交量的配合。

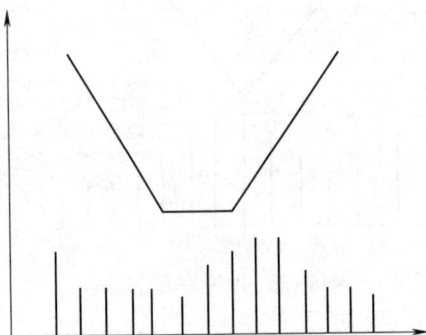

图4-37　延伸V形简化图形

　　例如，某股票在大幅度的下跌之后开始横盘整理，然后在成交量的配合下开始反转，股价也开始一路上扬，形成延伸 V 形反转，如图 4-38 所示。

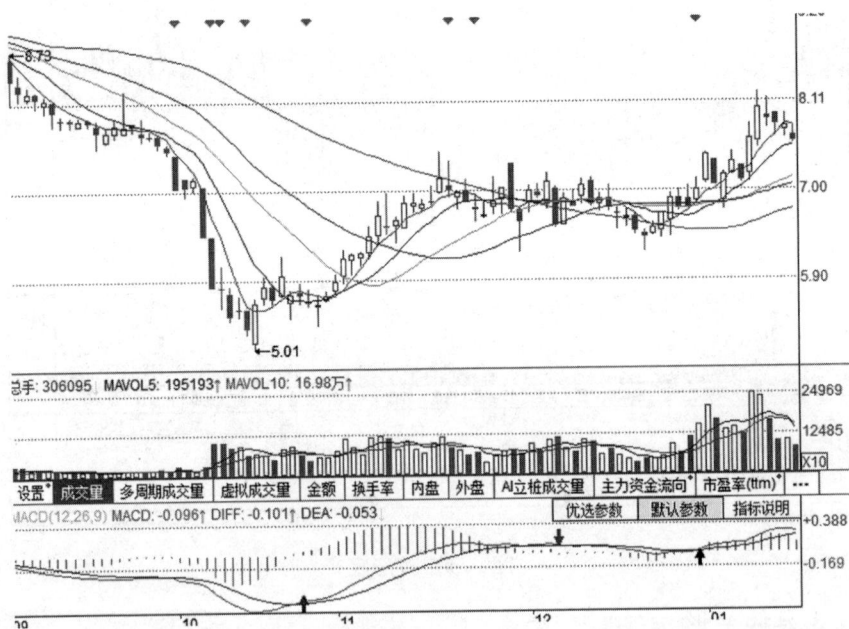

图4-38　延伸V形

### 4. 双底

　　双底，又称双重底或 W 底，是股价连续两次下跌的低点大致相同，其价格走势类似于英文字母 W，因此得名。双底对于趋势交易者而言，具有非常重要的操盘意义，双底一般在一段跌势的末端出现，有两个波谷，且低点基本位于同一水平，当股价突破颈线后，双底形态才算确立。它是一种非常常见而且容易辨认的底部反转形态。双底形态出现后，后市股价的升幅至少是双底的最低点到颈线之间的垂直距离，因此突破点是重要的买入时机。双底形态的简化图形，如图 4-39 所示。

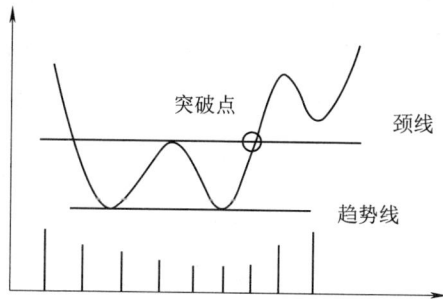

图4-39　双底简化图形

例如，某股票走出了双底的形态，当其股价跌至 5.04 元之后，小幅上升然后再次回落至 5.13 元，与前面的低点形成双底，后市启动了一轮上升趋势。如图 4-40 所示，在突破双底颈线之后，就是一个比较好的买入点。

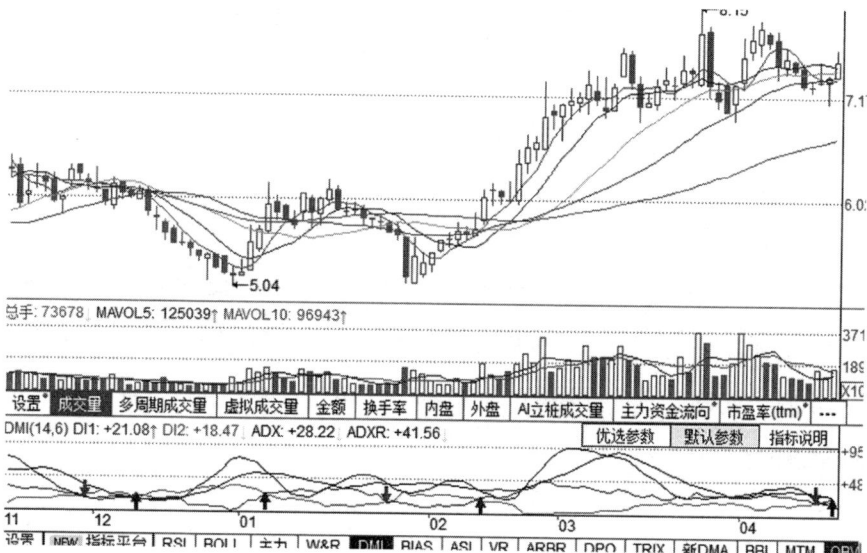

图4-40　双底

### 5. 头肩底

头肩底也称三重底，它可以认为是双底的复合形态。股价经过长期下跌后，成交量相对减少，之后买单增加导致股价反弹，形成左肩。从左肩底反弹到一定的位置受阻，股价再下跌时，跌破上次的最低点直到探底，之后遇到多方反攻，股价回升超过左肩低价位，形成头部，形成头部时伴随着成交量有所增加。股价再次回档下探，但下跌低点比头部低点高，从而形成右肩，如图 4-41 所示。此后多方反攻，在大成交量的配合下将股价拉起，如股价上升超过颈线位 3% 则可确认后市的上升走势，其股价上升的最小幅度为底至颈线的股价垂直距离。

头肩底的形态和头肩顶一样，只是将图形倒过来而已。但头肩底并非头肩顶的简单倒影。与头肩顶相反，头肩底形态是可靠的买进时机。

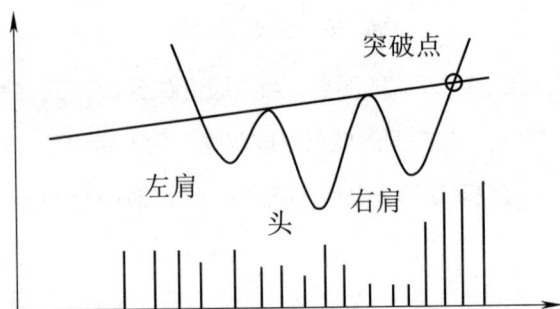

图4-41　头肩底简化图形

例如，如图 4-42 所示，该股票的走势图，就是经过一段下跌行情后出现的一个头肩底形态，在股价 15.51 元的时候形成了头肩底的左肩，在股价是 14.96 元的时候形成了头部，又在股价是 16.10 元的时候形成了头肩底的右肩，随后当股价突破了颈线的突破点，即 2 月 11 日后，股价一路上升，展开了一波上涨的行情。

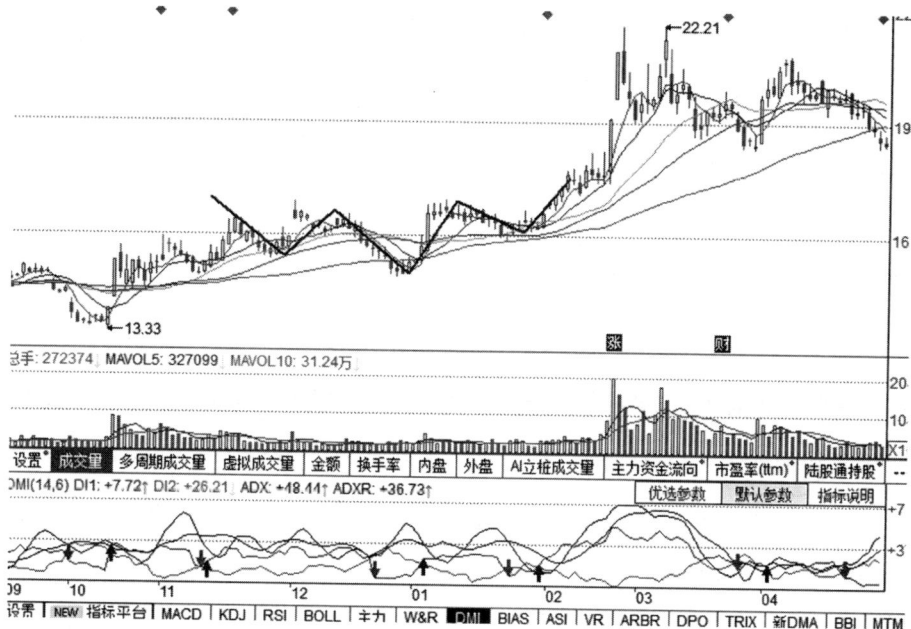

图4-42 头肩底

# 五、顶部的实战技法

股价经过长时间的大幅上涨之后，必然会形成顶部，顶部的判断对于投资者来讲，非常重要。如果到了顶部，下一阶段不可避免地将要出现大幅度的下跌，如果没有正确地判断出这一趋势，将会吐出不少利润。因此了解顶部反转形态，并通过这些形态来辅助判断顶部非常有必要。

## 1. 圆弧顶

圆弧顶一般出现在高价区，是下跌趋势的开始。股价变动过程中，如果多空双方的争夺比较缓和，股价呈弧形上升，虽然不断上涨，但每一个高点也高不了多少便回落，后面的回升点略低于前点，这样把短期的高点连接起来，就形成一圆弧顶。在成交量方面，也基本呈圆弧状，两端最大，中间位置最小。越靠近顶成交量越少，到达顶时成交量达到最少。在突破后的一段，也有相当大的成交量，圆弧顶的简化图形如图 4-43 所示。

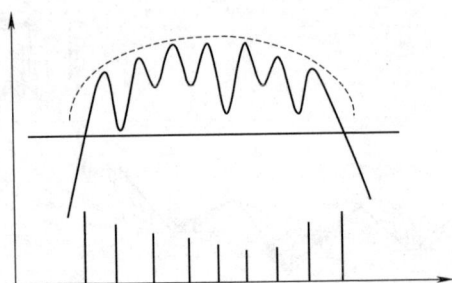

图4-43　圆弧顶简化图形

圆弧形态形成所花费的时间越长，今后反转的力度就越强。例如，该股票的日 K 线形成了一个圆弧顶，该股股价在 26.66~36.88 元的区域形成了顶部，且形态内的成交量两头多、中间少，圆弧顶形态确立，形态成立后，股价趋势反转，如图 4-44 所示。

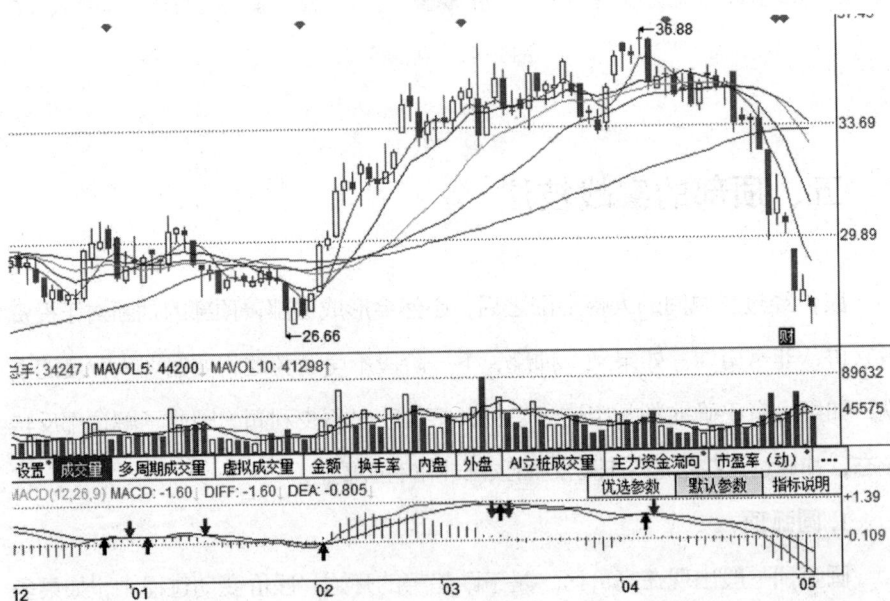

图4-44　圆弧顶

## 2. 尖顶

尖顶与 V 形底形态相反，又称为倒 V 形，与 V 形反转形态一样，指股价趋势逆转所形成的图形，显示过去的趋势已逆转过来，尖顶的出现，往往是市场受利空打击或其他意外情况影响造成恐慌性抛售，引起股价超跌，从而产生报复性反转行情。其关键转向过程仅 2 ～ 3 个交易日，有时甚至在 1 个交易日内完成整个转向过程，因此往往让投资者感到突如其来难以防备。如图 4-45 所示为尖顶的简化图形。该走势的一个重要特征是在转势点必须有大成交量的配合，且成交量在图形上形成倒 V 形。若没有大成交量，则倒 V 形走势也不宜信赖。

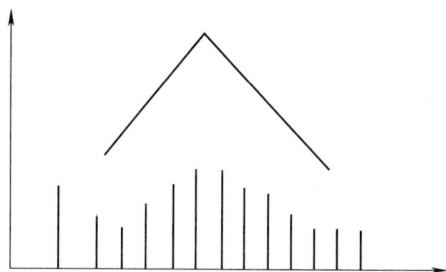

图4-45　尖顶简化图形

例如，如图 4-46 所示，该股的日 K 线图上形成了一个 V 形顶的形态。该股历经了一场大幅度的攀升，至 2019 年 4 月 4 日，该股突然跳空高开，在空方的强大压力下，当日收出一根带长下影线的长阴线。并伴随着大成交量，之后市场情绪失控，股价迅速反转，开始了一轮快速的大幅下跌。

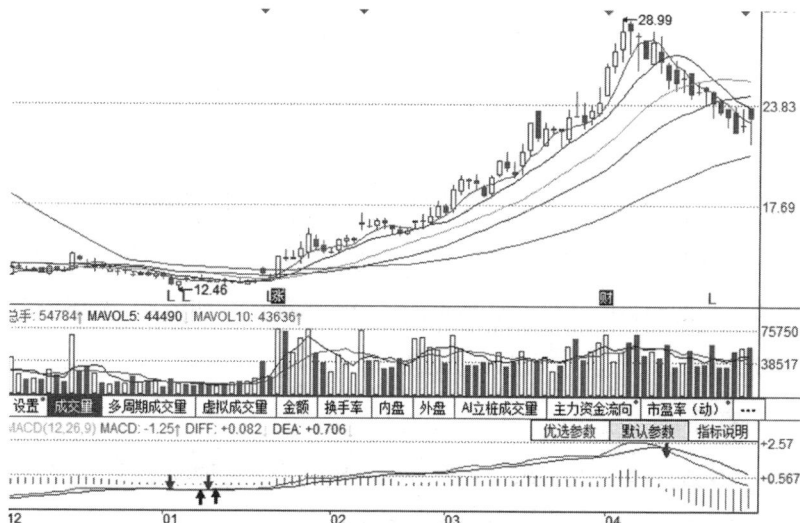

图4-46　尖顶

### 3. 双顶

双顶又称双重顶、双头、M 头，是反转形态中重要的形态之一。因为形状类似于英文字母 M，因此得名。双顶形态上没有头部，只是由两个基本等高的峰组成，通常形成于上涨行情的末期，当股价经过长期的上涨之后产生回调，得到上升趋势线的支撑后再度回升，不过此时的成交量却会随着股价的下跌而萎缩，当上升至上次高点时，会引起强大的抛压，股价因此再一次下挫。这说明空方力量正在增加，当股价下跌突破上次回升的支撑点时，即突破颈线以后，M 顶形态确立，会引起大幅的下跌。

在形态上，一般右边头高于左边头，M 顶形态左边头区域的成交量比较大，而右边头部区域的成交量很小，呈典型的价量背离，股价跌破颈线位时成交量非常小。M 顶形态成立后的最小跌幅，约为头部至颈线的垂直距离。M 顶形态的简化图形如图 4-47 所示。股价破颈线，投资者就应当谨慎，随时准备清仓离场。

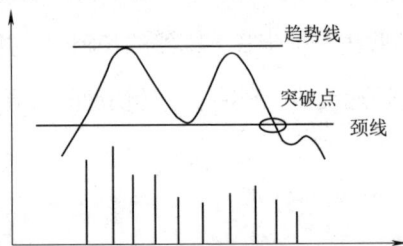

图4-47　双顶简化图形

例如，上证指数在 2007 年和 2008 年走出了双顶的形态，在 6 124.04 点之后，股价再次冲高至 6 005.13 点，与前高 6 124.04 点形成双顶，这一次的双顶，形成了长期趋势的顶部，后市走出了一轮大熊市。如图 4-48 所示，在跌破双顶颈线之后，就是一个比较好的卖出点。

### 4. 头肩顶

头肩顶是最常见也是比较可靠的反转形态，通常在顶部出现。头肩顶的形态就像人体的上半部，头部是最高的，两边是左右肩。一般通过连续的三次起落构成该形态的三个部分，也就是要出现三个局部的高点。中间的高点比另外两个都高，称为头；左右两个相对较低的高点称为肩。头肩顶的简化图形如图 4-49 所示。

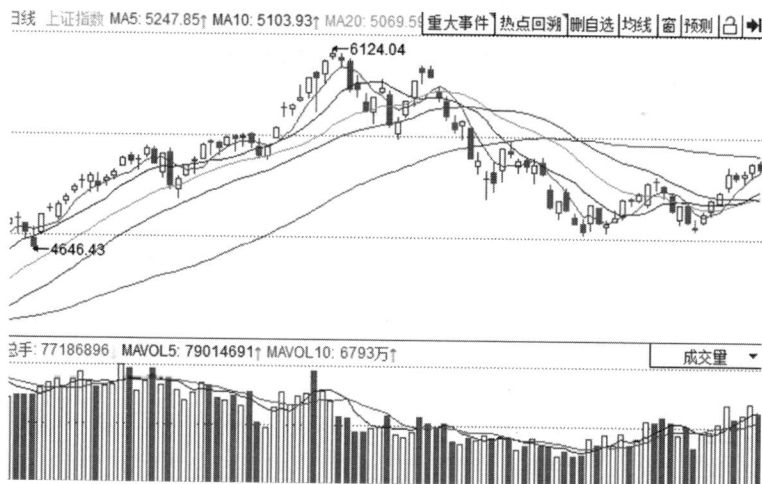

图4-48　上证指数K线图

一般来说左肩和右肩的高点大致相等，部分头肩顶的右肩较左肩为低。但如果右肩的高点较头部还要高，形态便不能成立。如果其颈线向下倾斜，则说明市场非常疲乏无力。成交量方面，一般为左肩最大，头部次之，右肩最小的阶梯形。偶尔有些股票也会头部成交量稍高于左肩，或者相等，头肩顶比双顶又多了一次冲顶过程。当股价第三次上冲前顶失败回落后，颈线被有效跌破时就正式宣告头肩顶成立了。跌破颈线出现的回抽为最后的卖出机会，建议投资者尽快清仓。

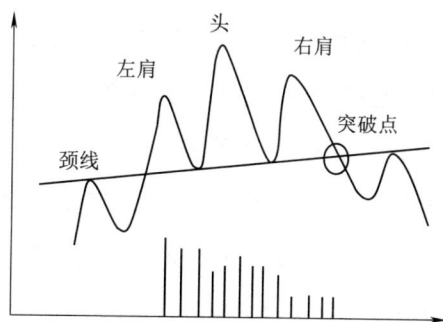

图4-49　头肩顶简化图形

例如，某股票在前期经过一波上升趋势后，股价形成了头肩顶形态。该股在 5.87 元的价格形成了左肩，之后又在 6.36 元的高点形成头部，以 6.11 元形成右肩。该形态的颈线为波谷 5.30 与 5.66 的连线。在成交量上，该股从左肩到右肩也呈现阶梯状递减，如图 4-50 所示。股价跌破颈线后，曾有一次小幅度回抽，不过也未能突破颈线又继续下落，头肩顶形态明显。

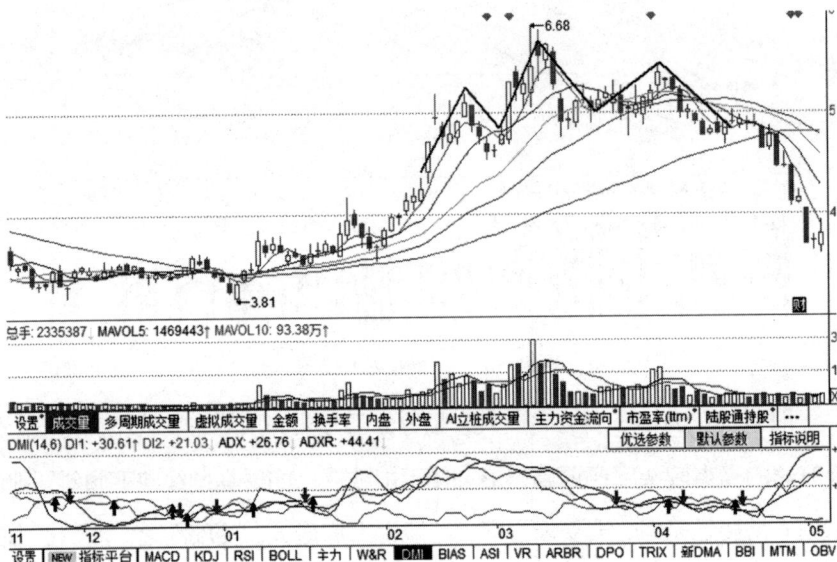

图4-50 头肩顶

## 六、盘整阶段的实战技法

在股市的股价走势中，股价变动轨迹除了上涨趋势和下跌趋势以外，还有一种就是股价振幅微小的盘旋局势，也就是盘整阶段。盘局的形成主要是由于股价经过一段时间的快速变动后，不再前进了，多空双方力量势均力敌，成交量日益萎缩，在一定的区域内上下窄幅变动，等待时机成熟后再继续原来的走势。这种股价变化留下的轨迹图形称为整理形态。盘整时期的整理形态非常重要，因为盘整过程会直接影响并决定之后的行情是上涨还是下跌。常见的整理形态有三角形形态、旗形形态、楔形形态以及矩形形态。

**1. 三角形形态**

三角形形态是一种重要的整理形态，可分为上升三角形、对称三角形、下降三角形三种形态。

（1）上升三角形

上升三角形通常出现在上升趋势中，是在前期股价上涨的前提下，在某一股价水平会呈现出强大的卖压，价格从低点回升到这一水平位置就会回落，这样在同一价格的抛售形成了一条水平的压力线。但是，市场上的买方力量仍然很强，每当股价回落到一定的低点，便迫不及待地购进，从而形成一条向右上方倾斜的支撑线，上升三角形在突破上方水平压力线时，为一个短期买入信号，上升三角形在形态形成过程中，成交量应逐步萎缩，向上突破时成交量有效放大，其形态显示如图 4-51 所示。

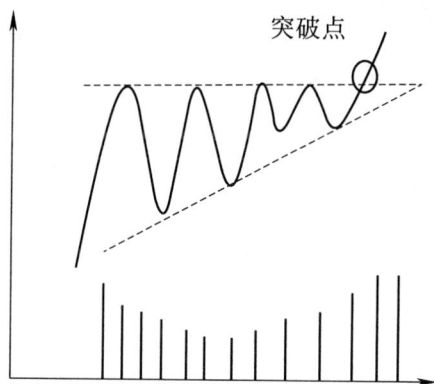

图4-51 上升三角形简化图形

上升三角形在突破上方水平压力线时，为一个买入信号。例如，如图 4-52 所示，该股票经过一段时间的上升之后，股价进入盘整状态，在由水平线及上升趋势线构成的上升三角形里波动，然后开始在成交量放大的配合下突破水平线，展开另外一波升势。

（2）对称三角形

对称三角形也称为收敛三角形，是买卖双方的力量在一定价格区域内势均力敌，暂时达到平衡所形成的，既可能出现在上升趋势中，也可能出现在下降趋势中。在对称三角形内，刚开始的时候，股价波动比较大，随着时间的延续，股价变动幅度逐渐缩小，每次变动的高点都比前一次的低，同时每次变动的低点都比前一次的高，从而构成一个向右逐渐收敛的图形，如果从横的方向看股价变化，其上限为向下斜线，下限为向上倾线，把短期高点和低点分别以直线连接起来，可以形成一个对称的三角形，其形状就像一把三角形尖刀。

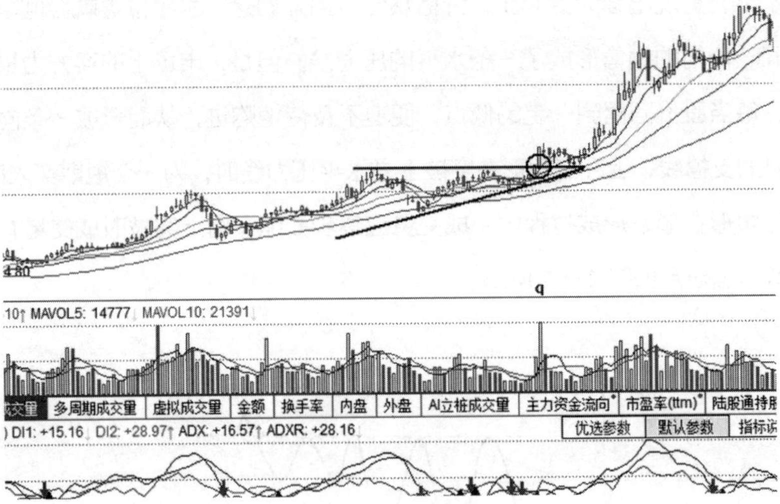

图4-52　上升三角形

对称三角形的成交量，因股价波动幅度减小而递减，向上突破需要大成交量伴随，如图 4-53 所示。

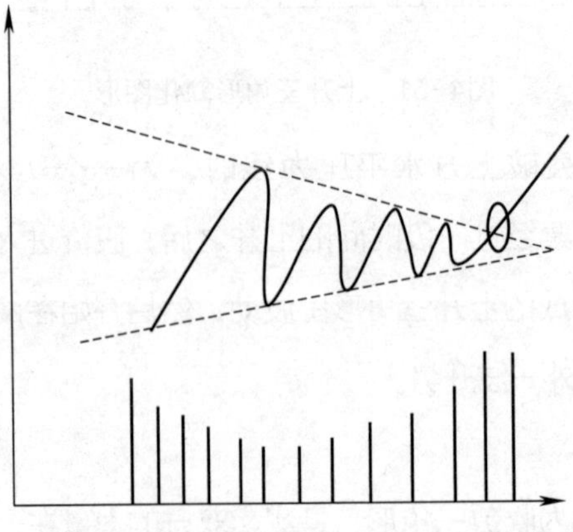

图4-53　对称三角形向上突破的简化图形

例如，如图4-54所示，该股票在上涨的途中开始回落，在回落到了一定低点之后又再度拉起，反弹到了某个高点后再一次回落，形成了上面的阻力线。股价受下面低点形成的支撑线支撑，同时成交量较小，但是，到了2月1日，股价在成交量开始放大的情况下突破阻力线，展开了另外一波升势。

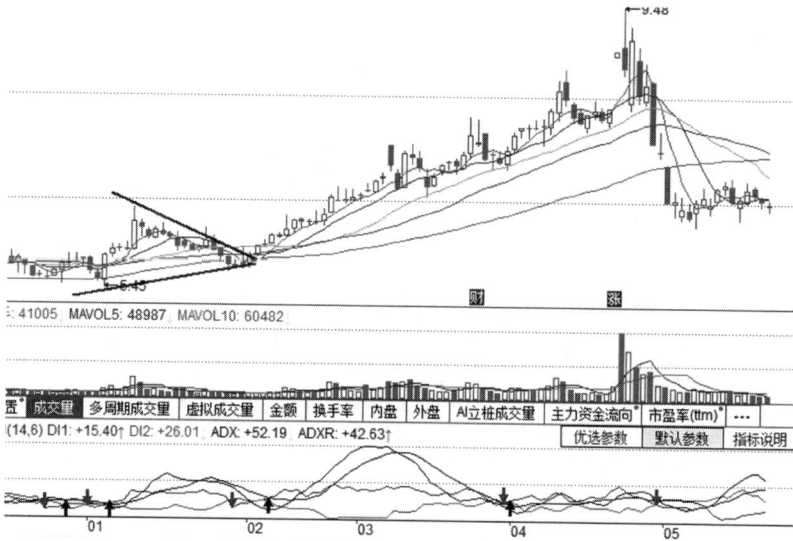

图4-54 对称三角形向上突破

向下突破则不需要成交量的配合，如图4-55所示，股价未来升跌幅至少应为突破点起到对称三角形最左侧的最宽距离。

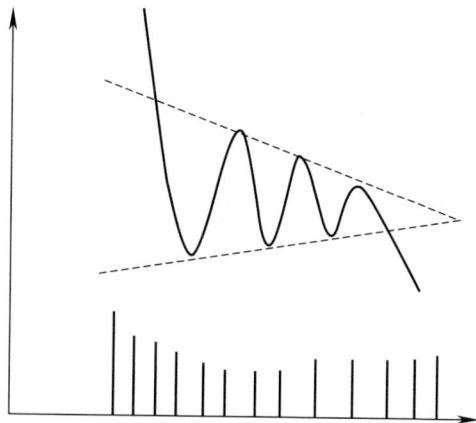

图4-55 对称三角形向下突破的简化图形

例如，该股票在下跌趋势中进行整理，日K线图形成了一个对称三角形整理形态。期间股价波动高点逐次降低，低点逐次升高，波幅逐渐减小。该股于9月27日跌破对称三角形的下边线，之后股价继续下跌，如图4-56所示。

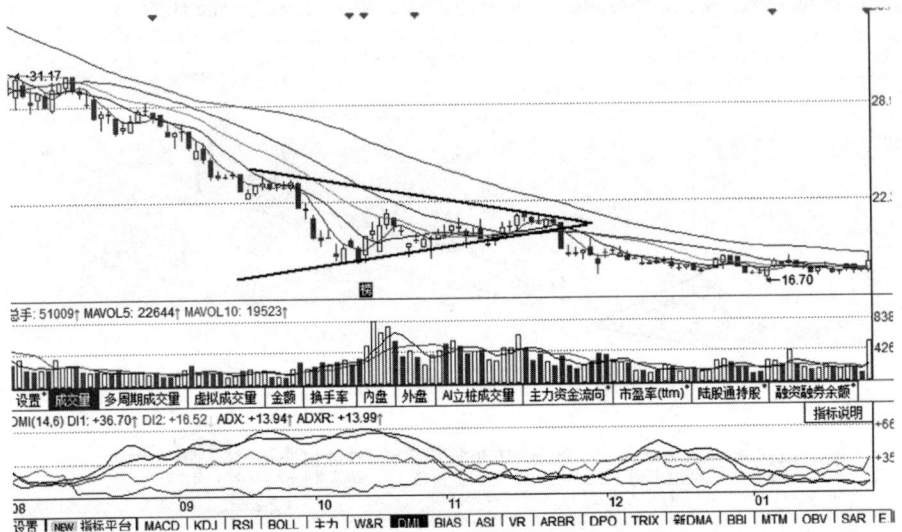

图4-56　对称三角形向下突破

（3）下降三角形

下降三角形与上升三角形相反，也是买卖双方在某个价格范围内的较量，卖方在特定的价格水平不断地出货，股价还没回升到上次高点便再次抛出，而多方坚守着某一价格的防线，使股价每回落到该水平便获得支持。从而形成一条向右下方倾斜的压力线，而低点则在一条水平线上，下降三角形在突破下方水平支撑线时为一个短期卖出信号，如图4-57所示。

下降三角形在突破下方水平支撑线时为一个短期卖出信号。不过，上升三角形在向上突破时必须有成交量的配合，而下降三角形在向下突破时却不一定要有量的配合。

例如，某股票在当年8月9日至9月28日，股价在一波下跌之后受到支撑，构成一个下降三角形，到了10月9日空方打破平衡下跌破位，股价展开另外一波跌势行情，其形态显示如图4-58所示。

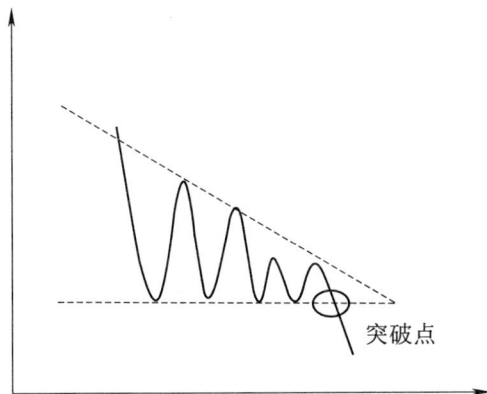

图4-57 下降三角形简化图形

图4-58 下降三角形

## 2. 旗形形态

旗形，顾名思义，其走势的形态就好像一面挂在旗杆上的旗子，是股价走势的一种重要的整理形态。这种形态通常出现在股价急速并且大幅变动的情况下，它显示某段时间内股价在一个平行四边形中变动，而前期和后期往往会出现一种几乎是直线式的上涨或是下跌，可以分为上升旗形和下降旗形两种形态。

（1）上升旗形

旗形一般出现在股价趋势的中间位置，当股价经过一段快速的上升行情后会形成一个旗杆，接着开始横盘整理，进入一个紧密、狭窄和稍微向下倾斜的价格密集区域，把这一区域的高点和低点分别连接起来，就可以画出两条平行且向下倾斜的直线，和旗杆连在一起看起来像面旗子。在上升趋势中，旗形的压力线和支撑线是向下倾斜的，旗形形态内的成交量快速萎缩，一旦完成旗形整理，向上突破时，成交量会大幅增加，其突破的升幅和旗杆的长度大致相同，如图 4-59 所示。

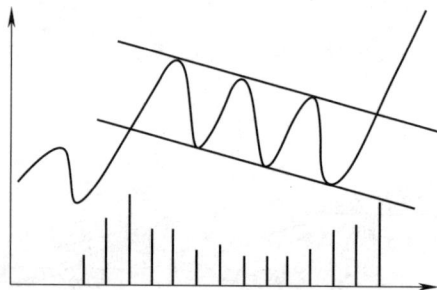

图4-59　上升旗形简化图形

例如，某股票股价完成了一次快速拉升之后，股价转入短暂的调整。在调整的 8 个交易日内，股价进入一个紧密、狭窄和稍微下倾的价格密集区域，并在两条平行趋势线间来回运行，成交量逐渐缩小，出现了标准的"旗形整理"形态，如图 4-60 所示。此后，该股放量突破成功，股价开始新一轮快速上涨。

（2）下降旗形

下降旗形与上升旗形正好相反，通常出现在急跌市中，当股价经过一段快速的下跌行情之后，形成旗杆，接着进入横盘整理阶段，形成一个稍微上倾的价格密集区域，将这一区域的高点和低点分别连接在一起，形成一个略向上倾斜的旗面，整理期间价格指数会不断上升，但成交量却不会随之放大，形成量价背离的情形，股价一旦完成旗形整理，向下突破，会引发一波较大的跌势，在下跌趋势中则应及时出局，以免套牢。下降旗形形态如图 4-61 所示。

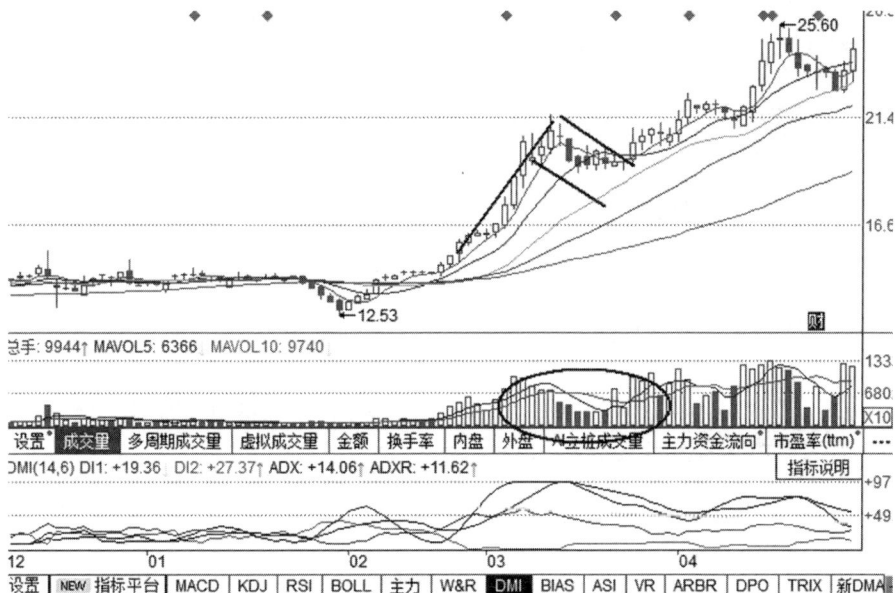

图4-60　上升旗形

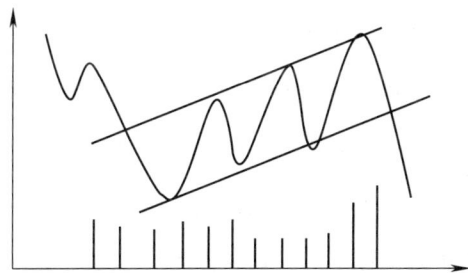

图4-61　下降旗形简化图形

　　例如，如图 4-62 所示，该股票在下跌趋势中，股价转入短暂的调整，出现了回暖的假象，在调整时期，股价进入一个向上倾斜的价格密集区域，并在两条平行趋势线间来回运行，这期间成交量并没有随之上升，形成量价背离，果然，从 12 月 23 日开始，该股向下突破，展开一段快速下跌。

**3. 楔形形态**

　　楔形是指股价在整理时运行于两条收敛的直线中，与三角形的区别是，楔形的两条边线是同时上倾或下斜，而三角形的边线一根是水平方向，或者是两条边线是相反的倾斜方向，楔形可以分为上升楔形和下降楔形两种。

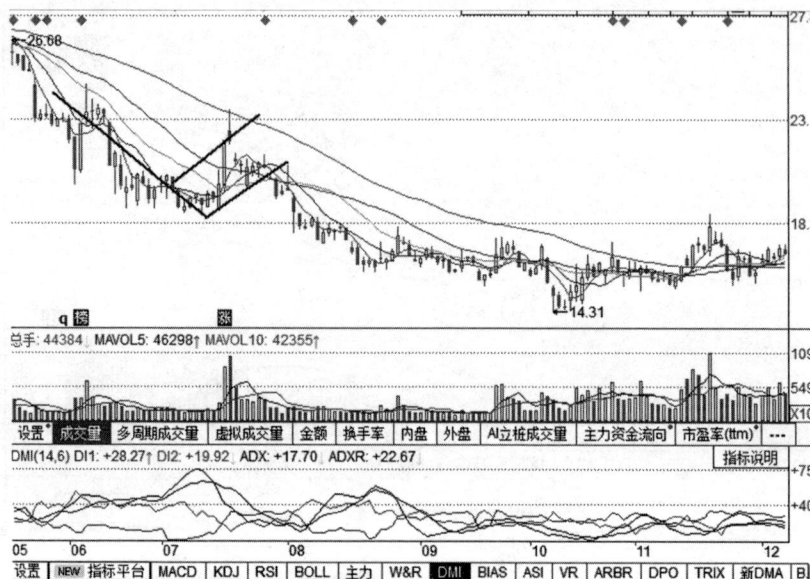

图4-62　下降旗形

（1）上升楔形

上升楔形一般出现在下跌趋势中，是下跌持续形态，指股价下跌后反弹，涨至一定程度遇到压力下跌，然后跌到某个点遇到支撑点继续反弹，但支撑点较前次高，又上升至比上次反弹点高的新高点，然后再次下跌，形成一波高于一波之势。把短期高点、低点相连成两条向上倾的斜线，便形成一个上升的楔形。当上升楔形跌破下边支撑线后，通常会出现急速的下跌，投资者及时出局才能避免损失。上升楔形的简化图形如图 4-63 所示。

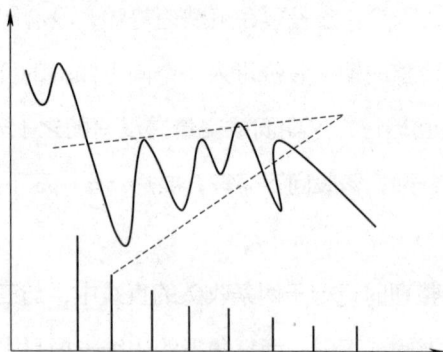

图4-63　上升楔形简化图形

从实质上来讲，上升楔形只是股价下跌过程中时一次反弹，是多方在遭到空方连续打击后的一次无力挣扎而已。所以上升楔形并不能改变股价下跌的趋势，当上升楔形跌破下边线支撑后，通常会出现急速的下跌，投资者需眼明手快止损或止盈出局才能避免损失。而持币者要不能被反弹的假象所迷惑，要坚决持币观望。

例如，如图4-64所示，该股票在经过了大幅下跌之后，开始发生反弹，反弹到了某个高点后再次受阻回落，在回落到了一定低点之后又再度拉起，将形成的高点和低点分别连线，就形成了上升楔形的整理形态。此后，该股的股价跌破了支持线，从而展开了另外一波下跌行情。

图4-64　上升楔形

（2）下降楔形

下降楔形正好与上升楔形相反，呈向下倾斜。通常出现在上涨的趋势中，是上涨持续形态，以两个点的最高点连成一条最高的阻力线；同样，最少以两点低点连成一条最低的支持线。价格经过一段时间上升后，出现获利回吐，虽然下降楔形态的底线往下倾斜，似乎是说明多方力量逐渐减弱，实际上，回落波幅相比上一个回落波幅来讲在逐渐减小，空头力量正在减弱中。楔形形态内的成交量是由左向右逐渐递减的，当其压力线被突破时，并有成交量的配合，就是一个典型的买入信号。下降楔形的简化图形如图 4-65 所示。

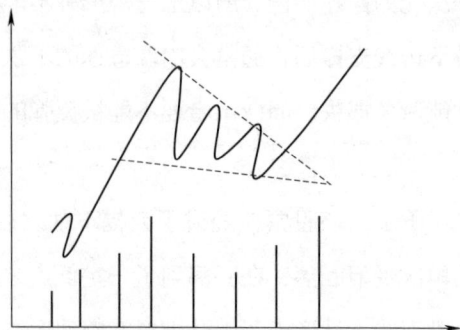

图4-65　下降楔形简化图形

　　例如，某股票在上涨的途中开始回落，在回落到了一定低点之后又再度拉起，反弹到了某个高点后再一次回落，形成了上面的阻力线。股价又受下面低点形成的支撑线支撑，同时成交量显得非常清淡，此后，股价在成交量开始放大的情况下突破阻力线，展开了另外一波升势，如图 4-66 所示。

图4-66　下降楔形

## 4. 矩形形态

矩形，即长方形，又称箱体，是指股价在两条近似水平的直线之间上下波动所形成的一种整理形态。如果将股价的最低点和最高点分别用直线连接起来，就形成了一个长方形，可以分为上升矩形和下降矩形两种。矩形在其形成过程通常能够演变为三重顶或三重底形态。矩形整理形态的整理周期在时间上属于中期整理，它的形成时间要比三角形、旗形等整理形态都长，一般至少在 30 个交易日以上。

矩形形态在大多数场合中是以整理形态出现的，但有些情况下，矩形也可以作为反转形态出现，这需要投资者区别对待。当矩形是整理形态时，矩形有效突破后股价会按照原有的趋势运行；当矩形是反转形态时，矩形有效突破后，股价会按照相反的趋势运行。

（1）上升矩形

在上升趋势中，当股价的收盘价向上突破了矩形上边的压力线，有一定的涨幅，一般为超出矩形整理形态最高点的 3% 左右，同时伴随成交量放大的情况，可以看作是矩形有效向上突破，为上升矩形。此时大量新的买盘将进场，股价将开始一轮新的上涨行情，股价涨幅至少应是矩形的高度，这时投资者应持股待涨或逢低吸纳。上升矩形的形态显示如图 4-67 所示。

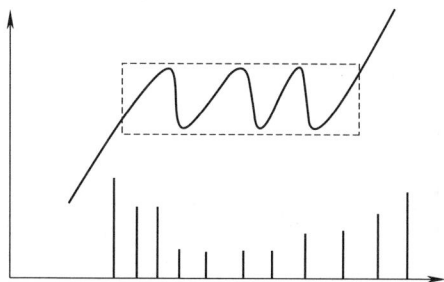

图4-67　上升矩形简化图形

当矩形有效向上突破的时候，会有大量新的买盘进场，股价将开始一轮新的上涨行情，股价涨幅至少应是矩形的高度，这时投资者应持股待涨或逢低吸纳。

例如，某股票的股价处于盘整状态，在矩形区域中上下波动，然后，在向
上突破矩形盘整形态之后，股价开始大幅上升，如图4-68所示。

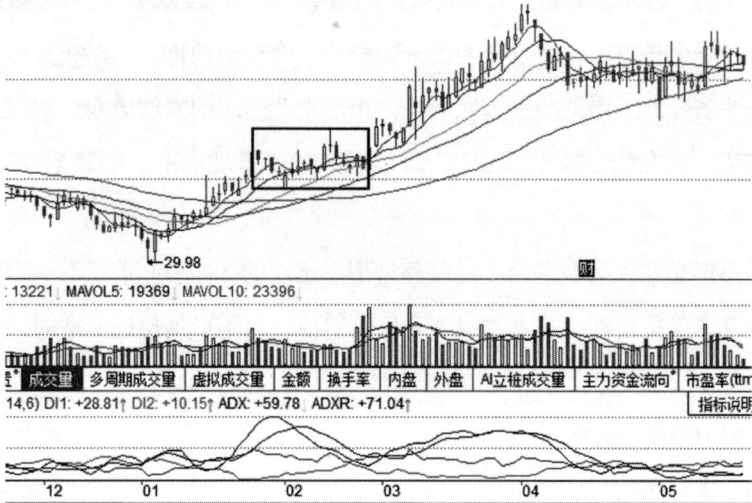

图4-68　上升矩形

（2）下降矩形

在下降趋势中，当股价向下跌破矩形下边的支撑线，并有明显的跌幅，一
般为低出矩形整理形态3%左右，成交量有一定的放大情况，视为矩形的有效
向下突破，为下降矩形。此时会有大量的卖盘涌出，股价将开始一轮新的下跌
行情，这时投资者应持币观望或尽快卖出股票，下跌矩形的形态显示如图4-69
所示。

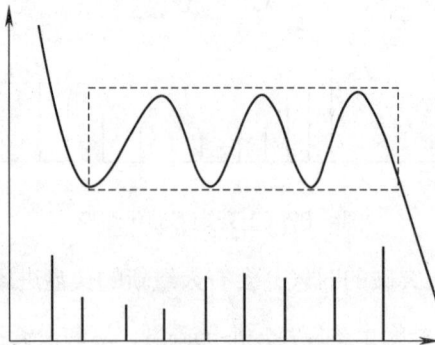

图4-69　下降矩形简化图形

　　例如，某股票的股价在开始下跌后，进入矩形整理形态。股价上下波动的范围很小。该股经过一个月的调整之后，突破支撑线后，开始迅猛快速下跌趋势，如图 4-70 所示。

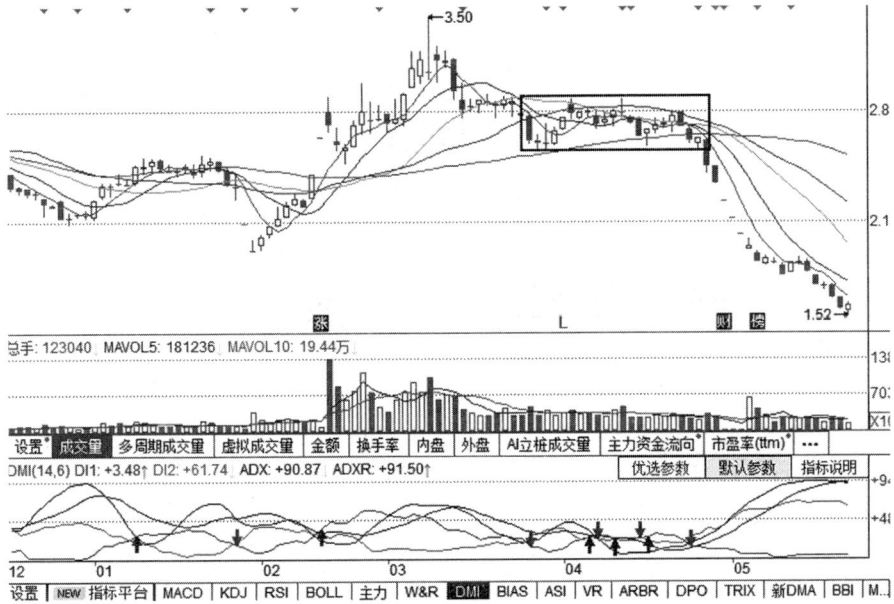

图4-70　下降矩形

第五章

# 判断趋势，合理选股

在股市里，投资成功与失败在很大程度上取决于投资者对大盘走势的正确判断。然后根据不同的市场走势进行不同的操作。也就是说，牛市有牛市的操作方法，熊市有熊市的操作策略。

# 一、牛市选股策略

牛市行情中，90% 以上的股票基本是上涨趋势的，投资者都比较喜欢这样的市场行情。虽然如此，也不代表牛市炒股就一定会赚钱，在牛市中炒股赔钱的投资者也不在少数。选择恰当的炒股方案，才能提高炒股赚钱的概率。

### 1. 关注券商股

大牛市中，券商股很可能翻 10 倍以上，因为在牛市中股市交易量大增，会提升券商的业绩，形成正面信息，股市的行情越牛，入市的资金就会越多，券商股的业绩也就会越好，形成正循环，而且此时券商股的业绩提升往往是跳跃式的，一年暴涨 500%，甚至 1 000% 都是常态。在大牛市中，券商、券商服务、互联网券商将会是牛市最大的受益者，也是资金追捧的对象。牛市来临后，最先有反应的就是券商股。

下面以海通证券为例进行说明，可以看到在 2007 年的大牛市中，从低点 6.36 到最高处的 68.53，涨了 10 倍以上，当中也是跌宕起伏，不少投资者都在中途被震了出来，而坚持拿到最后的则能够获得 10 倍的收益，如下页图 5-1 所示。

### 2. 选择强势股

股市中有这样一句话，"抓住一只牛股胜过十个牛市"。显然，这句话表达了一只牛股的重要性。那么，牛股具有什么特征呢？

一般来讲，强势股具有以下四点特征。

（1）强势股一般是行业龙头股，龙头股是指某一时期在股票市场的炒作中对同行业板块的其他股票具有影响和号召力的股票，它的涨跌往往对其他同行业板块股票的涨跌起引导和示范作用。一般而言，一波上涨行情当中，上涨幅度最大的肯定是领涨品种。在牛市操作过程中，一定要紧紧抓住龙头品种，并在资金配置上加大龙头品种的买入比例，只有这样，才能跑赢大盘。

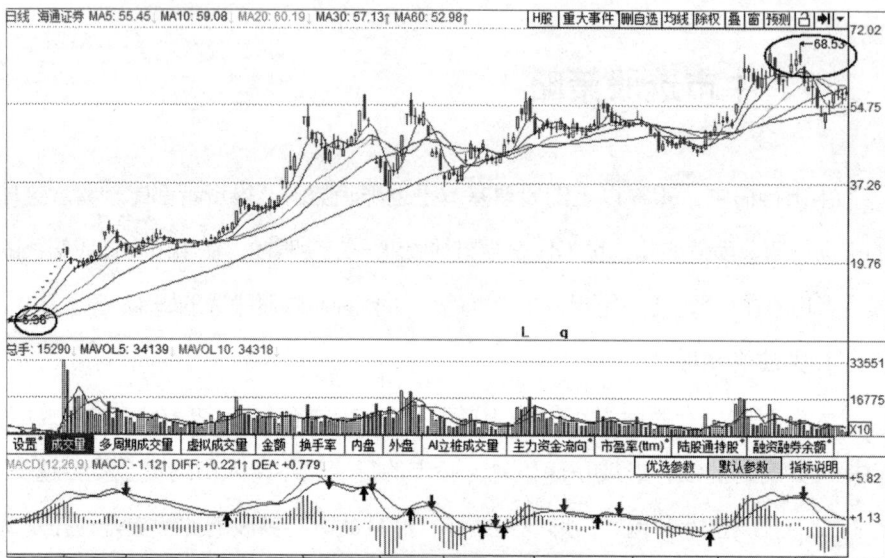

图5-1　海通证券K线图

下面以人民网为例进行说明，首先使用主图叠加功能将上证指数的 K 线图和人民网的 K 线图进行叠加，就可以很明确地看到，在大盘跌时，该股票有大量的买入量，而且不跌反涨，出现首次跳空高开高走的局势，成交量开始明显放大，此时是追进的最佳时机，如图 5-2 所示。

（2）高换手率：换手率是反映股票流通性强弱的指标之一。强势股的每日成交换手率，一般不低于 5%，某些交易日会达到 10% 以上，甚至可能达到 20% ~ 30%。这说明强势股的市场活跃程度非常高。

（3）具有板块效应：在股票市场中，板块联动是一个明显规律，常常显示为齐涨齐跌。强势股可能是一波行情的龙头股，也可以是热点板块中的代表性股票。强势股的涨跌，会影响同板块股票的涨跌。在基本条件相差不大的情况下，会在走势上强于同类板块中的股票。

（4）在一定时间区间内，强势股的交易价格不断创新高。

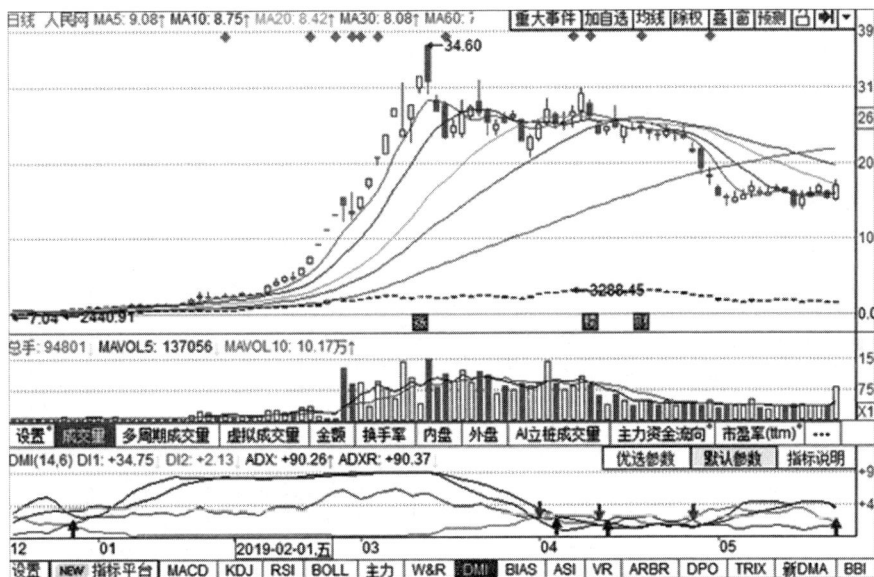

图5-2　人民网K线图

### 3. 选择低价股

在股票市场上，绩优股、热门板块的股票总会更加吸引投资者的注意力，而一些低价股则会被忽视，顾名思义，低价股就是价格比较低的股票。在牛市中，却经常会出现低价股逆袭出现翻倍的情况，特别是在牛市的初期，炒超跌低价股有其自身独有的一些优势。

事实上，在一轮较大的上涨行情中，低价股的涨幅远远要大于高价股。在2005—2007年的一轮998点至6 124点大牛市中，低价股的表现就明显强于高价股，以往出现大反弹行情，一些股价高高在上的股票表现平平，而不少低价股却出尽风头，这让市场深切感受到低价股的威力。

例如，如图5-3所示，银鸽投资在2005年11月4日至2007年10月9日牛市期间的走势，最低价格仅有2.70元，最高价一度高达21.99元，涨幅为714%。

低价股还有以下优势。

（1）低价股的价格比较低，对于投资者而言，如果从成本考虑，在买入同样股数的情况下，买低价股所需的资金量会远低于高价股。

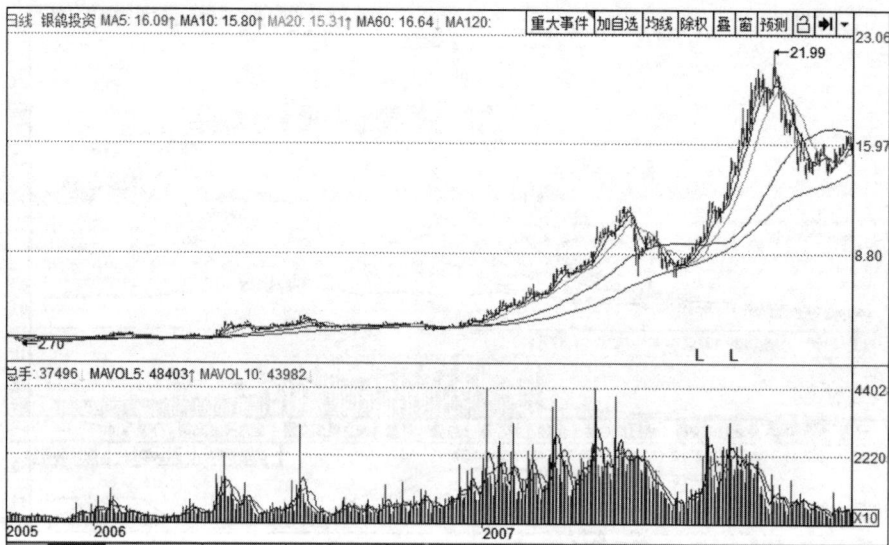

图5-3　银鸽投资K线图

（2）从心理上讲，低价股更容易受到投资者的认可，在经历了上一轮熊市后，投资者普遍对高价股有了畏惧心理，而购买低价股时则会少一些顾虑。

（3）A股向来齐涨齐跌，在行情较好的前提下，低价股的重心不断上移，只要行情向好，低价股必然将继续抬高底部。

（4）市净率低，一般而言，净资产是股价的一道"底线"，当市场出现大面积破净的局面，往往是即将见底的一个标志；相反，一旦市场进入牛市，市净率也会水涨船高。例如，上证指数在2007年10月16日6 124点时，两市平均市净率超过7倍。

值得注意的是，在淘低价股的过程中，也是有一定风险的。就整个市场生态来看，随着投资者结构以及市场资金格局的变迁，基于业绩的蓝筹白马仍然是未来市场的绝对主基调。绩差股和白菜股或许股价会短期形势喜人，但是倘若业绩不能提供支撑，最终带来的也必将是失败而归。

**4. 要敢于重仓**

在牛市中，利润＝重仓投入＋持有时间。再大的行情，拿不住股票同样是赚不到钱。如果已经确认是大牛市行情，最好的操作策略是重仓买进股票，不要频繁操作，不要寄希望于高抛低吸，抓住每一个波段，历史无数次地证明，即使在大牛市期间，中间的过程也是非常复杂曲折的，投资者一定要设置自己的目标位，而不是根据图表随机地追涨杀跌。

要敢于加仓，可以将活动的资金大比例投入股市中，比例可以提升到70%，可以用于购买股票基金或者指数基金。对于操作股票而言，那就是逢低吸纳，上涨中的缩量下跌，更是加仓的重要时机。

**5. 要能拿住股票**

在熊市能拿住股票，这不稀奇，80%的人都能做到，因为在股市大跌时，投资者往往会选择死抗。但是到了牛市，在这个上涨的过程中，是要面对很多诱惑的。这个时候如果能保持平常心，严守纪律，拿住自己手中的股票，则是有一定难度的。

在牛市初期，熊市转为牛市，对于投资者来讲，都是已经在股市中套了好多年了，对后市已经几乎不抱什么希望了，一旦看到股市行情好转，就算亏点钱也赶紧卖出股票。在熊市转为牛市的时候，很多投资者都会提早割肉出局，错过后面的上涨行情。

在牛市初期，一般是中小市值股或者题材股先上涨，然后是白马股和蓝筹股。总的来说，在牛市初期各个板块会轮涨。而投资者发现其他股票都在涨，而自己手中的股票一直不涨，就会着急，然后卖出手中的股票，高位购买涨势喜人的个股，没想到的是，买到的股票由于已经涨过了，开始不再涨了，而之前自己卖出的股票，又开始补涨。所以牛市中，所有的股票都有上涨的机会。抵制诱惑，拿好自己手中的股票等待补涨即可。

在牛市中后期，价格走势非常明显，投资者只要死拿住自己的股票，等待最后牛市冲顶就可以，但这个时候，有的投资者会认为牛市风险小，做一下波段价差，往往是将手中的股票卖出之后就再也买不回来了，因为牛市行情会一骑绝尘，做波段很容易踏空。

总而言之，在牛市里如果操作过于频繁，只能是白忙活一场，注定是赚不到什么钱的，反而是那些不轻易跟风追涨、不随便换股、不频繁操作短线的人，在牛市初期，甚至是熊市末期就选好股票，然后时刻关注股市的走势，但是，一直持股待涨，等到牛市末期或者要结束时再卖出，收益会大得多。

# 二、震荡市选股策略

投资者把上涨叫牛市，下跌叫熊市，而介于这二者之间的运作状态称为震荡市，是指市场方向不明的盘整期。这段时间内股价时高时低，就用震荡市来比喻股市的大幅震荡。在震荡市中，投资者需要遵循以下选股策略。

**1. 减少持股时间**

在市场处于强势中时，投资者可以抓住机会，重仓甚至满仓都可以，但是在震荡行情中，投资者要善于规避风险。投资者一定要清楚震荡市不是股市的主升段和主跌段，而是市场去向不明的盘整期。

震荡行情按照股指的震荡幅度可以大致划分为宽幅震荡和窄幅震荡两种。窄幅震荡往往是变盘的前奏曲，特别是股价经过一定下跌过程后的窄幅震荡，很容易形成阶段性底部，因此，在窄幅震荡市中选股，不能计较一时的得失，要从中长线的角度出发。

而宽幅震荡的投资策略则恰恰相反。由于宽幅震荡在最终方向性选择上存在一定的变数，因此，在宽幅震荡市中，应该选择以短线为主的投资方式；对于持续时间较长的宽幅震荡行情，应该用短线波段操作的投资策略。通过减少持股时间，降低持股风险。

**2. 进行分散投资**

震荡市中市场投资环境往往是瞬息万变，大盘常常是猴性十足地上蹿下跳，各种不确定因素相互交织、错综复杂。投资者无论多么看好后市行情或看好个股潜力，也不能一次性把所有的资金都放在一只股票中，不然后果会非常严重。

在震荡行情中选择股票，要尽量减少持股的品种，选股要少而精。否则，在趋势不明朗的震荡市中，如果持股种类过多过杂，一旦出现影响你持有股票的重要因素，将会严重影响投资者的应变效率。

在这种行情下，如果发现很好的机会，要购买股票时，最好是每次只买入少量的股票。如果买入的股票大幅度上涨，则对投资者来讲，会轻松很多，心态也会变好，这样再购买其他股票时成功率也会提高。如果买入的股票下跌，由于数额比较少，也不会蒙受太大的损失，可以在价位更低时买入，均摊成本，也可以轻微地亏损、离场，重新选择更好的股票。

分散投资，虽然盈利的效果不是太明显，也比较麻烦，但是在震荡市中，这样做可以有效地化解风险。

**3. 降低盈利预期**

在震荡行情中，不确定因素较多，股价也往往会跟随大势一起上蹿下跳，很难把握个股的中长期运行规律。这一时期参与个股炒作，应该降低盈利目标的预期。

在震荡行情中，善于短线炒作的投资者，可以在控制仓位结构的情况下，把握震荡行情中股价剧烈波动的机会，博取其中的差价利润，但是在短线操作时，不要订立任何投资目标，一旦形势不妙，赶紧出局；一旦有所盈利，也要尽快获利了结。

**4. 静观待变，顺势而为**

股市进入盘整阶段之后，对于大势方向一时无法做出判断，未来的走势是向上发展，还是向下继续探底，对于投资者的操作是至关重要的。如果错判了形势，则非常容易遭受损失。

在这样的大盘形势下，投资者一定要保持冷静，绝不能急躁，最基本的选股策略就是静观待变，顺势而为。密切关注市场中影响多空双方力量变化的因素，如果发现大盘向下跌破的方向确定，赶紧轻仓；如果大盘跌破向下，马上止损出局，等待大盘回调企稳后，应再次入市做多。如果发现大盘向上突破，可以追仓；如果大盘上行受阻，应坚决获利了结。

另外，投资者还要顺应个股的趋势，准确把握震荡市的热点切换，切不可在市场已经形成主流热点的情况下，逆势运作。有的散户一旦操作不当被套牢，就盲目等待，结果导致越套越深，原本可以只赔一点的，最后赔了更多。

因此，在盘整阶段进出股市，一定要眼疾手快，不能有半点犹豫，否则，损失只会不断扩大。

### 5. 跌时看涨，涨时看跌

大多数投资者在分析股市行情的时候，都是惯性思维。当大盘上涨的时候，就认为是突破行情，开始一味看多，不惜高价追涨；而当大盘刚一开始暴跌，就惊慌不已，又开始唱空，甚至在第一时间内斩仓割肉。实际上，在很多时候，尤其是震荡的股票行情中，这样做很容易导致踏空和套牢。

如果投资者在股价下跌的时候，密切关注，在跌势中预测到未来的转势，提前逢低买入，等到行情见底回升，就可以获得赚钱的先机。

而在股价上涨的时候，看到股价不断创出新高，当其他人被市场的乐观情绪冲昏头脑而纷纷进场的时候，一部分投资者如果能够保持冷静，看到未来的下跌趋势，能够及时卖出，则可以有效地规避风险。

因此，在震荡市行情中，投资者不要过多地受大盘变动的影响，应该做到跌时要买、涨时要卖。

# 三、熊市选股策略

熊市是人人都不想碰到的，但投身于股市，这是不可能避免的，只有在遇到的时候，学会怎么处理。当股市是熊市时，投资者不能仅重点关注行情。

### 1. 选择绩优股

跌势重质。当股市处于持续低迷的下跌行情中时，投资者应选择业绩优良、行业发展和企业计划都非常好的绩优股。这种股票比较抗跌，从中长线角度来讲，更容易盈利。

绩优股是指业绩优良的公司股票，它们一般是收益稳定、股本规模大、股价走势稳健、市场形象好的股票。在熊市中，投资者应仔细研究上市公司的财务报表，选择那些具有投资价值而价位又偏低的绩优股。这类股票往往具有较强的抗跌性，投资者即使被套，也不会被套得太深，总有东山再起的时候。那么，如何选择这种绩优股呢？

（1）挑选财务结构良好的公司

财务结构良好的公司，负债比率较低，利息负担较轻，可以有效降低运营成本，将亏损降到最低限度，更容易度过经济不景气的时期。

（2）挑选产品具有竞争力的公司

具有行业独特性的公司在市场上有较强的竞争力，同时也会带来较好的利润，经济不景气时能赢利的公司大多是这种类型的公司。

（3）挑选净资产较高的公司

净资产高的公司稳定性好，在经济不景气时，有较雄厚的财力做后盾，对于经济不景气有较强的应变能力。

（4）选管理优良的公司

良好的管理会使企业低成本、高效率地发展，提高竞争力，加强市场适应能力。

**2. 选择超跌股**

在熊市中几乎所有的股票都跌，就某一段时间来说，挑选一些跌得很深的股票，因为股市反弹时，这种超跌股票的反弹程度较高，即跌得越惨，反弹时升幅就会越大。

熊市的最佳介入时机是大盘大幅度急跌或多日连续下跌，大盘或个股中出现短线暴跌，指标超卖严重，乖离率极低的时候，如果此时再出现"长下影十字星、锤头阳线、十字星、低开长阳、单针双针探底"等 K 线征兆，说明此时股价反弹在即，短线买入时机难得。

但是，这类操作必须遵守严格的纪律：只要反弹结束，不管是否挣钱都必须抛出，否则，极有可能被套住。如图 5-4 所示的光大证券 K 线图，出现了十字星和低开长阳，在接下来的几天则走出一波大反弹的行情。

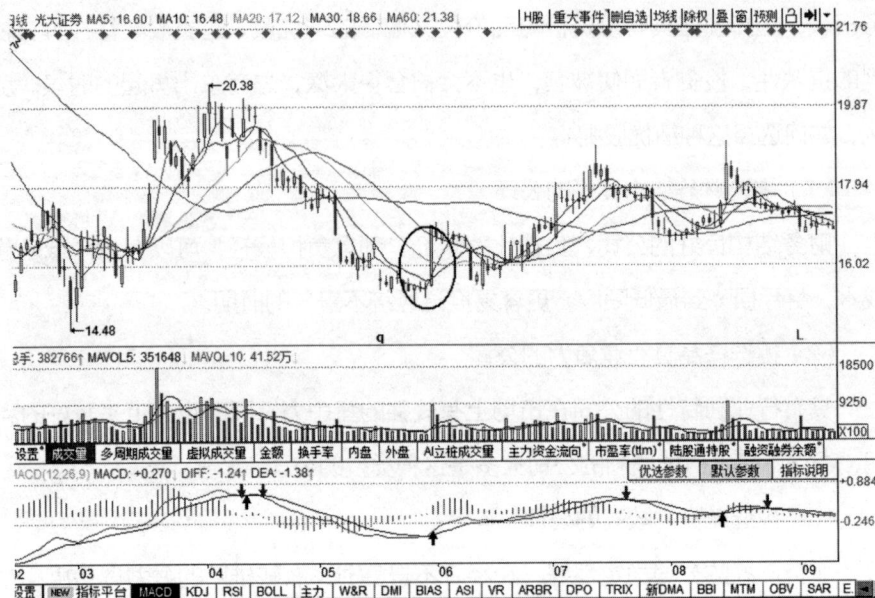

图5-4　光大证券K线图

### 3. 选走出独立行情的个股

熊市中大部分的股票都处于下跌的趋势，但是有些股票却不理会股票大盘的情况，走出了独立的行情。出现这样的走势形态，说明该股票很有可能是大部分筹码已经到了庄家的手中了，主力在进行控盘，封死股票下跌的空间，不让股价随市场的意愿进行上涨或下跌。如果有游资抢盘的情况出现，有的主力会去砸盘，挡住股票价格上涨，不让短线打乱自己的计划。逆势上涨后的个股如果有成交量持续放大进行配合，后期上涨的可能性会更大。

例如，冠昊生物在图 5-5 中的走势，当大盘微涨或者是下跌的时候，该股就走出了一波上涨的独立行情。

### 4. 多关注优质的小盘股

熊市里千万不要去买大盘股和基金重仓股。如果跟着大盘的波动去买蓝筹，投资者非但很难有收获，还会出现不同程度的亏损。当市场形势不好的时候，投资者应选择有弹性的个股，投资布局。熊市中成交量往往很小，如果大资金入驻几亿元的大盘，即使做出一波小行情，也不容易脱身。在熊市中的表现突出的一般都是盘小、价低、绩优、有题材的个股。

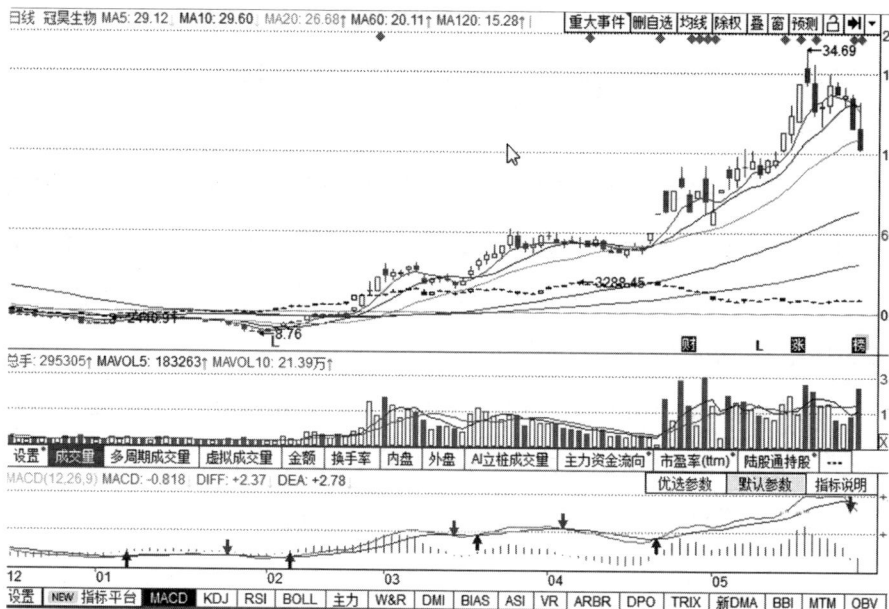

图5-5　冠昊生物K线图

　　熊市中，庄家制造的题材一般都是资产重组、业绩成长等，具有这些题材的优质的小盘股往往是被青睐的对象。另外，投资者如果想要跟进这些个股，还要结合盘面的技术指标来分析，如果有价涨量增、价跌量减等有规律的走势，一定要特别注意。在熊市中炒股，还要注意快进快出，有了盈利之后，赶快落袋为安。

**5. 要果断离场**

　　熊市的时候，整个市场行情会持续不断地下跌，时间可能会长达十来年。这时候的市场特征是连续阴线，偶尔出现阳线，但可能会被更大更长的阴线所消灭。

　　在熊市的初期，一些投资者仍受前期的牛市气势迷惑，不知道市场行情上升的基础已不复存在，仍在前仆后继不断入场，而主力、庄家已经在悄悄地退场，从而加速了熊市气势的形成。在这种情况下，投资者要想保全自身，就要利用反弹的机会，及时退出。

　　到了熊市的中期，跌势已成，人心涣散，这时投资者更要果断离场止损。此时很多个股都会出现一种急跌的交易情况，市场的恐慌心态加剧，会导致一些股票出现一泻千里的险境，个股在急跌的过程中会有小幅的反弹，投资者一定不要抢反弹。在熊市中抢反弹是一种玩火的游戏，果断离场才是明智之举。

**6. 要学会空仓**

在熊市中，学会空仓往往是最有效的操作策略，如果在熊市中还频繁操作，不加分析地买进卖出，或者是一心想要翻本，不断地均摊成本，或者是割肉抄底，这样做的结果可能是越套越深，等到牛市到来的时候，或者说机会来临的时候，已经没有本金进行操作了。

虽然指数怎么跌都会有逆市而上的股票，但是，在熊市中，买到上升趋势的股票概率实在是太小了。当大多数股票都是下跌趋势的时候，整个市场的情绪也是相当低沉的，这时一定要学会空仓，虽然可能会失去一些机会，但是在熊市中，保住本金更加重要。

在熊市中，一些股票可能已经跌得相当低了，但是投资者不要贪便宜去买股票，买进卖出几回，如果赚不到钱，等于两个跌停板。熊市中最好的做法就是把自己的资金全部退出股市，用定期存到银行，给自己炒股设置障碍。等到牛市来临，大盘趋势明朗化的时候再进入股市。

# 四、选股实战方案介绍

对于中小投资者而言，要想在变幻不定的股市战场上获得收益，需要跟随股市大势，采用不同的操作方案，下面就根据不同的市场行情，介绍一些实战方案。

**1. 牛市选股实战方案**

遇到牛市，投资者们都会很开心，但要想在牛市大赚一笔，还需要谨慎操作，否则，在牛市中也依然可能赚不到钱，甚至赔钱。牛市通常在市场最悲观的情况下出现，这时投资者对市场已经完全心灰意冷，不计成本抛出所有股票准备离开股票市场，这时正是吃进入货的良机。

（1）筑底时间比较长的股票

在牛市中，投资者应该根据上一章介绍的底部形态，尽量找一些筑底时间比较长的股票，主力横盘震仓的时间越长，就说明这只股票的筹码收集度越高，在牛市中涨幅也就会越大。

例如，益生股份在 2012 年 5 月 8 日至 2015 年 3 月 10 日长达约三年的时间筑成一个圆弧底，在 2015 年的大牛市中，其股价从 6.92 元上涨到 55.90 元，翻了 8 倍，如图 5-6 所示。

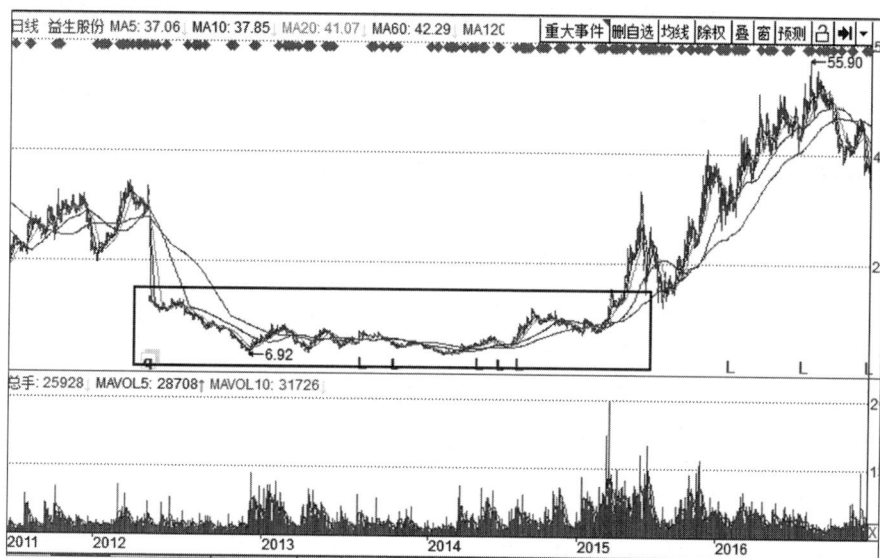

图5-6　益生股份K线图

（2）与大盘同步选股

大盘是股市行情的整个大势，代表了大多数个股运行的方向，所以在股票的走势上，大盘是个股的本质，个股是大盘的现象，是大盘本质的现象反映。牛市中，大盘是上涨的，从这个意义上来说，选择与大盘同步的个股，在盈利上有了更多的保证。

下面以青青稞酒为例进行说明，使用主图叠加功能将上证指数的 K 线图和青青稞酒的 K 线图进行叠加，可以看到，该股票和大盘走势相同，大盘跌的时候，该股也下跌，大盘上涨的时候，该股也上涨，如图 5-7 所示。

图5-7　与大盘同步的个股

（3）五三买卖法则

五三买卖法则是五线之上买入，三线之下卖出，反弹不上五线的时候，逢高就选择清仓。五三买卖法则在运用的时候最好是在强势股上使用，如果操作的不是强势股，这样买卖的结果有可能会是亏损的。

具体操作的方法以海通证券为例详解。我们先定义一下"五线"分别是5日、10日、20日、60日和120日平均线，"三线"分别是5日、10日和20日平均线。图5-8中A点是本轮行情之中K线首次爬到五线之上，可作买入。B点是本轮行情中K线第一次跌到三线之下，可作卖出。在A点进行买入再到B点选择卖出，收益相当可观，如图5-8所示。

（4）重上五线买入法

在一只股票上涨的过程中，总会出现回调阶段，它不可能一直处于五线（5日、10日、20日、60日、120日价格平均线）之上，而一只股票上涨的部分，大多都是在五线之上，因此，当股价下跌完毕，股价重上五线的时候，是一个很好的买入点位，当然实际操作中，还要结合股票大盘情况，个股能量强弱情况，甚至基本面等综合研判。

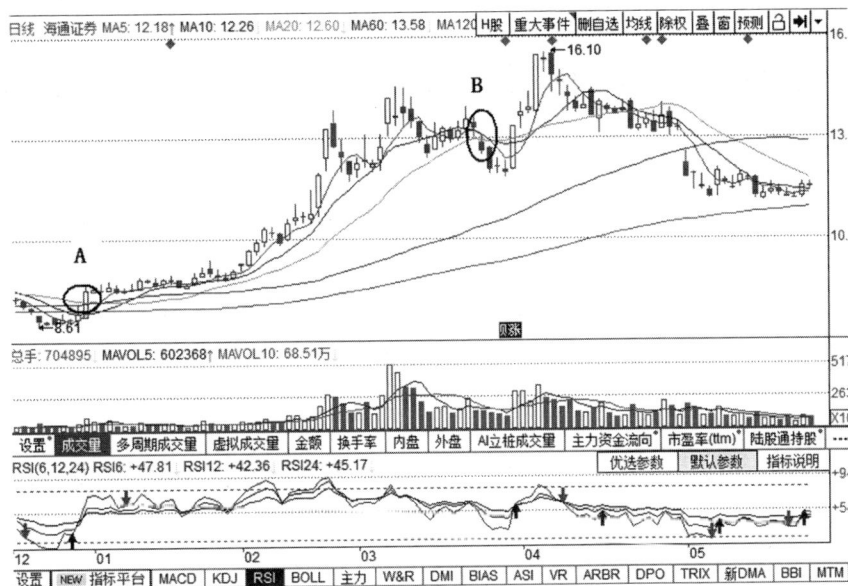

图5-8 海通证券K线图

如图 5-9 所示，新希望的 K 线图，图 5-9 中 A 点是本轮行情之中 K 线首次爬到五线之上，可作买入。B 点是本轮行情中 K 线重上五线，可作买点。后面仍有一段上升的行情。

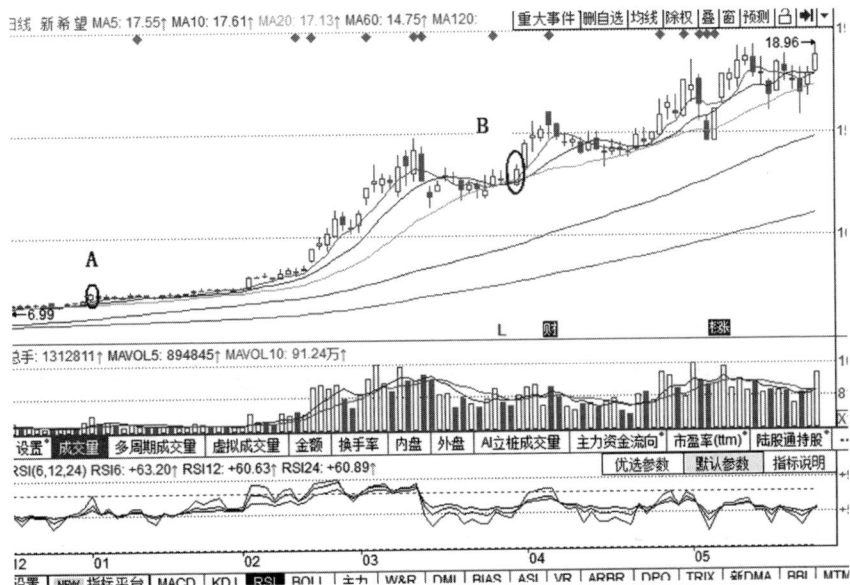

图5-9 新希望K线图

（5）均线多头排列

在 K 线图上，如果发现均线系统呈现典型的多头排列。5 日、10 日均线上升角度陡峭，一般都大于 45 度以上，表明股价将继续向上运行，后期升幅可观。

例如，丰乐种业在 2019 年 4 月 30 日开始呈现 5 日和 10 日均线都大于 45 度的多头排列状态，该股后期也是进入了快速上涨时期，如图 5-10 所示。

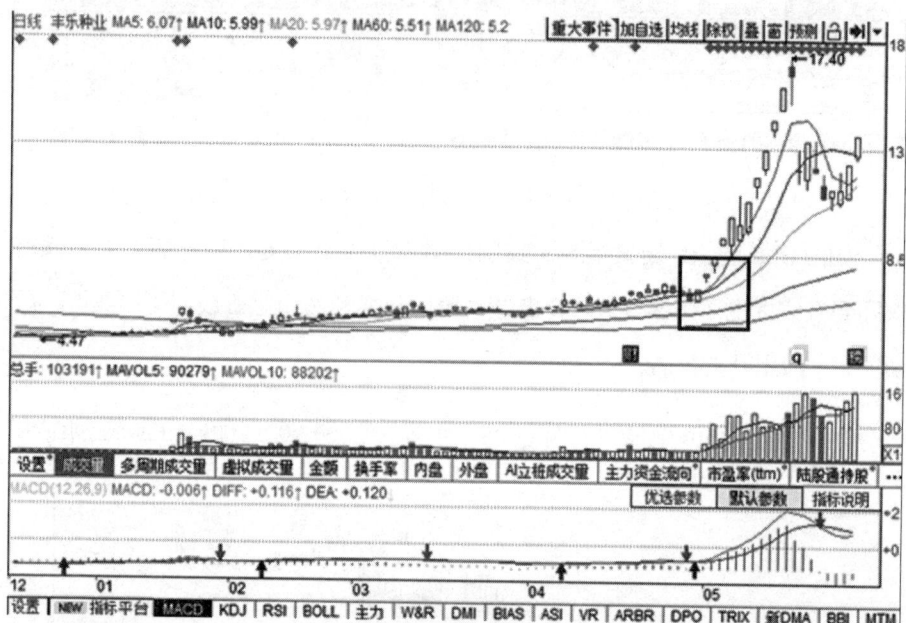

图5-10　均线多头排列

（6）连收大阳线形态

在 K 线图中，如果发现股票在中高价区连拉中、长阳线，阳线的数量多于阴线的数量，阳线的涨幅实体大于阴线的跌幅实体，日 K 线经常连续收出大、中阳线，股价时常跳空高开，并且不轻易补缺口，这种形态的个股常常会有不小的涨幅。

例如，牧原股份股价从最低 28.11 元攀升至 74.45 元，这期间一直呈现中、长阳线多于阴线，并有多次跳空高开的现象，该股的涨势也是很喜人的，如图 5-11 所示。

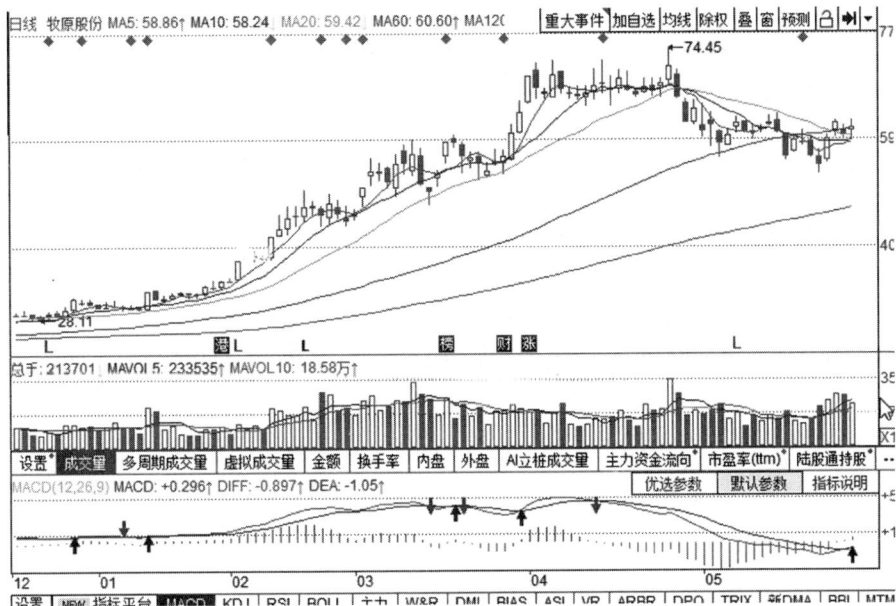

图5-11　牧原股份K线图

**2. 震荡市选股实战方案**

虽然投资者都喜欢牛市，但是从 K 线图上来看，即便是大盘处在下跌趋势中的震荡期间，也出现很多涨幅不错的个股。因此市场真的不缺乏赚钱的机会，缺的是如何去发现这些具备潜力的个股并且按照正确的操作手法去把握这个属于自己的利润。

（1）利用成交量战法

成交量是最容易在震荡市里发现牛股的一个有效的信号。因为震荡市是经过前期的上涨或下跌后，指数进入一个多空力量的平衡期。而要打破这个震荡平衡需要时间，需要新的力量推动，投资者可以从成交量上去发现它的异动。

例如，如图 5-12 所示，国信证券在 2 月开始看到成交量开始放大，同时所在证券概念板块量能也有所放大，在放量当天的位置附近，可低吸，后期该股走出了一波不错的上升趋势。

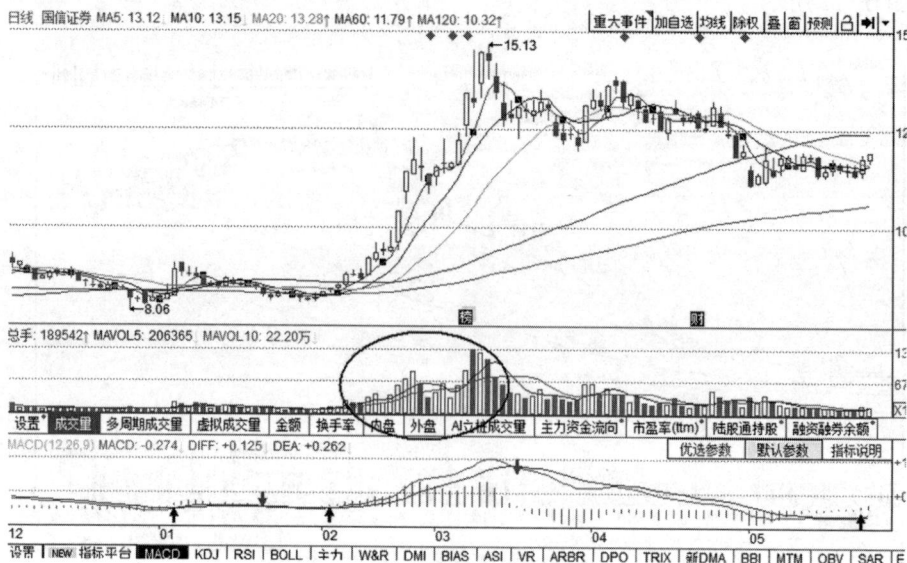

图5-12　国信证券K线图

（2）"乌云"散去大阳升

如果股价已经较长时间处于上升趋势之中，但是，却在高位连收数根阴线，一般是高开低走带有下影线的小阴线，但股价并未下跌或只微跌。这种情况可能是股价大幅拉升的前兆。

例如，如图5-13所示，风范股份在上升趋势中，接连出现多根阴线，果然之后成交量开始放大，开始大幅拉升。

（3）突破盘整区

如果股价先在低位筑一个平台，然后缓缓盘出底部，均线由互相盘绕转为多头排列，特别是若有一根放量长阳突破盘整区，更加确认该股即将进入下一个阶段。

例如，新希望经过一个长时间的筑底阶段，然后放量突破底部盘整区，后期走出了一波上升趋势，如图5-14所示。

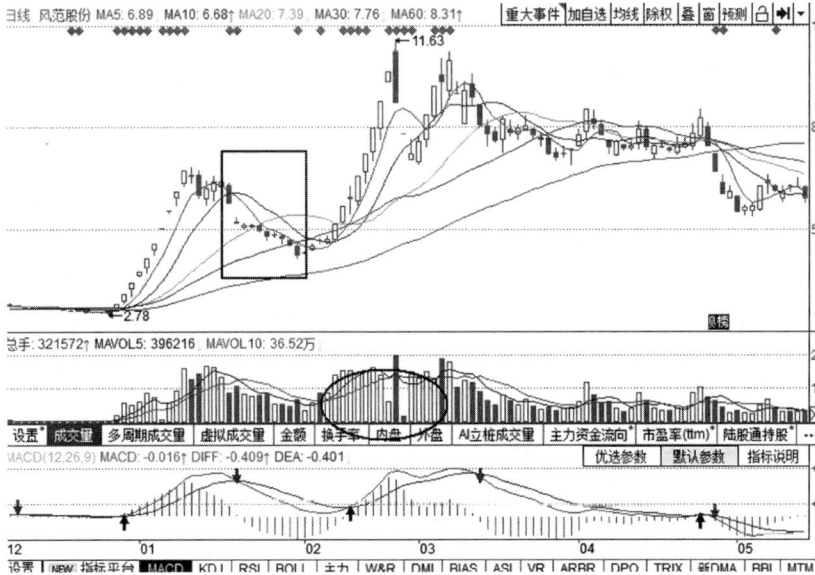

图5-13 风范股份K线图

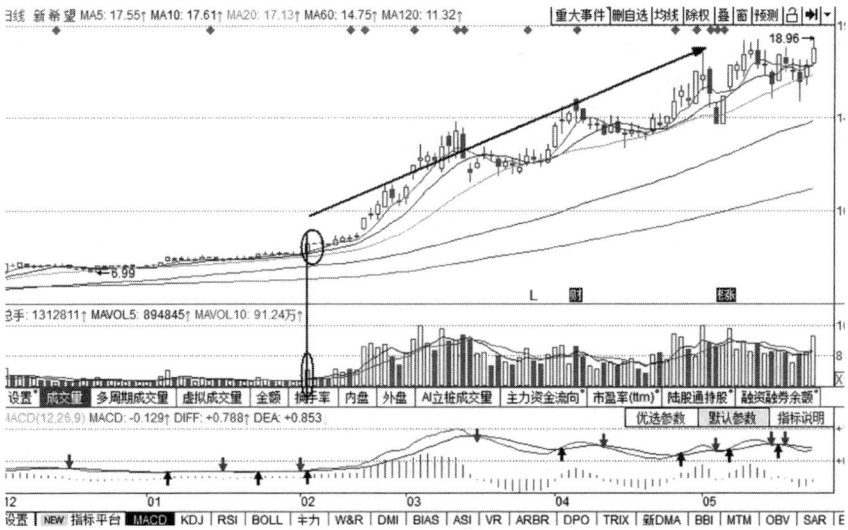

图5-14 新希望K线图

（4）下降通道扭转

如果某只股票在大盘创新高的过程中不断收阴，构筑一条平缓的下降通道，股价在通道内慢慢下滑，突然有一天出现一根放量长阳线，股价开始慢慢站稳脚跟，则表明该股即将发生反转。

例如，如图 5-15 所示，爱尔眼科处于下跌的趋势中，于 2019 年 1 月 19 日放出长阳线，该股的下跌趋势发生扭转，后期该股走出了一波不错的上升趋势。

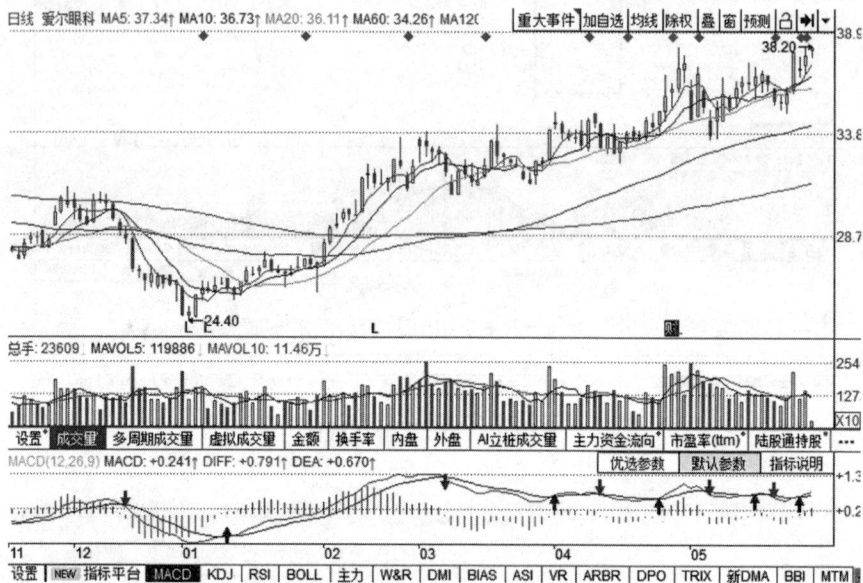

图5-15　爱尔眼科K线图

### 3. 熊市选股实战方案

对于普通的投资者来讲，熊市的大部分时间应该空仓，但是，如果在熊市末期及时发现个股的异动，提前进场，将会获取不错的收益。

（1）窄幅横盘

如果股价从下跌趋势转为横盘趋势，并且横盘的范围控制在幅度 15% 以内，当横盘一定时间之后，股价一旦发生突破，将有不小的涨幅。

例如，如图 5-16 所示，该股票经过长期下跌趋势后，最低价位是 6.67 元，随后开始窄幅横盘，起伏的幅度不大，伴随成交量的增大，股价开始大幅度拉升。

（2）使用 MACD 二次金叉发现买点

在股票处于长期的下跌和盘整趋势中，可以根据 MACD 金叉选择买点，如果第二个金叉的位置比第一个金叉的位置高的话，其上升的趋势会更加确认。

例如，某股票在 A 点和 B 点分别形成了两个向上的金叉，并且第二个金叉的位置更高，该股后期仍在不断拉升，如图 5-17 所示。

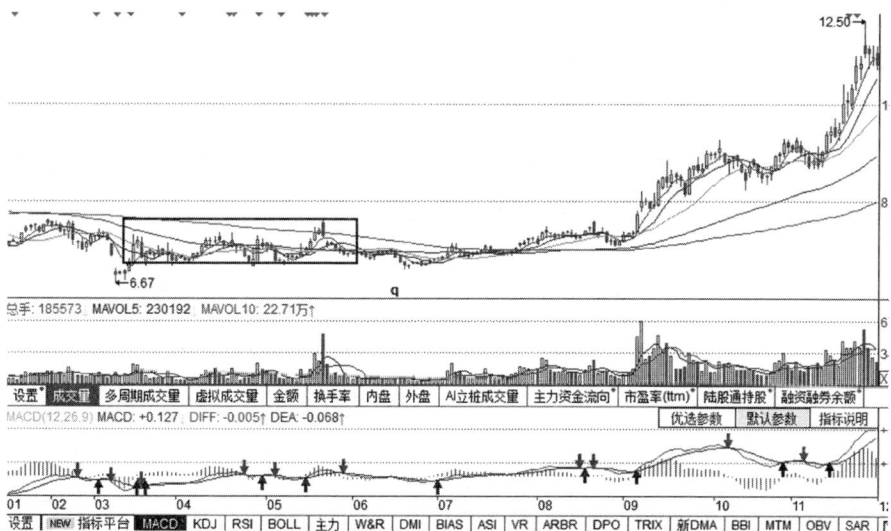

图5-16　窄幅横盘

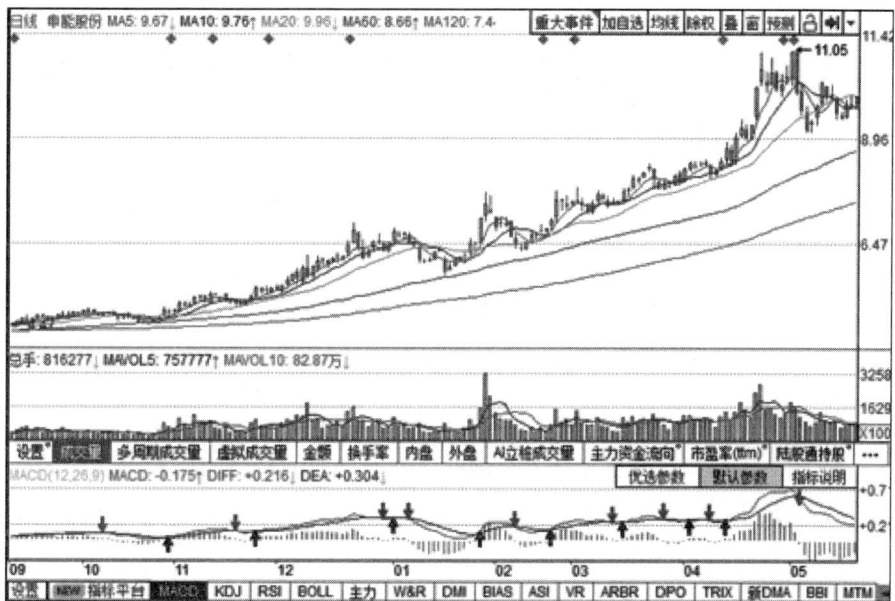

图5-17　二次金叉

（3）价量配合良好

如果发现个股在底部的时候，逐渐出现成交量稳步放大，呈现价升量增、价跌量缩的特点，价量配合良好，说明该股后期很可能会有不俗的表现。

例如，某股票的走势，股价从最低 4.47 元攀升至 11.05 元，期间一直呈现价升量增、价跌量缩的特点，如图 5-18 所示。

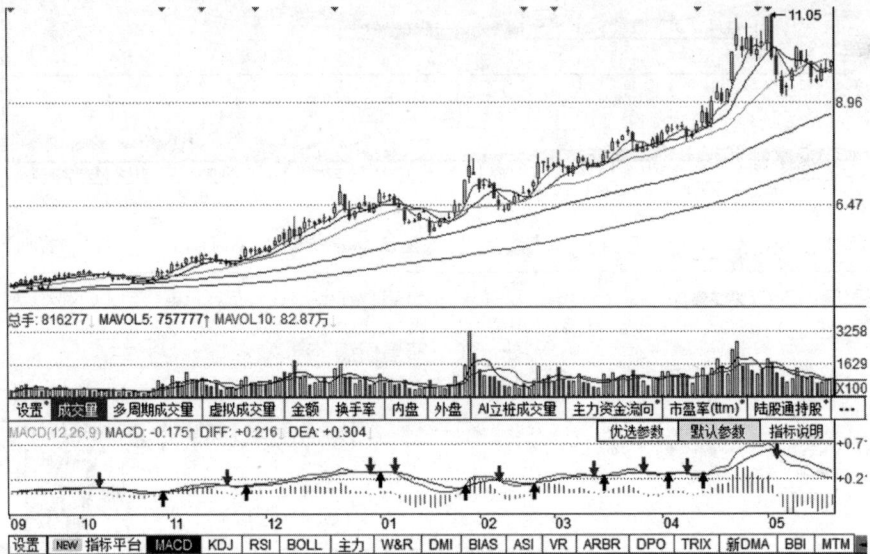

图5-18　价量配合良好

（4）十字星密集 K 线形态

如果个股股价的底部区域反复出现十字星、倒 T 字形和 T 字形，并且每天的收盘价大致相当，随后股价会在底部区域以小阳线缓步推升，底部渐高。

例如，某股票在下跌趋势中，该股在 5 元左右的价格时反复出现十字星、倒 T 字形和 T 字形，每天的收盘价相差不大，如图 5-19 所示。后期该股出现了非常大的涨幅。

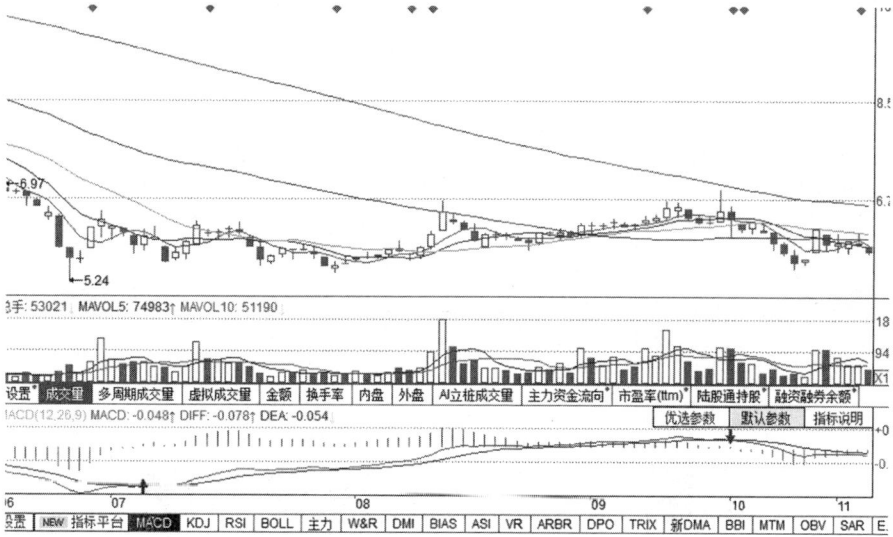

图5-19　十字星密集

第六章

# 截断亏损，让利润奔跑

"截断亏损，让利润奔跑。"这是华尔街流传的一句投资格言。通常被解释为：一旦出现亏损，即刻止损，把损失截得越短越好；一旦有了利润，要根据趋势，让利润奔跑，把小利润跑成大利润。也就是说，亏的时候要小，赢的时候要大。

# 一、不要逆势而为

股市是公平的，不同的投资者的炒股业绩是千差万别的。股市中，有人说炒股是炒业绩，有人说炒股是炒未来，有人说炒股是炒重组，也有人说是炒心态等，那么，正确的说法应该是什么呢？这里要讲的就是炒股要"炒趋势"，上升趋势，趁跌买入；下降趋势，逢涨卖出。

跟随大势，不要逆势而为，是在股市中立于不败之地的根本保证。要想在股市中赚钱，非常重要的一点就是必须跟着市场走，跟着趋势走，看大势者赚大钱，看明大势并顺势而为，不要逆势而为，不要和市场趋势背道而行。

跟着大趋势做长线投资，总会获取最多的利润。如果投资者投入时间，学习如何掌握大势，然后跟随大势直到大势"走完一个周期"，直到出现明显的下跌指标再离场。一般情况下都会获得很大的盈利。

例如，2019 年 1 月 4 日至 4 月 8 日，上证指数从 2 440 点上涨到 3 288 点，在此期间，不少股票都有很好的涨势，如图 6-1 所示的股票从 6.91 元上涨至 9.99 元。投资者如果根据大盘的趋势，选择了符合大盘走势的个股，直到出现卖出指标时再离场，即可获得相对稳定的收益。

如果大盘是涨的，投资者只要持有了大量股票，在上涨过程中耐心持有，就可使利润获取最大化。如果投资者的选股能力不是很好，或者是运气不好选中了走势较弱的股票，最终的结果也会是好的，因为牛市中大多数的股票都会上涨，只是涨多涨少而已。另外，如果投资者判断大盘是上涨的，并且大盘的走势和预期是一致的，那么投资者的持仓心理就会很安定，甚至敢于低吸，从而降低持股成本获取最大利润。

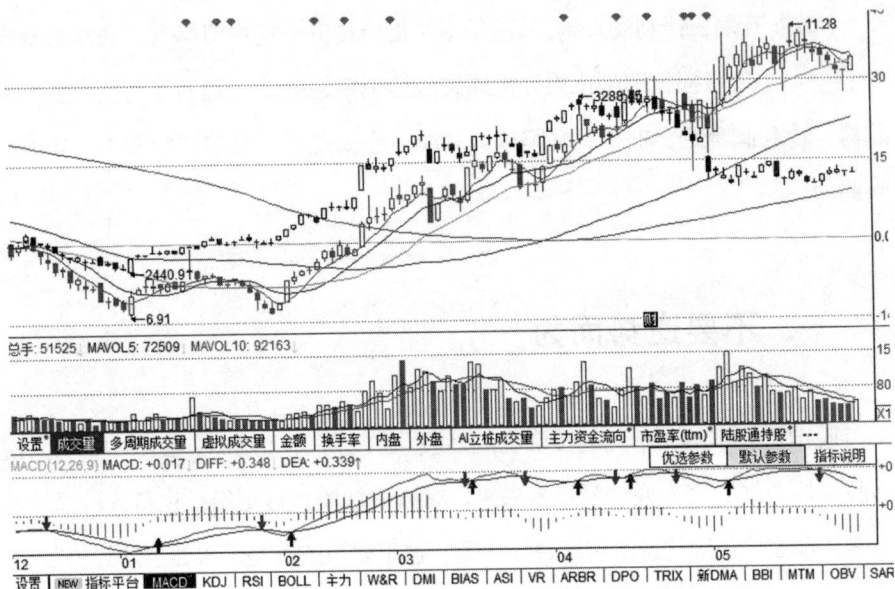

图6-1　符合大盘走势的个股

如果是在下跌趋势里，大多数股票都会跌的。只要持股几乎都会有亏损，只是亏多亏少而已。因此，股市操作一定是在对大盘判断的基础上才能确定的，投资的准确性还是取决于对大盘的判断能力。对大盘判断得越准确，跟着大盘的趋势操作，盈利的可能性就越大。

## 二、有疑虑时就要退出

股市里面的水很深，所以每走一步都需要小心谨慎，稍微不留神就会落入陷阱和圈套之中，所以投资者在投资之时，一定要想方设法将风险控制到最低。

一般投资者，对于什么股票是真的要涨，什么股票是假的要涨，搞不明白，对于股市如何进行投资、如何追涨，弄不清楚，加上求财心切，贪心和畏惧等因素，导致的往往是输多赢少，因此，炒股一定要审时度势，识大势，抓个股，有疑虑时要空仓。

在股票交易中，成功等于小的亏损加上大大小小的利润，多次累积。股票市场是变幻莫测的，在交易中，随时会出现各种意想不到的情况，让投资者发生亏损。那么，如何才能做到不出现大亏损？

答案实际上很简单，就是问自己一个问题：假设现在还没有建立仓位，是否愿意在此价位买进。如果答案是否定，马上卖出，毫不犹豫。简单一句话，有疑虑的时候马上退出。

## 三、学会将风险均摊

无论牛市还是熊市，重仓介入一只股票，或者是相似行业中的少数几只股票，都可能会产生要么大赚、要么大赔的结果。在牛市的主升段，重仓介入是可以的。但是牛市的主升段时间比较短，而且，需要准确判断。通常情况下，重仓介入个股，都是一件非常危险的事情。

即使某只股的题材面、基本面、技术面都非常好，各项趋势都看好，也有可能因为某种突如其来的原因，或者是受大盘突然连续暴跌的影响，从而导致个股并没有像预期那样去发展。这种情况下如果是重仓介入，非常容易导致资金出现较大的波动，从而影响投资者的心态，甚至出现一系列的连锁反应。

因此，对于大多数投资者来讲，分散投资，将风险均摊都是一种不错的选择。

## 四、不要试图预测最低点和最高点

股市是变幻莫测的。在一波熊市或者是牛市中，投资者尽量不要试图推测它的最低点和最高点。如果认为有一波大幅上涨，结果往往会来上一波快速下跌。因此，我们不要总想着抓住一波完美的上升波段，买在最低点，卖在最高点，在实际操作中，这种想法是不太现实的，只要能抓住主要波段就可以了。

在 2007 年 10 月大盘 6 124 点，当时很多人说大盘能涨到 10 000 点，结果产生了重大的操作失误，付出了惨重的代价。2015 年 6 月底，大盘 5 178点，又有很多人认为大盘很快会超过 8 000 点，在一片看涨的呼声中，大盘一个月之内暴跌到 3 500 点，连续 20 个跌停的个股比比皆是。2015 年 8 月 18日开始二次大幅下跌，当时很多人认为股市已经释放掉了大部分风险，管理层又在救市，所以大多数股民认为将会有一波大的反弹，结果大盘却迅速下跌，走出了连续七八根大阴线的行情。

投资者在做出上涨或者下跌这种方向性判断的时候，一定要慎之又慎，因为对方向性的判断是关乎成败的基础。如果判断错误，同时又对自己的判断盲目自信，重仓交易，轻则赔了一大笔钱后很多年缓不过来劲儿，重则债务缠身，甚至还不上债务也是屡见不鲜。

# 五、"抄底逃顶"更容易被套

在股票投资市场中，抄底是指以某种估值指标来衡量，认为股价已经跌到最低点，尤其是大幅下跌时买入，预期股价将会很快反弹的操作策略。

究竟怎样的价格是"最便宜"，或称"底"，并没有明确的标准。低位只能是一个局部的底，例如某只股票从 50 元跌到 5 元，已经早就跌破了发行价，看似已经没有下跌的空间，但是，如果在熊市中，有可能还会跌跌不休，跌到投资者的想象之外。有时抄底还有可能会抄到庄家为了出货做的假底。抄底需要对底有一个正确的判断，如果抄完了，价格继续下跌，就是抄错了。

逃顶是指以某种估值指标来衡量，认为股价已经涨到最高点，短期内将会大幅下跌，从而卖出股票的操作策略。投资者如果能在股票价格到顶部时卖出股票，则可以达到获取最高收益的目的。投资者在股市中赚得的利润，能否最终保住，关键之处就在于能否及时逃顶。

和抄底一样，逃顶也绝非易事。"抄底逃顶"都需要选择正确的时机、正确的个股。其中时机更加重要。如果时机选得对，再差的股票也会涨；如果时机选错，再好的股票也要跌。有的投资者总想买入最低价而卖出最高价，对于普通的投资者来讲，这种想法几乎是不可能实现的，股价从高点往下跌，何时是真正的底，很难判断；同样道理，股价从低点往上涨，何时是真正的顶，也是不好判断的，由于股票市场的复杂性，甚至庄家都不能完全控制股价的走势。

因此，作为普通的投资者，不要总是奢望抄底逃顶，而是应该在底部反转形态确认之后再进场，只要能买到离底部有 10% 左右升幅的个股，就已经很好了，因为后面还要走入上升通道。而当股价不断升高，成交量不断增加的走势持续了一段时间之后，就需要随时注意顶部即将到来的一些征兆，出现卖出信号的时候就早点卖出，不能太贪心，总想赚到最后一分钱，不要等到顶部之后急速下跌的时候，还对股价抱有幻想，其结果往往是到手的利润又被吐出来，白忙活一场，甚至赔上本金。

# 六、频繁交易危害大

牛市对于大多数投资者来讲都是好事情，但是，在牛市中，有一种投资者注定是赚不到钱的，那就是频繁交易的人，其实，不仅仅是牛市，在股票交易市场的其他行情下，频繁交易的人也很难赚钱，即使短期能够盈利，也很容易成为最后的接盘者。

对于一些新股民，或者是心理素质不好的投资者，很容易在股票下跌的时候由于恐惧而频繁换手，一些投资者买入个股后，跌了就割，割完又涨，涨了又跌，跌了又割。这样进进出出买卖股票，其结果可想而知。

实际上，大多数投资者也知道不能频繁交易，频繁交易是错误的，是应该避免的，却无法控制自己去频繁交易。其根本原因是无法可依、无章可循，没有明确的交易规则，或者是有交易规则，但模糊、不够细化，无法严格遵循。

股票市场向来不缺机会，但是对于没有建立起细致明确的交易规则的投资者来讲，市场中即使出现了非常好的机会，也很难清晰地知道是否是自己的机会，大多数的投资者都害怕错失机会，结果就会忘记风险，选择利润，从而进行频繁交易。

因此，投资者都要有一个适合自己的有效、详细的交易规则，只有符合这一交易规则的情况下，再进行具体的操作，这样才能保证自己在股市中获利。

# 七、以止损应对亏损

在股票市场中，投资者经常会听到"止损"这个概念。由于股票市场的走势是变幻莫测的，止损的操作方式可以在投资者高位区买入个股之后，最大限度地保护本金的安全。

止损是投资者经常会谈论的内容。据统计，跟踪了近百名的交易员的操作，发现如果他们的单子不止损出来，下一周或下两周被解套的概率高达80%，也就是说80%的单子如果不止损，都能解套。如果这些单子不止损，多拿住还能赚钱。那么，对于投资者来讲，到底要不要止损呢，从统计的层面来看，如果不止损，似乎赚钱的可能性更大，但是，如果没有止损，赶上超级趋势大跌，一下就可能跌得没有机会重新站起来了。在下一个买点出现之前，是否还有本金，是在股票市场中继续生存的必要条件。因此，止损就是用小的损失避免大的损失。

作为投资交易的参与者，每个投资者都会经历亏损的交易。而经历过亏损的投资者都知道，出现一定幅度的亏损后，要想回到盈亏平衡点，就意味着更大程度的涨幅。如果亏损幅度达到50%，要重新回到盈亏平衡点，就需要100%的涨幅。正是因为这种下跌和上涨的幅度差异存在，大幅度的下跌对于投资盈亏有着非常大的杀伤力。尤其在市场形势不太好的前提下快速止损才能有机会盈利，股票市场上从来不缺少机会，但是，很多机会都是要经过漫长的等待和多次失败的尝试才能换来的。例如，在三次非常好的上涨机会面前，投资者都是以小幅亏损斩仓而告终，但只要能抓住第四次机会，一定就可以最终获利。因此，那些获得长期成功的投资交易者才会如此注重对损失的控制，也只有做好了对损失的控制，才打下了长期盈利的坚实基础。

投资者如果不注重"止损"，肯定会为其投资行为埋下重大隐患，就像一颗定时炸弹，不一定什么时候就会导致投资的巨大亏损。

进股市之前，投资者最好是做好炒股可能会亏损的打算，给自己设定一个标准，亏多少钱是自己可以承受的，并可以不影响自己的心情。一旦真正出现亏损的情况，心理调整要及时跟上，因为心理调整如果跟不上，将直接影响后期的操作。例如本来可以大胆操作，却出现保守操作等。

在震荡行情中，一般都会经过多个交易日的整理行情，对阻力支撑位置的测试也会进行多次测试，甚至会出现假突破的行情，因此，止损位置通常会设在阻力支撑位置向外溢出两个点，这样可以避免出现假突破的情况，也能防止真正的突破性行情带来的大幅亏损。

股票市场的发展方向是众多投资者合力的作用，不会以某个人的思维和手法为转移。因此，当投资者购买的股票没有按照预期发展时，应该根据止损点尽快离场，不要抱有侥幸心理，一味地赌运气。

及时止损是短线操作的重要原则之一，是每个投资者都必须重视的问题。但止损绝对不是简单地胡乱割肉，它有着极为专业化的方法和尺度。一般来讲，顺势操作时止损点的设置应该是止损价和买进价之间的价差在 10% 左右。逆市操作时，止损点的设置是止损价和买进价之间的价差在 5% 左右。设立止损点还可以结合移动平均线进行设置，超短线炒股建议以 5 日移动平均线作为止损点；短线炒股一般建议以 20 日或 30 日移动平均线为止损点；中线炒股一般建议以 60 日或 120 日移动平均线为止损点。

第七章

# "顺势" 做好资金管理与仓位控制

　　资金管理也称为仓位管理，是通过对交易风险和潜在盈利的分析，根据投资者能承受的风险大小，控制每笔交易投入的资金量，合理分配资金，从而保证收益的最大化。投资者在进场之后，还需要根据价格的走势，来确定投入的资金多少。在股市中，恰当的交易加上适当的资金管理和仓位控制才能获得真正的成功。

# 一、资金管理是重中之重

　　在股市交易中，大多数的投资者都会花费大量的时间去寻找完美的交易系统，有的投资者可能会偏向基本面的分析，有的投资者可能会偏重于技术面的分析，但是，为什么即使投资者掌握了这些分析方法，仍然无法步入成功投资者的阵营呢？原因很简单，他们往往忽视了资金管理的重要性。实际上，在资金管理方案和交易策略之间，资金管理方案显得更加重要。

　　在做一笔交易的时候，不同的投资者采取不同的方式。激进的投资者往往会全仓买进，他们认为市场的跌幅很深了，后期上涨空间巨大，但是，股票市场的长期走势有趋势可循，短期波动却充满了不确定性，这种投资方式是有很大风险性的，它会将投资者推向一个非常被动的境况。而好的资金管理方案，却可以帮助投资者最大限度地规避价格的短期波动带来的风险，从而使投资者在收益和风险之间找到最佳平衡点。

# 二、控制资金投入比例

　　庄子有云："以瓦注者巧，以钩注者惮，以黄金注者殙。其巧一也，而有所矜，则重外也，凡外重者内拙。"意思就是用不值钱的瓦做赌注，因为赌注小，输赢对他没什么影响，赌者的心态是不错的，能够保持理性；而一旦拿出贵重的黄金来做赌注，赌者的心态就会发生变化，变得紧张，不理性。这就是为什么投资者在虚拟盘上个个都是股神，而在实际的股票交易中却总是赔钱，说到底，就是投入的资金越多，仓位越重，对心理的影响就越大。而心态一旦变坏，本来判断正确都会因为心态的影响而做错，从而一错再错，陷入恶性循环。

那么，多大的仓位对心理会产生多大的影响，不同的人，甚至同一个人在不同的时间，都会有所不同。因此，投资者可以通过资金管理，把投入的资金调节在个人心理承受范围内，尽可能地将自己的心态保持在理性范围内。投资者，千万不能抱着短时间就能暴富的心态，而将自己的资金全部投入进去，一旦亏损套牢，将会给心态造成极坏的影响，从而影响操作策略的实施。

炒股首先需要的就是资金，没有资金，一切都是空谈。炒股必须量力而行，一定要用长期闲置不用的资金，即使发生亏损也不会影响到生活质量。

一般来讲，在行情初期，不宜重仓操作，控制资金投入比例。在涨势初期，最适合的资金投入比例为30%。而且这种资金投入比例比较适合于空仓或者浅套的投资者。对于重仓套牢的投资者而言，应该更加谨慎操作，将有限的剩余资金用于长远规划。

# 三、等份分配法

等份分配法就是将资金分为若干等份，买入一等份的股票，假如股票在买入后下跌到一定程度，再买入与上次相同数量的股票，依此类推以摊薄成本。而买入后假如上涨到一定程度则卖出一部分股票，再涨则再卖出一部分，直到等待下一次操作的机会来临。

操作股票的依据是统计学原理，是用历史数据的成功概率来判断未来。那么即便在历史上是100%成功的，当你操作时也难免会失败，虽然是1%的失误，但对个人来讲就是100%的失败。而等份分配的科学性就在于将风险控制在最小，让利润充分增长。

（1）二分制

最简单的等份分配模式是二分配置，就是资金的投入始终是半仓操作，对于任何行情下的投入都保持必要的、最大限度的警惕，始终坚持半仓行为，对于股票市场的风险投资首先要力争做到立于不败之地，始终坚持资金使用的积极主动的权利，在投资一旦出现亏损的情况下，如果需要补仓行为，则所保留资金的投资行为也是二分配置，而不是一次性补仓，二分配置是简单投入法的基础模式，简单但具有一定的安全性和可靠性。但二分制的缺点在于投资行为一定程度上缺少积极性。

（2）三分制

还有一种三分制的投资模式，比二分制更科学一些，在投资态度上也更积极一点。三分制是建立在投资的主体资金已经获得一定利润的前提下，三分制主要是将资金划分为三等份，建仓的行为始终是分三次完成，逐次介入，第个1/3资金的使用，一般是在大势低迷时，也就是说熊市末期的时候进入，买入股票后，如果大势明朗可以中线持有。第二个1/3资金的使用，当第一份资金在获利状态下，且已无风险可言时第二份方可使用。此时，大盘的趋势应明显向上，且刚刚脱离底部区域。第三个1/3资金的使用，只有当前两份资金在获利状态下，且大势明显向好时这份资金才可投入战斗，并严格遵循：趋势理论、顺势而为、高抛低吸、短线操作、快进快出。这种操作从理论上讲其风险最大值为1/3，而利润最大值为无穷。

（3）六分制

六分制是相对结合二分制和三分制的基本特点，积极发挥两种模式的优点而形成的。具体的资金划分如下：六分制将整体投入资金划分为六等份，六等份的资金又分为三个阶梯。第一阶梯为1单位，即占总资金的1/6（记为A）；第二阶梯占2单位，即占总资金的1/3（记为B）；第三阶梯为3单位，即占总资金的1/2（记为C）。六分制的建仓行为相对比较灵活，是A、B、C三个阶梯的资金的有效组合，可以根据具体情况的不同，按照A、B、C，A、C、B，B、A、C，B、C、A，C、A、B，C、B、A六种组合使用资金，但在使用过程中不论哪一种组合，最后的一组都是风险资金，同时不论在哪个阶梯上，资金的介入必须是以每个单位逐次递进。在使用A、B、C三种阶梯的资金的同时，也可以将 B 阶的资金采用二分制，将 C 阶的资金采用三分制，这样就更全面了。六分制是一个相对灵活机动、安全可靠的资金投入模式，在投资行为上结合上面两种方法的优点，但缺点是在使用过程中程序有些复杂。

# 四、金字塔分配法

金字塔分配法是趋势交易者"追涨"时最常用的手法，适用于比较保守的投资者。在第一次买入某种股票之后，如果投资正确，想加码增加投资，应当遵循"每次加码的数量比上次少"的原则。这样逐次加买数会越来越少，就如"金字塔"一样。因为价格越高，接近上涨顶峰的可能性越大，危险也越大。

例如，投资者在第一次投入 10 万元购买某只股票，第二次投入 6 万元买同一只股票，第三次投入 3 万元购买该股票，每次投入数额都比上一次少。由于此法多半用于"追涨"，所以每次加仓的价位都比上一次高，购买的数量也比上一次少，画出来就像一个底部大尖顶小的金字塔，如图 7-1 所示。

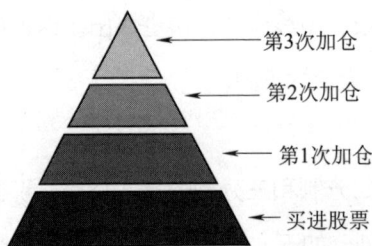

图7-1　金字塔

金字塔分配法加仓原则如下。

（1）每一次加仓，都必须满足此前仓位。开仓单和加仓单，均为盈利的状态，才可以再加仓。

（2）每一次加仓，都应该不能大于（或等于）前一次加仓或开仓的仓位，第一笔开仓的仓位一定要大于后面加仓的仓位。

（3）根据第一条原则衍生的第三个重要的条件，即鉴于金字塔建仓模型的特点，因此不建议在逆势中采取金字塔加仓模型。

（4）如果发现在加仓后行情发生逆转，最迟要求在买进股票的价位和第一次加仓的价位之间的中间价格位置以前全部清仓。

# 五、累进式资金管理办法

越来越多的投资者意识到孤注一掷的危害，分兵渐进的原则已成为大家的共识。累进式资金管理方案是一种在已经获利的基础上逐渐加仓的操作方式，在投资者对大势还不太明确时，首先用少量的仓位进行做多和做空的操作，如果这笔投资开始获利，价格的走向沿着投资者的预期方向持续下去，就可以在趋势明朗之后进行逐步加仓的操作。

假设投资者在 A 点买进，刚好进入的是谷底，接着行情上扬到 B 点，这时如果投资者觉得涨势才起步，无理由急于套利，又在 B 点加入第二只"兵"买入乘胜追击。当行情涨至 C 点，认为不过是一个大升浪的中间点，再加码第三只"兵"扩大战果，等到这一波上升趋势的顶部才获利出场。因此，累进战术也可以称作顺势加码。

如图 7-2 所示，大唐电信的股票价格趋势，如果投资者在 A 点买进，即可认为抄底成功，然后可以等上升趋势更加明确时，分别在 B 点和 C 点再增加筹码，从而获取更多的利润。

正确地应用累进式资金管理方案，以下三点是必须要注意的。

（1）只有第一笔交易赚钱时才加码，因为赚钱时加码是属于顺市而行，顺水推舟。这样可使战果扩张，造成大胜。如果亏钱时加码却是逆市而行，有可能在错误的泥潭越陷越深。

（2）只有当该股处于比较明显的低价区域或者是高价区域时，其上升或下跌的空间比较大的情况下，才可以顺势进行逐步加仓操作。

（3）不能在同一个价位附近加码。例如，如果投资者找到一只股票，在股价 3 元的附近加仓买进一笔，然后在获利的基础上 3.1 元再加仓买进一笔，两者的价位相差太近，就没有太大的意义。

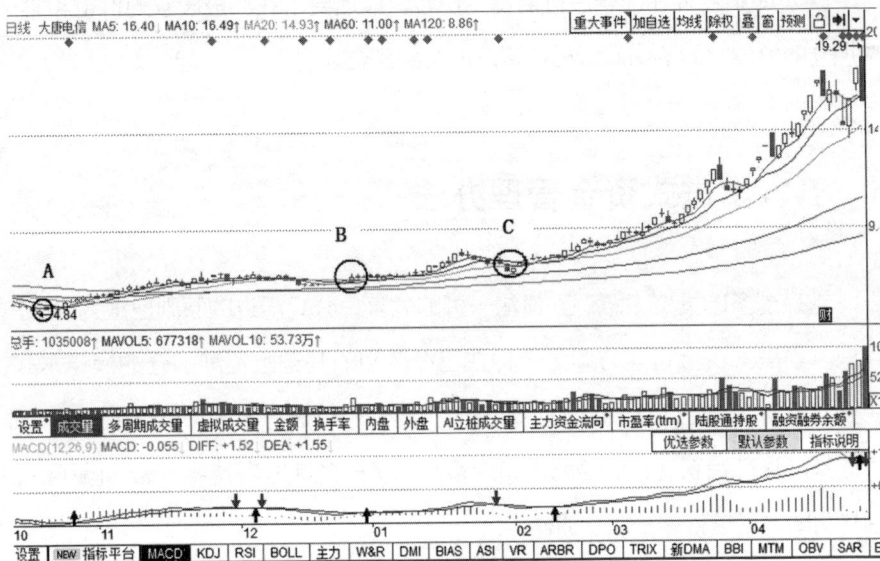

图7-2　大唐电信K线

# 六、"1248"仓位管理法

"1248"仓位管理法，是一种分批买入的方法，即先买一部分股票之后，在合适的买入点再买入2倍的股票，然后再买进4倍的股票，再买进8倍的股票，其关键点就是越买数量必须越大。

当看好一只基本面很好的股票时，如果不想追高，而是想要逢低买入的话，投资者可以在一个相对低点买入100股或者1 000股，等这只股票回调跌幅每达到一个台阶时，再加倍买入一次。这样可以逐渐地摊低成本，买在一个相对低点。

另外，在操作趋势不明确的时候，当你看好了一只股，可以先轻仓买入一些，继续观察，如果股票的走势符合你的预期，再进行分批买入。

例如，如图7-3所示的股票，在投资者没有太大把握的时候，可以在A点处先轻仓买入1 000股，当确定比较有把握的时候，在B点买入2 000股，有绝对把握的时候在 C 点买入 4 000 股，在 D 点可以买入 8 000 股，用这个方法的关键点就是每一次买入都尽量加倍买入。

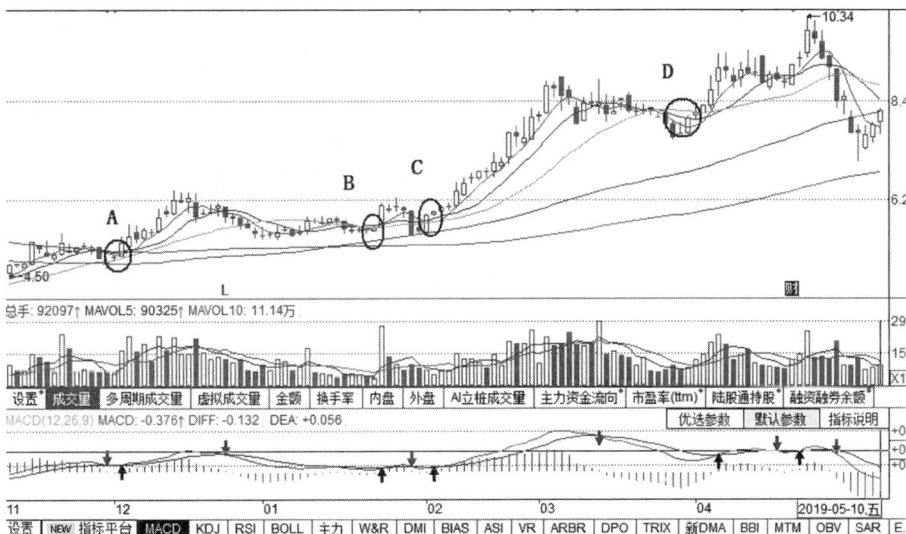

图7-3　分批买入

## 七、合理的仓位控制

投资者除了根据各自的条件来选择持仓情况外，还需要结合市场行情的趋势来选择仓位结构。

如果是反转行情、强劲反弹或牛市的主升浪行情，选择半仓和轻仓是比较吃亏的，这时就应该满仓或重仓；如果是一般的中级行情，可以采用半仓操作；如果是小反弹，则采用轻仓操作或空仓等待都可以。当行情走势出现下降趋势通道时，中长线投资者的投资策略应减轻仓位；在下降趋势通道刚刚形成的初期阶段，中长线投资者必须把握有利时机，及时卖出股票，减轻持股仓位，甚至是逐渐达到空仓水平，为将来的战略性建仓打下资金的基础。而且，这一时期减轻仓位的操作还可以起到防止损失进一步扩大的作用。

如果在大盘发展趋势不明朗的时候，仓位越重，风险越大。因此，这一时期投资者在实施清仓操作时，不要太顾及自己是否赢利，对于赢利的股票要卖出，对于亏损的股票更要卖出。

以小博大就是用尽量少的仓位，去试探并换取尽量多的可以盈利的仓位。股市交易是概率游戏，每笔操作都不能保证盈利，都有一定风险。用尽可能少的需要冒止损风险的资金来试探行情，如果试探失败，就止损出局。如果试探成功，当这部分试探仓位在规则所定的清仓点卖出时仍能盈利，则说明这部分仓位已经获得自我保护能力，投资者可以将它转为获利仓位，用获得的利润作为风险资本，去获取更大的利润。如果在牛市，就会不断地有试探成功的仓位追加到获利仓位中，从而达到以小博大的效果。

# 八、个股品种的分仓策略

很多投资者都喜欢采取全仓进场的方式，恨不得把账户里的钱全部买成股票，只要还有钱，就会想尽办法换成股票。如果运气好，赶上牛市，会获得一些盈利，但是，股市是变幻莫测的，一旦行情出现变化，投资者就会损失惨重。

因此，要做到顺势操作，投资者最好不要满仓进出，而要学会分仓交易。把投入操作的资金分成几份，然后按照行情走势来确定进出股市的资金份数，并随时根据走势调节持有股票的仓位数。

对每个交易品种进行分仓的时候能够保证有 3 份或 3 份以上的仓位可以操作比较好。每个品种的个股至少要有 1 份试探仓位，两个品种就需要 2 份，并且要给每个品种预留出来 2 次加仓的机会，这两次加仓的机会可以共用。例如，投资者一共有 8 万元，其中 2 万元购买股票 A，另外 2 万元购买股票 B，给股票 A 预留了 2 次加仓的机会，也就是准备了 4 万元进行加仓，一次还是 2 万元，那么这 4 万元进行加仓的资金也可以用于股票 B 的加仓。

实际上，分仓并没有具体的算法，投资者可以根据自己的具体情况进行操作，在资金利用率和资金安全之间，自己寻找平衡点。通常来讲，分仓越少，资金的风险越大，但是利用率越高；反之，分仓越多，资金的风险越小，但是利用率也越低。

另外，还有一种比较懒的做法是直接将资金分成三等份：一份专门用于选择绩优高成长性股票，耐心持有；一份用于后备资金，这部分资金通常不动，只有遇到特别好的机会时才加仓使用；还有一份资金专门用来追热点板块。这样既不会错失机会，又能保持灵活的仓位结构。

# 九、在"正确的仓位"基础上加仓

乘胜追击，在"正确的仓位"基础上加仓，而不是在输的时候加码去博，赢的时候减码。在股市交易中，要寻找连续获胜的机会，但大多数投资者似乎无法承受成功，他们往往会在轻微获利之后选择离场，他们仿佛更加偏爱在失败后继续投资，寄希望于转败为胜，而不是乘胜追击，赢得更多的收益。

那么，什么是"正确的仓位"呢？在《斯坦利·克罗谈投资策略》一书中有描述：在既有持仓已经获得自我保护能力，能自己照顾自己之后，再逐渐金字塔加码，而且仍是轻仓加码，直到新加码的仓位再次获得自我保护，才接着进行下一次金字塔的加码。这才是长线。

这些话解释了什么是"正确的仓位"。所谓"正确的仓位"就是已经获得自我保护能力，能自己照顾自己的仓位，也就是安全的仓位。当投资者在拐点位置进行操作，例如，在上涨拐点买进股票，在下跌拐点卖出股票。设置某一拐点作为清仓点，也就是最后出局的位置，在这个消仓规则下，如果投资者所持有仓位的成本价低于清仓点时的价位，那么，这部分仓位就是安全的。也就是说，当我们必须要清仓的时候，这部分仓位仍然是盈利的，所以说是安全的。

随着走势的推进，当投资者购买的股票在这个仓位安全了以后，再考虑增加新的进场仓位，如此往复，分仓进出。达到只用 1 份仓位的止损风险来博取最大的利润的目的。

# 十、限定时间内完成预计利润则坚决清仓

资金管理的一个比较好的策略就是，限定时间内完成预计利润则坚决清仓，例如，每年达到年初设定的盈利目标之后，就将利润取出。

那么，如何合理设置目标位呢，到底股票获利多少，在什么样的价位抛售会比较合理呢？是 10%、20%、30%，还是 50%，有人说"赚 10% 就跑，到了点位就不再贪了。只要不贪，跑得快，就可以积少成多"，有人认为"有 20% 的获利就应该离场"，也有人认为"应该挣足，不获得全部的胜利，不退出"。实际上，国际上著名的量子基金每年平均回报率才 23% 左右。

在实际操作中，不仅要看大势，看个股，还要看价位。大势不好的时候，获利 10% 都很难，因此，一定要离开股市，耐心空仓等待机会。如果股票是好股票，并且是处于大势好的时间段，就可以多持有一段时间，锁定更多利润。最后，在什么价位购买是很重要的。如果购买的价格比较低，就可以多观望一段时间；如果购买的价位比较高，就要尽快获利离场。

第八章

# 做真正的趋势跟踪交易者

股票交易有盈有亏，既有成功的喜悦，也有失败的烦恼。投资股票需要的不仅仅是精通技术，顺应趋势，更需要拥有良好的心态，做好知足常乐的心理准备，不为人言所驱使，不为失利而动容，有一定的承受能力才可以在股市中如鱼得水，轻松愉快地炒股。

# 一、时刻保持冷静

炒股是投资者在股市这个公开平台上争夺资源，是庄家和散户之间进行的一场比智力、比技术、比谋略、比心理、比人性的斗争。在股市中人云亦云，跟风炒作的人多，而能够时刻保持冷静的头脑、坚持趋势炒股的人少。

股市里最终能够盈利的股民很大程度上是赢在他成熟的心理素质和稳健的投资理念上。理智投资，量力而为，是规避风险的一道避风港。投资者涉足证券市场，经常会受到很多因素的限制。冷静衡量自己的资金、信息、时间、心理等因素和风险承受能力，根据自己的实际情况，才能做出正确的投资决策。

在股市大涨的时候，看多的人会大喊牛市要达到 10 000 点，于是，会有很多投资者跟风买进；而看空的人会大喊熊市跌到 2 000 点，于是，又有很多投资者因为恐惧而纷纷割肉，这些都是不冷静的表现。

投资者要充分考虑自己的投资心理承受能力和资金能力，根据个人自身情况，投多大资金，能承担多大的风险，绝对不可以鲁莽行事。为了增强自身对风险的防范能力，绝不把全额资金一起投入，最好是保留部分现金以备不时之需。这样，即使万一失算，仍有东山再起的筹码。

股票投资是一门严谨的科学，是一门人性的科学，只有始终保持足够的理性才有可能成功。如果对股票的趋势把握不准，就不要着急买进，更不要幻想自己的运气好，可以赚很多钱。因为期望值过高，将会导致投资者患得患失，追涨杀跌，频繁操作，不但赚不到钱，甚至还不能保本，因此，一定要训练自己做到时刻保持冷静才能很好地规避风险。

## 二、以储蓄的心态炒股

趋势交易者追求的不是快速暴利，而是稳定盈利。在股市中做到稳定盈利是非常厉害的，大家都希望能够做到每月盈利一些，每周盈利一些，甚至说每天盈利一些，如果每一天都能盈利一点儿，那么长期下来，将会取得非常好的收益。因此，投资者要以储蓄的心态进行炒股，细水长流。

有的投资者喜欢追求暴利，总是幻想着凭借在股市中抄到一两只牛股，从而发家致富，一旦行情好一些，就觉得大牛市来临了，满仓操作，将每一次反弹都幻想成反转，而不是踏踏实实地根据股票的基本面或者是技术指标，参与利润不大的波段操作或滚动式操作，而是热衷于追涨翻番暴涨股，虽然说愿望是美好的，但其导致的实际结果却是不尽如人意的。

做股票，心态是第一重要的因素。如果心态不对，很难在波涛汹涌、跌宕起伏的股市中占有一席之地。

## 三、赌徒心态要不得

赌徒心态，特别是在输红了眼的时候，六亲不认，心中想的只有如何"翻本"。在这样失去理智的情况下，只能是越来越输。这绝不单单只输在数学概率上，还输在赌客们嗜赌成瘾的弱点上，输在赌客的贪婪心理、不服输的心理以及侥幸心理上。

初入股市的投资者常常会存在赌徒心理，股民的此类心态有两种：一种是不懂得使用技术分析手段；另一种是很难控制自己的情绪，亏损之后总想再找回来，并且，在头脑不够冷静的情况下，越亏越买，最终陷入恶性循环。

在股市中一些投资者的赌徒心态是过度投机的表现，把股市当成赌场，这种心态会导致投资者对盈亏产生畸形的反应，万万不可取。

而且，赌徒心理经常发生在下跌的趋势中，不能及时止损，到了应该止损出场的时候，总是幻想市场出现奇迹，有的投资者甚至还会加大仓位继续博一把，通常情况下会出现这样的情况，是因为对市场趋势把握不准，认为跌到这种程度，应该会反转了，但是股票市场是不会以你个人的意愿为转移的，往往是当这部分投资者盲目补仓的时候，市场大跌，从而导致这些投资者遭受更大的损失。

要想规避这种状态，首先要改变投资者的赌徒心态，股票市场不是赌场，它有它的趋势和规则，一定要尊重市场规律，避免报复性交易、扳本交易、有压力的资金、太过勉强的交易、频繁交易，不要让上一次的交易结果影响下一次的操作。

## 四、减少投机的心理

股市上习惯于把长期持有股票、注重获取股息和股利的行为称为投资，而把频繁买进卖出、注重差价收入的行为称为投机。实际上，这两者之间并没有什么严格的界限。倾向于投资的投资者，通常行为会较为保守，更倾向于较低的投资风险。 倾向于投机的投资者则相对富有冒险精神，他们更关心市场行情的变化和可能引起行情变化的各种信息，喜欢短线操作。因为投机行为某些时候充斥较多消极因素，有较大的风险性，所以，股票投资者应该树立正确的投资理念，减少投机的心理。

投资者在实盘操作时要遵循自己的交易系统，股票的上涨和下跌不是由股票已经涨了多少，或者是已经跌了多少决定的，一般都有买入信号和卖出信号，建立自己的交易系统之后，只有在自己的交易系统发出买卖信号时才进行交易，不能因为一次的失误，就开始怀疑自己的交易系统。建立自己的交易系统并严格执行的过程是比较困难的。这个过程也是战胜自我、减少投机心理的过程。一旦做到了这一点，投资者就离稳定盈利不远了。当然，再完善的交易系统也会有出错的时候，投资者一定要控制好风险，一旦发现出错要及时止损。

另外，炒股，炒的是个股的价值，炒的是上市公司的成长性，因此投资者要关注上市公司的基本面，上市公司的基本面越好，投资者在股市中获利的可能性就越大。在对上市公司的分析中，最重要的是对财务状况的分析，财务报表是最能反映公司这方面信息的工具。

在股票软件中，按 F10 一般都可以打开股票基本资料，如图 8-1 所示，这里列出了一只股票各项最基本的数据，有公司资料、股东研究、经营分析、股本结构、资本运作、盈利预测、主力持仓和财务概况等部分，投资者可以在一个简单的页面里对整个公司的状况有一个全面的了解。

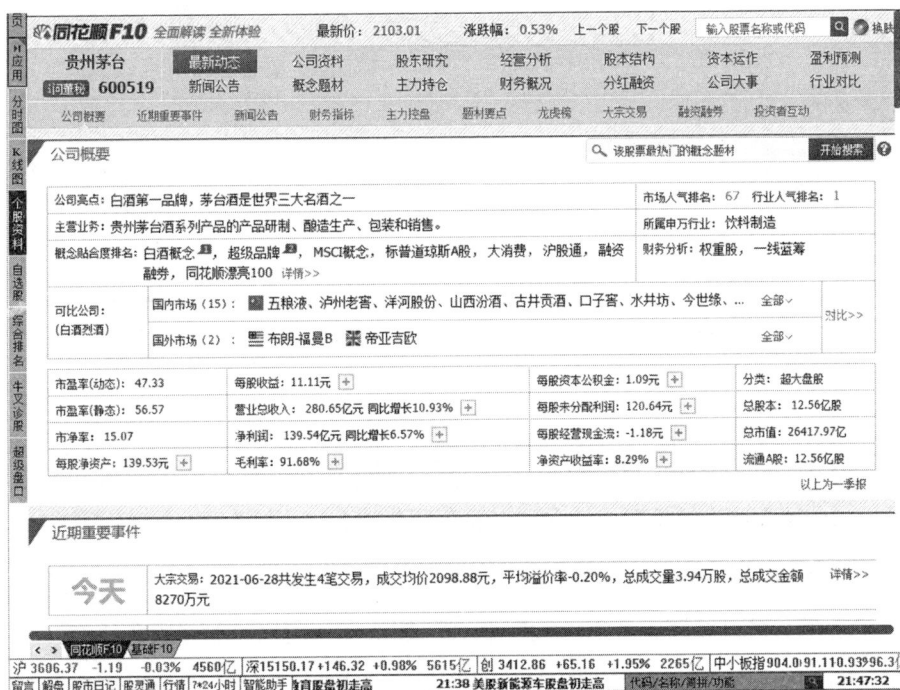

图8-1　股票基本资料

在股票市场中，股票发行企业的经营状况是决定其股价的长期的、重要的因素。而上市公司的经营状况，则通过财务报表反映出来，因此，分析和研究财务统计报表就显得尤为重要了。

在基本材料页面中单击"财务概况"超级链接，可以打开"财务概况"页面，如图 8-2 所示。用户通过这一页面可查看财务诊断、财务指标、资产负债构成和财务报告等主要的财务指标，从而对整个公司的财务状况有一个整体把握。

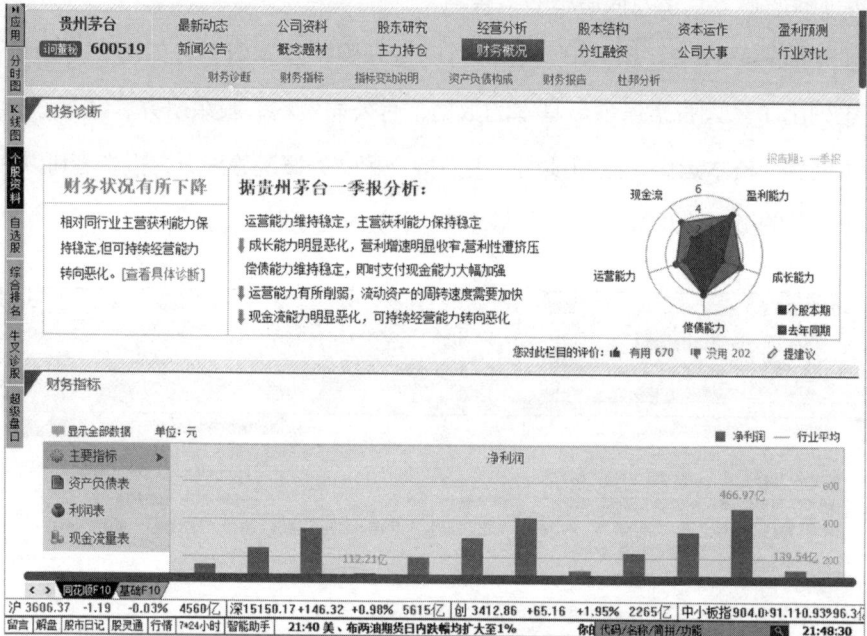

图8-2　财务概况

公司大股东的更换往往意味着公司经营范围和经营方式将要发生改变，尤其是当庄家知道投资者有可能会通过股东变化情况来了解大盘动向时，往往会制造股东人数变化，来掩护庄家的行为。

在基本材料页面中单击"股东研究"超链接，可以打开"股东研究"页面，如图 8-3 所示。用户通过这一页面可了解股东人数、十大流通股东等情况，例如十大股东的名称、持股的数量、增减的情况、股份性质和持股详情等。

图8-3　股东研究

# 五、不贪婪，就不易犯错

贪婪在股市中表现为贪得无厌，赢得小利还要得大利，翻一倍还想着要翻两倍。股市投资中的贪婪是一种想求得一夜暴富的心理现象。最典型的表现就是想在最短的时间内，赚到最多的钱。

贪婪会导致投资者盲目地追涨杀跌，看到那只个股连续上涨后马上就追入，希望跟随上涨趋势来牟取暴利，殊不知，一般这时已经是上涨行情的后期阶段，这个阶段是相当危险的，更大的可能性是进入反转趋势，此时，如果想赚取市场的最后几分利润，被套的可能性非常大，股价连续下跌，当投资者清醒过来时，往往已经被深度套牢。

炒股最大的敌人是贪欲。当内心深处的贪欲占了上风时，人就会失去理性和冷静，忘记了入市的资金可能亏掉的风险，失去正常的思考能力，忘记量力而行。原来具备的防范手段形同虚设，很容易被股票市场上一些别有用心的人牵着鼻子走。因此，投资者永远不要相信有什么"一夜暴富"的谎言，戒掉贪欲，就不会轻易钻入别人的圈套。

## 六、多一些检讨，少一些抱怨

当炒股失利之后，许多投资者都会把交易的失败归罪于外界原因，例如"小道消息不实""公司业绩太差""运气太差""外力打压"等，各种借口都有。出了问题，本能地先归罪于外界因素，这是一种缺乏自身反省能力的表现。

实际上，我们应该做的是寻找问题所在，违反了什么规则，下意识地训练自己不犯这些错误。就算犯了，告诫自己下次别犯同样的错误。还可以建立一个交易日记，详细记载每天的交易情况和每次交易的理由，经过一段时间后，就可以从日记中找到适合自己的交易模式，看看究竟是什么问题导致的交易失败，总结出自己成功和失败的原因。

例如，看错一只股票，本来以为会涨的，不过事与愿违。那么我们选这只股票的原因是什么，导致最终股票不涨的原因呢？该股是否已经到了上升末期，或者阶段性顶部，将会出现转向？自己犯了什么错误？是不是确定不了趋势时、有顾虑时要放弃？投资者不能存在侥幸心理，一定要好好反省自己的错误，到底哪个地方比较薄弱，哪个地方可以改进，减少不必要的损失，长期下去，才能不断地提升自己的炒股水平。

## 七、偏听偏信，损失的是自己

股市是投资人众说纷纭、各抒己见，仁者见仁、智者见智的场所。股市中有句话："谁都知道的好消息绝不会是真正的好消息；谁都知道的坏消息也绝不会是真正的坏消息。"股市的信息有真有假，真正有价值的信息能够透露出大盘的趋势发展，而假消息则会透露出错误的趋势信息，从而误导普通投资者。

在股市中，特别是一些被传得神乎其神的如股评或大家认为的高手，他们的观点得到市场的验证后，散户就会长时间关注并跟从，这样又会影响更多的人。

根据内幕、小道消息和某些顾问公司的建议来买股票，是股民常犯的一种错误。实际上，在股市行情好的时候，多数个股都是上涨的，他们有时候推荐的股票上涨的概率也是非常高，如果这一前提条件不存在了，他们推荐的股票准确性自然也就变得难以把握了。散户如果不分析基本面，不参考大势，不看K线图，不分析股价走势，只是依赖信息面，相信小道消息，偏听股市黑嘴的预言，这样的结果注定是输多赢少。

而且股票市场中的大部分小道消息都是假的，很可能是庄家为自己逃离所做的掩护。当行情从底部启动时，庄家会说是量小，是反弹，不能跟进；而当行情放巨量到顶部时，庄家说只要有量就还会创新高。主力会利用散户的从众心理，通过拉升或砸盘使多数人踏空，在行情末段才追涨，最终套牢。

市场上的小道消息出来后，股票价格也往往会反着走。实际上，当大部分散户都看得清方向时，就是行情要发生突变的时候。只有通过冷静的思考、客观的分析，并能够坚持自己的观点不变，才能做出正确的判断和决策。当然，股评中也有一些客观公正的评论，和一些正规渠道发布的正规消息，投资者在阅读股评时注意以下几点才能不被误导。

（1）在阅读他人写的股评时，首先自己要先做一个基本判断，再阅读他人的股评，然后对照自评的结论和他评的结论分析其相同点在哪里，不同点在哪里，为什么各自得出这样的结论，知其然并知其所以然，以便于做出最后的决策。

（2）在实践中运作之后，投资者要经常检查是股评的结论正确，还是自己做出的结论是正确的。

（3）在阅读股评时，一定要听话听声。从说话语气上判断他说的话哪些是"官话"，哪些是"实话"；或者是从文字上看哪些是"实话"，哪些是"空话"。

（4）投资者在听股评时，不能总听某个人的，这样容易陷入片面，应该多听多读，才能获取更全面的信息。

（5）了解股评人士的背景，由于股评人士所处的单位不同，获取信息的程度不同，分析的深度不一，所以看大势的观点也不尽相同。例如，在相关部门工作的股评人士对信息掌握得较准，股评节目中间接表达的信息多，对大势判断更准；在证券公司工作的股评人士对技术指标、个股精选把握得比较准；在地方上的股评人士对当地个股的信息了解比较全面。所以，股评各有特点及盲点，这需要股民去了解股评人的背景，从而在阅读股评时有侧重、有筛选。

## 八、不因失去耐心而出市，不因焦虑等待而入市

有这么一句话说：如果你没有目标，那你就会无所适从。这就是说，我们在做事情之前，一定要设置一个合适的目标，针对股票市场的操作来讲，不管是上涨趋势还是下降趋势，投资者都要为自己设置一个合适的目标，达到这一目标价位，就坚决进场或者是出场。目标的设定，可以大幅减少期望值和结果之间的差距。

如果在下跌趋势中，通过一系列对大盘技术性的分析，并对个股的基本面，各种信息都进行了研究，慎重考虑之后买入了某一只股票，就要进入耐心等待阶段。耐心等待是中长线投资者在下降趋势通道中最重要的操作环节，在股市投资中，不要过于看重行情振荡起伏所产生的短线收益，也不要因为股指稍稍反弹就盲目幻想着牛市来临了，最重要的是耐心地等待趋势最终明朗化和彻底转暖。

很多投资者有过这种经历，就是买进某只股票后，它就不涨了，而卖出某只股票不久它又大涨。实际上，风水轮流转，股市中的股票也会出现轮涨的情况。往往在投资者缺乏耐心或担心股价下跌、心理饱受折磨，大多数投资者已经忍受不了而选择割肉出局的时候，恰恰就是轮到你手中股票大涨的时候。因此，坚持就是胜利，如果投资者经过各方面的分析，拿到一只看起来还不错的股票，千万不要因为失去耐心而出市。

在震荡市和熊市中，大盘的趋势往往不够明朗化，对于大多数投资者来

讲，给出的建议是尽量长时间空仓，只有当形势明朗化一些，或者是出现很好的抄底机会，才能入市操作。可是有的投资者一空仓就难受，唯恐因股价此时上涨而失去了获利的机会。实际上，投资者在炒股的过程中，一定要有自己的操作规则，并严格执行，才能在股市中赚到钱。

## 九、深套不可怕，可怕的是失去信心

任何投资都是有风险的，炒股更是一项风险极大的投资，股票投资者难免会碰到被套的情况，尤其是新入市场的散户更是如此，一旦被套牢，投资者不仅在资金上受到不小的损失，心理上也是倍受折磨。整日提心吊胆，不知究竟如何处理才是比较合适的选择。这些现象都说明投资者对于风险的承受能力还很有限，而这一切都会直接影响到投资结果，因此投资者一定要提高自己的风险承受能力。要明白，深套不可怕，可怕的是失去信心。

投资者买入股票被套，首先要看一下大盘的走势。如果大盘走势不佳，很多股票都会被套，对于这种情况，投资者要保持清醒的头脑，看清大的趋势；如果大盘只是短暂性的调整，并且自己所持有的股票确实是各方面都不错的，那你就要耐心等待，不要盲目割肉。如果主要是因为投资者没有充分研究，或是听信了媒体、朋友介绍而盲目介入造成的被套结果，更要冷静思考，分析错误，若分析认为该股已无持有必要，就应该理性地尽早了结，千万不能情绪化地盲目补仓，或轻易割肉。

股市中大的入市和出市时机十分重要，顺势而为永远是成功的前提。投资者被套之后，分析一下大盘和个股所处的阶段，对应采取不同的策略才是明智之举。首先尽量在大盘处于低位或上升阶段的时候买入个股，对于大盘处于高位时，要提高警惕，尽量轻仓或者是空仓。对于处于下降趋势的出货的个股，若已经买入就必须有壮士断腕的勇气，而不是出货的个股则不要轻易被洗出来。

股票被套牢后，要寻找机会向下摊平成本，根据股价下挫幅度扩增反而加码买进，从而摊低购股成本，以待股价回升获利。这是一种相当有难度的操作方法。如果投资者想要采取此法，必须首先确认一下投资环境，以股市并未从多头市场转入空头市场为前提，如果盲目地向下摊平成本，有可能会导致损失越来越大。

股票被套牢后，只要尚未脱手，就不能认定已亏本。如果是根据上市公司的基本面情况，从投资价值角度选的品质良好的绩优股，在整体投资环境还没有恶化的情况下，大可不必惊慌失措地将套牢股票和盘卖出，投资者应该持有股票，以不变应万变，静待回升解套之时。如果发现持股是弱势股，基本面也已经变坏，且仍有下跌空间，短时内很难翻身，投资者应立即脱手。

# 十、以平常心笑对"熊""牛"市

股票投资是一个高收益、高风险的投资行为。有得必有失。炒股盈亏是家常便饭，投资者要保持一个良好的心态，胜不骄，败不馁，保持身心健康，正确地面对每次涨跌情况，根据自己的资金实力和股票投资经验做出准确的分析。以平常心笑对"熊""牛"市，才能取得良好的收益。

很多投资者在牛市到来的时候，都想趁着股票牛市来了一夜暴富赚个够，所以开始重仓买股，并且在股价没有涨到自己预期的价格时也坚决不卖掉，贪欲占据了内心，却忽略了股票风险，最后账户严重亏损。

还有一些投资者在经历了熊市以及屡次的炒股亏损之后，就变得不敢再买股票，也不知道应该在那个点开始买，犹犹豫豫，看到别人买的都开始赚钱了，才开始入手，但是买入的时候基本上都是到了这只股票的涨幅末期，其结局往往是高位套牢，压根就赚不到什么钱。

作为一个普通的投资者，在进行股票投资时，一定要保持良好的心态，不要过高估计自己的能力，要将眼光放长远一点，以平常心对待"熊""牛"市，不要贪图暴利，切莫因小失大。当自己选中的个股达到自己的目标时，要及时落袋为安，否则，股市中的盈利最终可能只是一场空欢喜而已。